Böwes Fontane

Zeichnung von Max Liebermann, 1896

BÖWES FONTANE

Von Hans-Dieter Schütt

ES IST ERSTAUNLICH:

Nervöses Lamento über den Schwund kulturvoller Kommunikation bedrückt auch die Arbeit der Theaterleute. Angst vor dem Scheitern der Sprache, in diesen Zeiten schreiender Farben, bedrängt die Dichter. Trauer über den Verlust des Leisen in den nimmermüd-lauten Taktschlägen des Geschäfts beängstigt die scheinbar letzten wenigen Sensiblen. Aber an einem gewöhnlichen Wochentag drängen Menschen in die Kammerspiele des Deutschen Theaters Berlin, die Plätze reichen kaum, und dabei ist der Anlaß so unspektakulär: Der Schauspieler Kurt Böwe liest, in selbst getroffener Auswahl, aus Theodor Fontanes Roman »Der Stechlin«. Mehr passiert an diesem Abend nicht.

Auf der Hinterwand der Bühne ein Fontane-Porträt; wenn Böwe seine Lesung beginnt, wird es von einem Farbfoto des Stechlin-Sees »im Norden der Grafschaft« Ruppin überblendet. Preußischblaue Szene. Neben Böwes Lesetisch, der mit Büchern belegt ist, ein großer leuchtender Forsythien-Strauß. Kurz erinnert der Schauspieler an das Erscheinungsjahr des Buches, 1898, und er sagt: »Es ist ein Roman, der das Jahrhundert Fontanes resümiert, und drei Jahre vor unserem eigenen Wechsel in ein neues Jahrtausend könnte er uns etwas Mut geben, beim Leben. Und sei es der Mut, einer gewissen Unveränderlichkeit des menschlichen Wesens ins Auge zu blicken. Gemeint ist die Unveränderlichkeit des falschen Strebens wie die des Suchens nach Sinn und Halt. Die Hoffnung kommt nicht aus dem Sieg des Sinns, sondern aus der Balance der Dinge. Und so bleibt neben der Unvergänglichkeit des Widerwärtigen halt auch die Unvergänglichkeit der Hoffnung auf Gutes.«

Der Schauspieler aus der Prignitz liest die Geschichte aus

Ruppin, jene Geschichte einer »Gegenüberstellung von Adel, wie er bei uns sein sollte und wie er ist«, eine Geschichte rund um den See, aus dessen Tiefen in Momenten ferner Naturkatastrophen ein Wasserstrahl aufspritzt; in Momenten noch größerer, also geschichtlicher Erschütterungen steigt gar ein roter Hahn auf. Böwe wäre nicht Böwe, verschmölzen bei seinem Vortrag nicht auf seltsam innige Weise Altersweisheit des Autors mit mimischen Vermittlungskräften des Darstellers. Böwe läßt Fontanes Worte gleichsam durch sich hindurchfließen, verfällt ins Platt, steigert Dialogpassagen zu winzigen, spannenden Schauspielereien. Er macht es sich im Spaß aber nicht gemütlich, tritt die Dramatik nicht breit, wirft sich der Trauer nicht an den Hals. Alles wirkt wie ein schöner Zufall und dauert schnelle neunzig Minuten.

Böwe steht auf, verbeugt sich vor dem Dichter, der hinter ihm auf der Projektionsfläche als Foto wiederkehrt. Der Schauspieler nimmt seinen legendären DDR-Bürger-Beutel, der die ganze Zeit über an einem der Tischbeine gestanden hatte, und die ironisch gehandhabte Marotte gerät zur Metapher: Hier las einer, ganz er selbst, fernab künstlicher Aufgeladenheit. Hier riecht die Poesie nicht zu sehr nach Poesie. Und die Philosophie nicht zu sehr nach Philosophie. Wie oft leiden die eine wie die andere, zum Bühnenvortrage gebracht, an einer schrecklichen Redundanz. Geziertheit des Verbs, Geziertheit der Tiefe. Beide langweilen uns gleichermaßen. Nein, Böwes Lesen erinnert daran: Mitunter ist der befreiendste Wert in der Kunst die Transparenz. Das meint die Leuchtkraft des Gegenstandes selbst, das Belassen der Dinge in ihrem So-Sein. Fontane ist an diesem Abend Fontane, weil Böwe Böwe bleibt.

VIELLEICHT WAR ES JENE LESUNG

im April 1997 in den Kammerspielen – Erfolg macht anfällig –, die den Schauspieler in gelöster Kantinenrede aufgekratzter, gründlicher, leidenschaftlicher als sonst darüber nachdenken ließ, was es mit seiner Beziehung zu dem Dichter Theodor Fontane auf sich habe. Vielleicht war es jener Abend, an dem die Idee zu diesem Buch geboren wurde. Wie oft hat er gelesen aus Fontanes Werken, still und allein zu Hause im Berliner Hochhaus und noch mehr mit darstellerischer Verve vor vielen Zuhörern. Auf Usedom bei eines rührigen Pfarrers literarischen Abenden, auf Hiddensee im Gerhart-Hauptmann-Haus, in Bad Hersfeld und Bad Lauchstädt, in Neuruppin und Dresden; auch beim »Berliner Liederabend« des Deutschen Theaters zitierte er den Dichter, der aus seiner Abneigung gegen den ungehobelten Schnodderton der Hauptstädter nie einen Hehl machte. Für Radio Brandenburg las der Schauspieler (in eigener Bearbeitung) Fontanes »Kinderjahre« und »Von Zwanzig bis Dreißig«, im MDR die »Grete Minde«. »Die Flinte ins Korn zu schmeißen, dazu ist immer noch Zeit« wurde ein Fontane-Programm von Kurt Böwe und Otto Mellies betitelt, das seit langem erfolgreich auf dem Programm des DT steht. »Briefe des Alterns« heißt eine Kassette Böwes mit jenen Briefen des alten Dichters, die der Komödiant besonders mag. Und war er nicht just in den grummelnden Herbsttagen des Jahres 1989, dazu noch frischgebackener Nationalpreisträger, von einer Lesung in Berlin auf die aufgeregte Straße gekommen, mit roten Rosen in der Hand, natürlich sofort Blicke des Mißvergnügens und des Mißverständnisses auf sich ziehend? Ach, Fontane und die Ironie der Geschichte.

Ich bin nun mal für Frieden und Kompromisse – Ohne ein gewisses Quantum von Mumpitz geht es nicht – Nur der Irrtum ist das Leben – Sich angehören ist der einzige begehrenswerte Lebensluxus. Dies sind Sätze Fontanes, die Kurt Böwe wieder und wieder auf den Lippen hat – dann, wenn er sich in eine seiner Lieblingsbeschäftigungen verstrickt: Gespräche, die er flugs und selbstbewußt, um Wirkung wissend, in höchst amüsierliche Monologe umfunktioniert. Aber nicht im Sinne schauspielerischer Zitatenkoketterie führt er diese Sätze an, sondern als Quintessen-

zen einer von Jahr zu Jahr intensiver gewordenen Hinwendung zu diesem Manne, dem weder der Apotheker noch der Beamte gelang, den eine immer stärker werdende Unfähigkeit zum Gesellschaftsnutzen und zur beamtenen Fügung in die späte künstlerische Berühmtheit zwang. Der Dichter, der sich für eine Revolution begeistern möchte und sich doch als gänzlich unpraktikabel für solcherart Erhitzung erkennen muß. Der Redakteur, der sich durch die Bürgerlichkeit quält, durchs dröge Leitartikeldasein mit Schere und Klebstoff. Der Reisende, der fährt und fährt, um am Ende immer wieder nur bei sich selbst anzukommen, dem höchstem aller Reiseziele. Der Romancier, der hochbetagt das große Werk beginnt, da andere längst aufgehört haben.

Meine Hinwendung, sagt der Schauspieler, einer der Protagonisten am Deutschen Theater, dem traditionsreichen Hause von Brahm und Reinhardt, Heinz und Wolfram, Langhoff und Langhoff, hat freilich mit dem Gefühl für die eigene Existenz zu tun, mit dem schönen Verlust falscher Gewißheiten, mit dem Verzicht auf trügerische Geschäftigkeiten – und sehr viel auch mit der Erkenntnis, daß der Mensch warten müssen kann auf jene Literatur, die er wirklich zum Leben braucht. Ja, man muß Geduld haben, bis ein Dichter seinen Leser ruft – so wie man eben alt werden muß, um man selbst zu werden. Aber, der Schauspieler lacht, jener oft beklagte Mangel an Jahren ist ja zum Glück ein Fehler, der sich mit jedem Tag bessert. Plötzlich steht man vor dem Werk eines Schriftstellers, liest und liest und fragt erstaunt, bisweilen so erschrocken wie erheitert: Woher weiß der das von mir?

BÖWES FONTANE. DAS IST

ein Lesebuch. Ein Lock- und Lustbuch. Kein werkvergrabener Wissenschaftler hat es zusammengestellt, aber immerhin ein Fast-Professor, der Anfang der sechziger Jahre aus theatergeschichtlichen Vorlesungen an der Humboldt-Universität Berlin mehr zufällig auf die Bühne des

Maxim Gorki Theaters wechselte. Nicht aus Überwältigung durch ein sich Bahn brechendes komödiantisches Urtalent; eher aus Einsicht in eine den sozialistischen Realismus jener Jahre bedienende Durchschnittlichkeit von Aussehen und Erscheinung: Theater als Fortsetzung des Bauernjungen aus Reetz mit anderen Mitteln. So daß der Kritiker Volker Trauth schrieb: »Da gibt es den Schauspieler Kurt Böwe, und der hielt für die Zuschauer zwei Gesten parat – eine am Anfang und, überraschenderweise, eine zum Schluß.« Hier sofort anschließend, zitiert der Schauspieler, der über die Stationen Halle und Deutsches Theater Berlin zu einem der bekanntesten (ost)deutschen Schauspieler wurde, Ernst Barlach, dessen »Blauen Boll« Böwe später spielte, jene dramatisch recht sperrige Reise ins tiefer Verborgene. Barlach sagte einen Satz, den der brandenburgische Provinzler Böwe ebenfalls guten Gewissens auf sein eigenes langsames Werden beziehen kann: Im Norden läßt die Natur sich Zeit.

WOMIT LIESS DIE NATUR SICH ZEIT?

Mit der Ausbildung eines Schauspielers, der sich, zunächst mit wuchtig gegebener Gestalt und wichtig genommener Gestaltung, am gesellschaftlichen Großereignis namens Sozialismus beteiligte. Der in anschwellender Arbeiter-und-Bauern-Bewegung die Chance einer bisher ungeahnten Sozialisierung und Bildung für sich sah. Ich erinnere mich, sagt der Schauspieler, an meine ersten Universitätseindrücke: Die Gebäude waren zu drei Vierteln zerstört, man nahm damals Bücher sehr langsam in die Hand, ehrfürchtig. Fontane? Nein, allein schon seine »Wanderungen«, fügt er hinzu, waren für mich nicht annehmbar. Das schien doch die pure Verherrlichung der Latifundisten zu sein, die wir gerade enteignet hatten, zu meinem Wohle gewissermaßen. 20 Morgen erhielt jeder Bauer. Mit dem Schwerte hoch zu Ross – nein, nicht mit mir! Ich sah da immer den Herrn von Winterfeld vor mir, der ganz Reetz in Fron gehabt hatte, bis ans Ende des 19.

Jahrhunderts. Christus kam nicht bis Eboli, Fontane kam nicht bis Reetz, das brandenburgische Dorf! Erledigt der Fall des Preußenbewunderers mit seiner märkischen Sandkornpoesie. Nein, mehr von diesem Marx war ich aufgepeitscht, und das war gut so – einen Impetus braucht der Mensch schließlich. Fontane wurde in Neuruppin geboren, das ist Ostprignitz. Wir waren Westprignitz. Dazwischen liegen tausend Kilometer – wenn man die Strecke zu Fuß gehen muß. Der Schauspieler verweist auf eine Zeitungsmeldung: Nun pfeift also bald der Transrapid durch die Gegend dort; der hat einen großen Vorteil für diejenigen, die ihn benutzen: Sie sehen nichts von der Ödnis.

Aber immerhin, sagt Böwe, Fontane war ein schöner Name, ich hatte unsere kleine theaterwissenschaftliche Bibliothek mit Titeln aus den Antiquariatslisten aufzufüllen, und so besorgte ich mir denn doch über zwölf Bände seines Werkes, in der Ausgabe des Verlages Das Neue Berlin, und sie zierten recht hübsch mein Regal. Erst, als ich bei Thomas Mann las, Fontane sei sein »Vater«, wurde ich erstmals hellhörig.

Auch Böwe glaubte an die Volksfront zwischen Geist und Macht, Ästhetik und Politik. In seiner Art zu spielen hatte er immer auch etwas vom Volkstribun; Staatsnähe wurzelte aus Nähe zu Menschen. »Einer von uns«, beschrieben die Pathetiker oft den Zustand von Böwes Spiel, von dem jedoch treffender gesagt sein sollte: Das wirkliche Leben kam bei ihm nie zu kurz. Das sei nicht geringgeschätzt in einem Beruf, der demjenigen große Versagungen abverlangt, der meisterlich sein will. Es ist nämlich schwierig, wirkliche Menschen draußen in der Welt zu lieben, wenn es in der Innenwelt des Spiels immer wahrhaft leidenschaftlich zugehen soll. Sein Naturell (ein anderes Wort für Denkungs- und Empfindungsart) hat Böwe stets vor Selbstaufgabe und schmerzvoller Fremdheit gegenüber anderen bewahrt. Und: vor Arroganz! Aber mehr und mehr entwickelte er sich zu einem Schauspieler, dem die Töne der Wahrheitsbehauptung leiser, brüchiger, zweifeln-

der gerieten (trotzdem nicht weniger kräftig). Blieb der Brustton, so war er doch keiner der ungezügelten Überzeugung mehr. Filmregisseur Konrad Wolf, der große Schweiger, hat den Hallenser »Großdarsteller« Anfang der siebziger Jahre mit der Rolle des Bildhauers Kemmel in »Der nackte Mann auf dem Sportplatz« in die rettende Krise gedrängt; Böwe fand heraus aus drohender Lethargie des aktionistischen Gleichmaßes, ging ans Deutsche Theater Berlin, das Hohe Haus der Schauspieler-Despotie, übte sich in grausamer Verzweiflung, im Olymp der Bauer zu sein, brachte sich aber zäh und mit der Sturheit jener, die in flacher Landschaft gegen den Wind leben müssen, »in Vergleich« – und wurde unvergleichlich. Der Schauspieler, selbstbefreit von zeitgenössischem Wirkungszwang und doch nicht verderbend in unpolitischer Verinnerlichung, suchte fortan Zugang zu den geheimnisvollen Schwingungen zwischen der faßbaren und der unfaßbaren Welt. Wo treiben wir hin? fragt Hauptmanns Michael Kramer, den Böwe eines Tages spielen wird, dies ist es nicht, und jenes ist es nicht, aber was, was wird es wohl sein am Ende …

BÖWE BEI GAUS.

Ursprünge: *Ich habe nunmehr mit meiner Familie auf dem Dorfe geistig auch deshalb mehr und mehr zu tun, weil sie ja ausstirbt. Da kommen die Erinnerungen mit Gewalt auf mich zu. Ich habe dort meine Prägungen erfahren und habe sie nie verleugnet. Ich habe dazugelernt im Leben, aber mein Urgrund blieb immer bäurisch, plebejisch. Meine Familie kam anfangs des Jahrhunderts in dieses Dorf Reetz, am Ende dieses Jahrhunderts wird gleichsam niemand mehr von dieser Familie da sein. Eine Familie kommt, sie lebt und der Wind fegt sie weg, das ist das Biblische meiner Jahrhundertüberlegung; das ist die Zeitspanne, die mich ins Erinnern drängt, ins Nachdenken darüber, was für einen Sinn alles haben könnte. (…) Wissen Sie, ich bin ein großer Verehrer von Fontane, und*

Fontane sagt, er habe immer einen Blick für Realitäten gehabt. Diese Einsicht war mir immer eine große Hilfe.

Ideale: *Mein Leben hatte zunächst eine Orientierung, weil wir daran glaubten, daß wir es schaffen würden mit dem Sozialismus. Da würde ich auch die Frage nach den Idealen ansiedeln. Die materiellen Dinge, die Finanzen als Ideal, die kommen bei mir nicht in Frage. Von meinem gestrengen Vater bin ich enteignet worden, weil ich mit Geld nicht umgehen konnte; das Ideal des Sozialismus lag mir sozusagen schon in der Wiege. Heute kann ich das mit dem Ideal nicht mehr so genau beurteilen, es ist nicht mehr so präzis zu benennen. Nicht, daß ich hier wie einer sitze, der alles aufgegeben hat. Da ist schon noch der gleiche Wunsch wie nach 1945: daß uns nicht Krieg überzieht. Denn die Sache ist doch längst nicht ausgestanden – wenn ich nur daran denke, was passieren könnte, wenn sich die Sowjetunion in Bewegung setzt; da zittert ganz Europa. Dagegen ist Serbien nichts.*

Theater: *Ich sehe am Ende dieses Jahrhunderts, wir haben noch drei Jahre Zeit, wenig Hoffnung. Ich stand da oben auf der Bühne immer mit dieser Hoffnung, die nun verlorengegangen ist, nein, nicht um die Leute zu bessern und zu bekehren, aber doch, um ihnen Hoffnung zu machen. Wir waren am Deutschen Theater sehr kritische Leute, nun, da wir alles verloren haben und ein neues Publikum haben – die Westdeutschen sind gekommen –, schauen wir uns verwundert um.*

Irrtümer: *Unsere vielen Irrtümer, die gebündelt zum Verlust von Staat und Utopie geführt haben, werden nicht verhindern, daß der Versuch eines besseren Zusammenlebens erneut gemacht wird. Ich werde das nicht mehr erleben, aber der Versuch wird gemacht werden – weil die Welt, bliebe sie so, wie sie ist, ohne Hoffnung wäre. Da thront nun ein einziger, hat alles geschluckt, und ganz hinten liegt die Hoffnung, gleichsam am Ende, im Abseits. Sie wird wieder ins Zentrum rücken, da bin ich sicher.*

Schauspieler: *Wenn einer auf der Bühne steht und aus*

welchen Gründen auch immer nicht mehr weiß, warum er da steht, dann sollte er abtreten. In den Wind hineinzureden, hat keinen Sinn. Die Schauspielerei, Thomas Mann hat es gesagt, ist von den Künsten die hemdsärmeligste. Wir sind so unabdingbar den Leuten ausgesetzt, das kann fruchten oder auch nicht, aber das hat seine Wirkung immer jetzt zu haben und nicht übermorgen. Ein Buch können Sie hundert Jahre liegenlassen, einen Schauspieler nicht, da fault er.

Polizeiruf 110: *Dieser Geschlagene, der Kommissar Groth, er geht nicht mehr ganz so aufrecht, läuft offenbar etwas gebeugt, ist der Last dieser Welt nicht mehr so gewachsen, aber er bleibt, wie wir sogleich bemerken werden, geistig doch durchaus noch tragfähig. Mit dieser Figur möchte ich eigentlich den Leuten, die um mich herum abgewickelt werden, die als nicht mehr tauglich gelten, Mut geben: Sie sind noch nicht verloren. Das ist der geheime Trick dieser Figur, und ich hoffe, er funktioniert auch so.*

Gott: *Ich lag todkrank, krebskrank in Herzberge, und neben mir lag ein Pfarrer, Pfarrer Braune. Sein Vater war Direktor einer Behindertenanstalt in Lobethal, und im Kinderzimmer, vorn auf dem Sofa, saßen plötzlich Frau und Herr Honecker – Bischof Forck hatte für den Unterschlupf gesorgt, damit die Menge sie nicht zerfetzt. Dieser Pfarrer las Psalme und Sprüche, und ich sagte, würden Sie bitte etwas lauter lesen, und er tat das. Und er sagte, ich könne mir ja auch selbst mal ein solches Buch holen, was ich denn auch tat. Ich blieb erstmal hängen beim berühmten Prediger Salomon, und langsam kam ich dahinter, daß Böwe – da ist sie erneut, diese bäurische Existenz – vielleicht schon früher zutiefst religiös war, ohne es je zu wissen. Der Weg des Überdenkens von Leben und Welt bringt mich nicht zu den Religionen, die heute praktiziert werden, wohl aber zum Alten Testament und so zu jemandem, der, vielleicht, Gott heißt.*

(aus: »Zur Person: Kurt Böwe« von und mit Günter Gaus, ORB, Februar 1997)

NUN, WENIG ZEIT VOR SEINEM SIEBZIGSTEN

Geburtstag, sieht sich der Schauspieler also am Scheideweg: Böwe gab sein festes Engagement am Deutschen Theater auf. Wahrscheinlich, lächelt er, bin ich zu altmodisch. Sein Handwerk, an Wurzeln gebunden, die außerhalb der reinen Kunstwelt liegen, erfuhr seine Gelöstheit stets aus beschriebener Identität mit »seinem« Publikum; nun löst eben diese lebenswichtige Bindung Befürchtungen aus: daß sie vielleicht längst schon verlorengegangen sei in gewendeter Zeit, im allerorten spürbaren Rückgriff auf eine gewohnheitsmäßige, begriffslos schnurrende Modernität. Böwe als Prototyp eines Künstlers, der sich zerreiben könnte zwischen geistigen, moralischen Positionen, die besetzt und gehalten werden müßten, und dagegen stehenden emotionalen Grundbedürfnissen wie Ruhe oder Sich-Gehen-Lassen.

Der sich zerreiben könnte. Könnte! Also: Konjunktiv. Denn Vergessen wir nicht die Böw'sche Durchtriebenheit des Augenzwinkerns, der Selbstdarstellungslust, der Präsenz. Böwe ist nicht der Typ, der in ein lautes Gegreine verfällt, das vom Phantomschmerz Zeugnis gibt. Er bleibt doch Komödiant aus Notwehr: Was sonst soll er tun? Und so wie Bernhard Minetti mit dem Dramatiker Thomas Bernhard in einem Atemzug genannt werden kann, so wie Bruno Ganz Hölderlin- und etwa Inge Keller Thomas-Mann-Interpretationen assoziiert, Udo Samel zur »Stimme Schuberts« und Eberhard Esche auf der Bühne gleichsam zum Neuschöpfer Heines oder Goethes wurde, so sind Fontane-Lesungen Kurt Böwes zu einem Signum dessen geworden, was Schauspielers Wesen und Kulturpflicht immer war: Bewahrung von Sprache, jener einzig wahren Heimat und jenem einzig wahren Lebensquell des Theatermenschen.

SO BIN ICH EIN HERAUSPLÄRRER

von literarischen Texten geworden, sagt der Schauspieler, entfliehe dem Deutschen Theater, fadenscheinig frei-

lich, um auf ganz eigene Weise der verderbten Bühne, diesem Wunderort, wieder näherzukommen. Und es scheint, ein Fontane hilft, diese Spätgestalt, die sich, umringt von Absterbendem, doch innerlich mehr und mehr verjüngt. Da geht in einem Menschen auf so wundervolle Weise die Aufgeregtheit verloren, ohne daß er in die resignative Selbstgenügsamkeit fällt.

Böwes Fontane. Das ist eine Sammlung von Texten, die in ein interessantes, wechselreiches Dasein führen, und die den 1929 geborenen Böwe bewegt haben, mit wachsendem Alter neugierig auf sein eigenes Leben zu werden. Dieses Leben hat eine neue Fallgeschwindigkeit bekommen. Das Gefühl für die eigene Existenz ist plötzlich wieder da; das Fragen, Denken und Handeln hat andere Ursachen. Es scheint, die Zeit, die karger wird, vergeht langsamer. Man ist auf sich selbst zurückgeworfen, ein Wurf, den man abfangen muß, damit die bleibenden Jahre nicht in ein Geworfensein übergehen. Und solches wäre die kleine Hoffnung, die er mit der Zusammenstellung dieses Buches verbindet: daß dies anderen Menschen, die lesen, möglicherweise auch geschieht. Mit Fontane oder einem anderen Dichter.

Bezugspunkt für die von Böwe getroffene Auswahl der Texte blieb stets der alte Fontane, der, so sagt es Thomas Mann, »unsichere Kantonist«, der Bilanzier: Wie entwickelt sich so ein Leben, wie wechseln die Wertigkeiten, worauf läuft alles hinaus? Entstanden ist eine »Strichfassung«, sozusagen ein, um im Theaterjargon zu bleiben, literarisches Programm, Fontane an einem Abend. Ein Schauspieler hat sich seinen Dichter inszeniert: Porträt eines Ambivalenten. Böwe komponiert sehr subjektiv; auch innerhalb der Texte erlaubt er sich (sinnwahrende) Verdichtung auf den ihn existentiell bewegenden Gedanken. Nicht philologisches Interesse treibt ihn, sondern Zuneigung aus Seele und Gemüt. Schließlich hat der Schauspieler nicht ein Bühnenleben lang die ironisierenden Vorurteile wider sämtliche Dramaturgen mitgeschürt, um am

Ende selber wie einer zu agieren. (Obwohl Schauspielerfreund Dieter Franke schon immer argwöhnte, für einen, der auf die Bühne gehe und da oben auch noch erfolgreich sein wolle, lese Böwe gefährlich viele Bücher.) Nein, »Böwes Fontane« – an diesem Punkt dankt der Schauspieler dem Fontane-Spezialisten Gotthard Erler herzlichst für Zuspruch und Rat! – bietet keine Werkanalyse und keinen ausführlichen Zeitkommentar. Im Fragmentarischen möge seine Verführungskraft liegen, im Zufälligen seine Lebendigkeit. Aber mit dem entschiedenen Zugriff auf »seinen« Fontane versucht Böwe einmal mehr zu sagen, daß ihm Schauspielerei kein ortloses Herumtapsen ist, von Text zu Text, von fremder Haut zu fremder Haut; er ist einer, der »veranlaßt« sein muß durch die Mühen der Beständigkeit. Der, wie bereits erwähnt, in Vergleich kommen will mit etwas Beunruhigendem, das zugleich Ironie und Abstand erlaubt, aber eben nicht zu weit wegführen darf vom eigenen Impetus, »diesem wahnwitzig anmaßenden Beruf des Schauspielers abendfüllend zu verfallen«.

Abendfüllend? Fontane, in den bangen Momenten des Überdrusses, erinnerte oft an den besänftigenden Satz eines alten Schauspielers, der aus seinem täglichen Vorstellungs-Dasein heraus, bei allem, was da noch kommen mag, doch ganz sicher und beruhigend weiß: »Um neun ist alles vorbei!«

Alfred Kerr

ÜBER EINEN JUBELGREIS

Der Berliner Westen – diese elegante Kleinstadt, in welcher alle Leute wohnen, die etwas können, etwas sind und etwas haben und sich dreimal soviel einbilden, als sie können, sind und haben – hat in dieser Woche zwei Jubelgreise gefeiert. Ludwig Pietsch und Theodor Fontane. Pietsch ist siebzig, Fontane fünfundsiebzig Jahre geworden. Aber es gibt zwischen ihnen mehr Unterschiede als diese fünf Jahre. Der eine ist ein Temperamentsmensch, der andere ein nachdenklich-skeptischer Betrachter. Der eine ist ein lauter, aufgeknöpfter Amüseur, der andere ein stiller, zurückgezogener Mann. Der eine betrachtet die Erscheinungen, und es kommt ihm darauf an, äußere Eindrücke zu beschreiben; der andere betrachtet gleichfalls das äußere Leben, aber es kommt ihm darauf an, dabei seelische Zusammenhänge zu schildern. Der eine ist, kurz, ein Journalist, der andere ist ein Dichter. (...)

Ein alter, großgewachsener Herr ist Theodor Fontane, mit schmalem Seitenbärtchen und grauem Schnurrbart. Ein großes Tuch um den Hals gelegt, das über dem dicken Mantel sitzt, schreitet er die Potsdamer Straße entlang. Er geht gewöhnlich dicht an den Häusern, weil es ihm keinen Spaß machen würde, von den hundert Bekannten, die dort jeder Bewohner des Westens täglich trifft, angehalten zu werden. Nicht als ob er unfreundlich wäre. Aber es lohnt wahrhaftig nicht, ein paar Banalitäten auszutauschen und sich dafür zu erkälten. Vor dem Erkälten hat er nämlich große Angst, und darum hält er das berühmte graugrüne Tuch stets vorn mit der Hand zusammen. Unter dem Hut blicken die guten und klugen und großen grauen Augen in die Ferne, und mit raschen Schritten geht er, etwas nach vorn geneigt, unaufhaltsam seines Weges. Wenn es windig ist, schreitet er rascher, und er hält das Tuch fester und höher, bis über den Mund weg. Die grau-

en Locken bewegen sich dann leise, die dem alten Herrn über dem Nacken schweben. Es sind keine Künstlerlocken! Er sieht nicht aus wie ein greiser Barde, von dem zu befürchten ist, daß er eine Leier aus der Manteltasche zieht. Er hat etwas Altfränkisch-Militärisches. Er hat das Gesicht eines friedlichen pensionierten Offiziers aus den dreißiger Jahren. Über dem ganzen Mann schwebt im Äußeren, auch in der Kleidung bis auf Halsbinde und Kragen, ein Hauch der guten alten Zeit.

Und das Staunenswerte ist: diese unmoderne Persönlichkeit hat unglaublich moderne Ansichten. Der älteste unter den deutschen Literaten ist zugleich der entschlossenste Parteigänger der jüngsten. Er wird von ihnen geliebt wie kein zweiter. Nicht minder von demjenigen Kreis der übrigen literarisch Interessierten, welcher nicht in rohen Bumbum-Effekten und verlogenen Sentimentalitäten den Gipfel der Kunst erblickt, sondern sich zu ehrlicher Lebensabschilderung und feinerer Seelenkunde hingezogen fühlt. Sie alle bestaunen ein Phänomen in dem Manne, der sich, im zarten Alter von sechzig Jahren, entschloß, ein naturalistischer Dichter zu werden; der sich hinsetzte und in »Irrungen und Wirrungen« flugs den besten Berliner Roman schrieb; der heut mit fünfundsiebzig Jahren noch ein wundervolles, lebenstiefes Abendstück von reifer und inniger Kunst zustande bringt.

Der Alte hat ein lebendiges Interesse an allem, was auf literarischem Felde vorgeht. Und was er für bedeutsam und tüchtig hält, dem spendet er unaufgefordert, in jugendlicher Herzlichkeit, sein Lob. Er braucht einen Menschen nicht zu kennen und tritt ihm plötzlich – ich hab es mit tiefer Freude an mir erfahren – durch einen Brief näher, weil ihm irgend etwas auffiel und gefallen hat. Und er ist ein Kritiker. Er hat in den langen Jahren, in denen er die zeitgenössische Dramatik, berufsmäßig richtend, verfolgte, unendlich fördernde, herbfrische, knappe Kritiken geschrieben, zugleich knorrig und fein, zugleich scharf scheinend und schmiegsam nachfühlend. (…)

Bilanz nach allen Jahren:
OHNE EIN GEWISSES QUANTUM
VON MUMPITZ GEHT ES NICHT

Nur der Irrtum ist das Leben.

Th. F.

SUMMA SUMMARUM
ODER ALLES IN ALLEM

Eine kleine Stellung, ein kleiner Orden
(Fast wär ich auch mal Hofrat geworden),
Ein bißchen Namen, ein bißchen Ehre,
Eine Tochter »geprüft«, ein Sohn im Heere,
Mit 70 'ne Jubiläumsfeier,
Artikel im Brockhaus und im Meyer …
Altpreußischer Durchschnitt. Summa summarum,
Es drehte sich immer um lirum larum,
Um lirum, larum Löffelstiel.
Alles in allem – es war nicht viel.

Theodor Fontane an den Sohn Theodor, 9. Mai 1888:

(...) Freundschaft und Liebe verschwinden immer mehr; in der Familie kommen diese Luxusartikel noch vor, weil die Familie nichts ist als ein auf 3 oder 5 (höhere Zahlen sehr selten) erweitertes Individuum, das von ein und demselben Egoismus inspiriert wird; da kommt dann noch ein annähernd gemeinschaftliches Fühlen vor, und die Berührungen mit dem Knotenstock oder mit drei Pfauenfedern, wie sie dem einen zuteil werden, treffen den andern mit. Aber sowie man über den Kreis der Familie hinaus ist, beginnt die Sahara, dann und wann eine Oase mit einem Baum und einem Quell, sonst nur Wüstengeier und die Trümmer der armen Kamele, die vor einem des Weges zogen und jämmerlich umkamen in Sand und wieder Sand. Da hast Du meine Stimmung, je mehr sie wächst, je mehr ich mich davon überzeuge, daß sie, so schlecht sie ist, immer noch nicht schlecht genug ist, denn die Natur schuf mich zum Optimisten und Heitersehen, je mehr, sag ich, ich mich gezwungenermaßen von der einzigen Berechtigung des Pessimismus überzeuge, desto mehr ziehe ich mich in meine Klause zurück und meide die Berührung mit den Menschen, die fast immer unangenehm ist. Ein großer Teil der Schuld wird wohl auch an mir selbst liegen, ja, ich würde geneigt sein, ihn nur in mir zu suchen, wenn es nicht so viele Abschnitte in meinem Leben gäbe, die mir den Beweis liefern, daß es doch auch an der Außenwelt liegen muß. (...) Du bist nun seit ein paar Jahren Beamter und wirst wohl aus eigner Wahrnehmung, um nicht zu sagen Erfahrung, das Vorhandensein jenes schonmenschlichen Zuges, der sich Neid nennt, bestätigen können. (...) Indessen, ist es, wie es ist, und wehe dem, der sein Herz darüber mit Trauer füllen will; man kann seinen Pessimismus auch in Rot, ja in Zeisiggrün kleiden und ihn auf Heiterkeit abrichten. Mehr, man kann auch wirklich wieder heiter dabei werden, vorausgesetzt, daß man ein glückliches Temperament hat. Man erkennt zuletzt in allem ein Gesetz, überzeugt sich, daß es nie anders war, und findet für sich persönlich sein Genüge in Arbeit und Pflichterfüllung. Das den Dingen scharf ins Gesicht sehn ist nur momentan schrecklich, bald gewöhnt man sich nicht nur daran, sondern findet in der gewonnenen Erkenntnis, auch wenn die Ideale darüber in die Brüche gingen, eine nicht geringe Befriedigung. Die höchste Ruhegebung aber kommt von einem aus dem memento mori, und eine Viertelstunde auf dem Lichterfelder Friedhof rückt einen immer wieder zurecht. Freilich immer noch nicht dauernd genug. Immer noch wieder Rückfälle in das, was die Frommen das Irdische nennen. (…)

An Mathilde von Rohr, 23. Mai 1888:

(...) Und wiewohl ich gern gelebt habe, jetzt, am Ende meiner Tage, bin ich doch tief davon durchdrungen, daß dies alles eine Welt der Mängel ist, viel, viel mehr noch, als man in jungen und mittleren Jahren annahm, und daß es nicht schlimm ist, die Unruhe mit der Ruhe zu vertauschen. Sie glauben gar nicht, in wie hohem Maße die Überzeugung davon während dieser letzten Jahre in mir gewachsen ist (…) und zwar deshalb, weil sowenig geschieht, dem man aus vollem Herzen zustimmen kann. Unsinn und Ungerechtigkeit und überall Selbstsucht und der Neid in allen Formen. Im kleinen geschieht um einen her sehr vieles, was einen wieder aussöhnt (…), aber das politische Treiben, das finanzielle, das wissenschaftliche, das künstlerische – wie tief unerfreulich. (...) Es wird soviel von Fortschritt gesprochen, und die Bildung soll alles besorgen, es wird aber mit Hilfe dieser Bildung nur noch schlimmer, denn die Zahl derer wächst ins Millionenfache, die nun auch »von Bildungs wegen« etwas bedeuten wollen. Und das Einsehn davon, daß es so ist und so bleiben wird, entwertet doch stark das Jammertal, von dem man in der Jugend ein Stück Paradies erwartet. (…)

An seine Tochter Martha (Mete), 8. Juni 1888:

(...) Der Anblick des offiziellen Preußentums ist mir ganz unerträglich, und nachdem ich mich ein langes Leben lang geschunden und geplagt und all diesen Nichtigkeiten, gezwungen und halb gezwungen, die Honneurs gemacht habe, will ich von meinen 68 Jahren und meiner freien Lebensstellung wenigstens das haben, daß ich sagen darf: ich danke für Obst. (...)

An Georg Friedlaender, 12. November 1888:

(...) Dazu kommt, daß es mir immer schwerer wird, Anschauungen ruhig hinzunehmen, die ich für verrückt oder raufgepufft oder anmaßlich halte. Dergleichen alle 3 Jahr einmal zu hören, amüsiert mich, aber mit solchen Personen zu verkehren ist mir unmöglich. Nur das bleibt bestehn: lieber Einsamkeit und ein Buch und eine Zeitung als schlechte Gesellschaft. (...)

An seine Frau Emilie, 23. August 1891:

(…) Ich beschäftige mich damit, mein Leben zu überblicken, allerdings in etwas kindischer oder doch mindestens in nicht sehr erhabener Weise. Bei den ernsten Dingen verweile ich fast gar nicht; ich sehe sie kaum und lasse Spielereien, Einbildungen und allerhand Fraglichkeiten an mir vorüberziehn. Das Endresultat ist immer eine Art dankbares Staunen darüber, daß man von so schwachen wirtschaftlichen Fundamenten aus überhaupt hat leben, vier Kinder großziehen, in der Welt umherkutschieren und stellenweise (z. B. in England) ein kleine Rolle hat spielen können. Alles auf nichts andres hin als auf die Fähigkeit, ein mittleres lyrisches Gedicht und eine etwas bessere Ballade schreiben zu können. Es ist alles leidlich geglückt, und man hat ein mehr als nach einer Seite hin bevorzugtes und, namentlich im kleinen, künstlerisch abgerundetes Leben geführt. Aber zurückblickend komme ich mir doch vor wie der »Reiter über den Bodensee« in dem gleichnamigen Schwabschen Gedicht, und ein leises Grauen packt einen noch nachträglich. Personen von solcher Ausrüstung wie die meine war: kein Vermögen, kein Wissen, keine Stellung, keine starken Nerven, das Leben zu zwingen – solche Menschen sind überhaupt keine richtigen Menschen, und wenn sie mit ihrem Talent und ihrem eingewickelten 50-Pfennig-Stück ihres Weges ziehen wollen (und das muß man ihnen schließlich gestatten), so sollen sie sich wenigstens nicht verheiraten. (...) ein Apotheker, der anstatt von einer Apotheke von der Dichtkunst leben will, ist so ziemlich das Tollste, was es gibt.

An Martha Fontane, Karlsbad, 24. August 1893:

(...) ich bin nun mal für Frieden und Kompromisse. Wer diese Kunst des Kompromisses nicht kennt, vielleicht nicht kennen will, solch Orlando furioso und Charakterfatzke kann sich begraben lassen. Ich habe noch nicht gesehen, daß ein Dollbregen oder auch nur Prinzipienreiter heil durchs Leben gekommen ist. All den großen Sätzen in der Bergpredigt haftet zwar was Philiströses an, aber wenn ihre Weisheit richtig geübt wird, d. h. nicht in Feigheit, sondern in stillem Mut, so sind sie doch das einzig Wahre, und die ganze Größe des Christentums steckt in jenen paar Aussprüchen. (...)

Was Du über unsre Freunde schreibst, ist alles richtig, nur nicht liebevoll oder doch nicht nachsichtig genug. »Nur der Irrtum ist das Leben usw.« Im reinen Licht verbrennt alles. (...) man hüte sich vor Gefühlssezierungen andrer, vor dem ewigen Suchen nach dem eigentlichen Motiv, vor Betrachtung alles Irdischen im »reinen Licht«. Erstlich kriegt man's doch nicht raus, hinter dem letzten liegt wieder noch ein allerletztes; aber wenn man's nun auch herausgekriegt hätte, was hat man davon? Entweder Überheblichkeit, wenn man die Untersuchung am eignen lieben Ich vorbeigehen läßt, oder Deprimiertheit und Katzenjammer, wenn man dahinterkommt: »Ja, so bist du nun auch.« Ohne ein gewisses Quantum von »Mumpitz« geht es nicht. (...) Professor Möller (Bildhauer) sagte zu Friedrich Eggers: »Wenn da noch was fehlt, nehm ich wahrscheinlich Glaube, Liebe, Hoffnung.« Wie oft ist mir das eingefallen! Immer wird ein bißchen Glaube, Liebe, Hoffnung genommen, wie aus dem Bausteinkasten der Kinder. Von wirklichem Glauben und wirklicher Liebe ist mir noch nichts vor die Klinge gekommen, zu dem ich auch nur ein halbes Vertrauen hätte. Schopenhauer hat ganz recht: »Das Beste, was wir haben, ist Mitleid.« Mitleid ist auch vielfach ganz echt. Aber mit all den andern Gefühlen sieht es windig aus. Trotzdem brauchen wir sie, brauchen den Glauben daran; wir dürfen sie nicht leugnen, weil sich sonderbare Reste davon immer wieder vorfinden. Und selbst wo gar nichts ist, müssen wir dies Nichts nicht sehen wollen; wer sein Auge immer auf dies Nichts richtet, der versteinert. Die Wahrheit ist der Tod. (...)

An Georg Friedlaender, 3. Oktober 1893:

(...) ich bin sanguinischer und dadurch in meinem Gemüte glücklicher beanlagt, und mit Hilfe dieser glücklichen Beanlagung bin ich verhältnismäßig leicht über unausgesetzte Kränkungen fortgekommen. Ohne Vermögen, ohne Familienanhang, ohne Schulung und Wissen, ohne robuste Gesundheit bin ich ins Leben getreten, mit nichts ausgerüstet als einem poetischen Talent und einer schlecht sitzenden Hose. (Auf dem Knie immer Beutel.) Und nun malen Sie sich aus, wie mir's dabei mit einer gewissen Naturnotwendigkeit ergangen sein muß. Ich könnte hinzusetzen mit einer gewissen preußischen Notwendigkeit, die viel schlimmer ist als die Naturnotwendigkeit. Es gab natürlich auch gute Momente, Momente des Trostes, der Hoffnung und eines sich immer stärker regenden Selbstbewußtseins, aber im ganzen genommen darf ich sagen, daß ich nur Zurücksetzungen, Zweifeln, Achselzucken und Lächeln ausgesetzt gewesen bin. Immer, auch als ich schon etwas war, (...) sah ich mich beargwohnt und andre, oft wahre Jammerlappen, bevorzugt. Daß ich das alles gleichgültig hingenommen hätte, kann ich nicht sagen, ich habe darunter gelitten, aber andrerseits darf ich doch auch hinzusetzen: Ich habe nicht *sehr* darunter gelitten. Und das hing, und hängt noch damit zusammen, daß ich immer einen ganz ausgebildeten Sinn für *Tatsächlichkeiten* gehabt habe. Ich habe das Leben immer genommen, wie ich's fand, und mich ihm unterworfen. Das heißt, nach außen hin; in meinem Gemüte nicht. Sie wissen so gut wie ich oder besser als ich, daß es in unsrem guten Lande Preußen (...) etablierte Mächte gibt, denen man sich unterwirft. Diese Mächte sind verschieden (...).

Eins der schönsten Lutherworte ist das folgende: »Ja, die bösen Gedanken! Wir können nicht hindern, daß die Vögel über uns hin fliegen, aber wir können hindern, daß sie auf unsren Köpfen Nester baun.« Dies ist ein *gutes* Bild. Dafür ist es aber auch von Luther. (...)

UMSONST

Immer rascher fliegt der Funke,
Jede Dschunke und Spelunke
Wird auf Wissenschaft bereist,
Jede Sonne wird gewogen,
Und in Rechnung wird gezogen,
Was noch sonnenjenseits kreist.

Immer höh're Wissenstempel,
Immer richt'ger die Exempel,
Wie Natur es draußen treibt,
Immer klüger und gescheiter,
Und wir kommen doch nicht weiter,
Und das Lebensrätsel bleibt.

IRGENDWANN WIRD LAUT,

was jeder einmal denkt: »Man ist eben das gelbe Blatt am Baum.« Trotzdem hängt der Mensch am Leben, obwohl »einen jede Stunde von der Mißlichkeit der Sache überzeugt«. Unbegreiflich ist es, »daß wir das Wertlose für so wertvoll halten und uns sträuben gegen das Abschiednehmen von Tand und Flitter. Ein Rätsel, das ungelöst bleiben wird wie alle andern. Man ächzt so weiter und freut sich, daß man atmet.«

Wenn der Schauspieler solche Gedanken Fontanes zitiert, behauptet sich seine Vorliebe für diesen Autor nicht als hochfahrend klügelnde Treue, sondern als genüßlich-humorige Beglaubigung jener Wahrheit, daß just größte Unglücke immer auch den größten Witz tragen: Wenn das Leben beginnt, hätte man Grund genug zur Angst, hat aber keine; wenn es endet, hat man Angst genug, aber eigentlich keinen Grund. Es ist halt nicht so schwer, dem Ansturm des Lebens, aber schwer, seinem Rückzug zu widerstehen.

1892 wird ein bitteres Jahr für den 73jährigen Fontane: Er beendet zwar »Die Poggenpuhls«, kann sich freuen über den Vorabdruck der »Frau Jenny Treibel« in der »Deutschen Rundschau«, aber Grippe und Morphiumvergiftung (durch Fehldosierung eines Medikaments) lähmen die Lebenskraft. Kein Zillerthal-Aufenthalt hilft, keine Schlesienreise, keine elektrotherapeutische Kur in Breslau. Erst Dr. Delhaes, ein ärztlicher Freund der Familie, rät das Richtige: Fontane, der als Apotheker ohnehin eine Abneigung gegen Medikamente hatte, solle sich, »mit etwas Leichtem, was anderem als der Romanschreiberei«, freimachen von der Angst, die Puste sei ausgegangen und nun ginge es ans Sterben. So entsteht zwischen Oktober 1892 und April 1893 der autobiographische Roman »Meine Kinderjahre« über Fontanes glückliche Swinemünder Frühzeit. Mit der Besinnung auf anfängliche Wahrnehmungen verbindet sich eine Rückkehr zu Phantasie und Schreiblust, 1893 beginnt die Arbeit an »Effi Briest«.

Es scheint so, sagt Böwe, daß es da einer eilig gehabt hat, älter zu werden – um dann, da er durchs Nadelöhr der Abnutzungsängste hindurch ist, um so länger und intensiver alt sein zu können.

Meine Kinderjahre:
WIE WIR ERZOGEN WURDEN?
GAR NICHT – UND AUSGEZEICHNET

Etwas muß der Mensch haben.

Th. F.

Als mir es feststand, mein Leben zu beschreiben, stand es mir auch fest, daß ich bei meiner Vorliebe für Anekdotisches und mehr noch für eine viel Raum in Anspruch nehmende Kleinmalerei mich auf einen bestimmten Abschnitt meines Lebens zu beschränken haben würde. Denn mit mehr als einem Bande herauszutreten wollte mir nicht rätlich erscheinen. Und so blieb denn nur noch die Frage, welchen Abschnitt ich zu bevorzugen hätte.

Nach kurzem Schwanken entschied ich mich, meine Kinderjahre zu beschreiben, also »to begin with the beginning«. Ein verstorbener Freund von mir (noch dazu Schulrat) pflegte jungverheirateten Damen seiner Bekanntschaft den Rat zu geben, Aufzeichnungen über das erste Lebensjahr ihrer Kinder zu machen, in diesem ersten Lebensjahre »stecke der ganze Mensch«. Ich habe diesen Satz bestätigt gefunden, und wenn er mehr oder weniger auf Allgemeingültigkeit Anspruch hat, so darf vielleicht auch diese meine Kindheitsgeschichte als eine Lebensgeschichte gelten. Entgegengesetzten Falls verbleibe mir immer noch die Hoffnung, in diesen meinen Aufzeichnungen wenigstens etwas *Zeitbildliches* gegeben zu haben: das Bild einer kleinen Ostseestadt aus dem ersten Drittel des Jahrhunderts und in ihr die Schilderung einer noch ganz von Refugié-Traditionen erfüllten Französischen-Kolonie-Familie, deren Träger und Repräsentanten meine beiden Eltern waren. Alles ist nach dem Leben gezeichnet. Wenn ich trotzdem, vorsichtigerweise, meinem Buche den Nebentitel eines »autobiographischen *Romanes*« gegeben habe, so hat dies darin seinen Grund, daß ich nicht von einzelnen aus jener Zeit her vielleicht noch Lebenden auf die Echtheitsfrage hin interpelliert werden möchte. Für etwaige Zweifler also sei es Roman!

Th. F.

MEINE ELTERN

An einem der letzten Märztage des Jahres 1819 hielt eine Halbchaise vor der Löwen-Apotheke in Neuruppin und ein junges Paar von dessen gemeinschaftlichem Vermögen die Apotheke kurz vorher gekauft worden war, entstieg dem Wagen und wurde von dem Hauspersonal empfangen. Der Herr – man heiratete damals (...) sehr früh, – war erst dreiundzwanzig, die Dame einundzwanzig Jahr alt. Es waren meine Eltern.

Ich gebe zunächst eine biographische Skizze beider.

Mein Vater Louis Henri Fontane, geb. am 24. März 1796, war der Sohn des Malers und Zeichenlehrers Pierre Barthélemy Fontane. Was dieser, mein Großvater, als Maler leistete, beschränkte sich vorwiegend auf Pastell-Kopien nach englischen Vorbildern, als Zeichenlehrer aber muß er tüchtig gewesen sein, denn er kam zu Beginn des neuen Jahrhunderts an den Hof und wurde mit dem Zeichenunterricht der ältesten königlichen Prinzen betraut. Dies leitete sein Glück ein. Königin Luise wohnte gelegentlich dem Unterrichte der Kinder bei, und alsbald an dem gewandten und ein sehr gutes Französisch sprechenden Manne Gefallen findend, nahm sie denselben als Kabinetssekretär in ihren persönlichen Dienst. (...) der Hof, flüchtig werdend (vor Napoleon), ging nach Königsberg, und Pierre Barthélemy, dessen Dienste keine weitere Verwendung mehr finden konnten, erhielt, in Berlin zurückbleibend, wohl als eine Art Abfindung, das Amt eines Kastellans von Schloß Niederschönhausen. Dorthin übersiedelte er nun, und von hier aus besuchte mein Vater, drei Jahre lang, also wahrscheinlich bis Herbst 1809, das Gymnasium zum Grauen Kloster. (... Dann trat er als Lehrling in die Berliner Elephanten-Apotheke ein.)

(...) 1818 war die Zeit für ihn da, sich zum Staatsexamen zu melden. Als er in den Vorbereitungen dazu war, lernte er (...) meine Mutter kennen und verlobte sich mit ihr.

Meine Mutter, Emilie Labry, wurde den 21. September 1797 als älteste Tochter des Seidenkaufmanns Labry, Firma Humbert u. Labry, geboren. Handelsobjekt der Firma waren nicht gewebte Seidenstoffe, sondern Seidendocken, worauf meine Mutter Gewicht legte. Sie hielt die Docken für vornehmer, als Zeug nach der Elle. (...) Der Verlobung meines Vaters folgte das Staatsexamen, (...) und an das glücklich bestandene Examen schloß sich, beinah unmittelbar, der Ankauf der Neuruppiner Apotheke. Am 24. März, dem Geburtstage meines Vaters, war Hochzeit und drei Tage später traf das junge Paar in seiner neuen Heimat ein.

UNSRE RUPPINER TAGE

In ihrer Ruppiner Apotheke verlebten meine Eltern die ersten sieben Jahre ihrer Ehe, vorwiegend glückliche Jahre, trotzdem sich schon damals *das* zeigte, was dieses Glück früher oder später gefährden mußte. (...) hier noch einiges über den französischen Ursprung meiner Eltern, über ihre Heimat und Abstammung (...).

Nicht weit von der Rhonemündung (...) stoßen von Westen her die Vorlande der Gascogne, von Norden und Osten her die Ausläufer der Cevennen zusammen, und auf diesem verhältnismäßig kleinen Stück Erde (...) waren meine Vorfahren, väterlicher- wie mütterlicherseits, zu Hause. Nächste Nachbarn also. Weil sich indessen auf diesem engen Raume zwei grundverschiedene Volksstämme berühren, so darf es nicht sonderlich überraschen, daß »mes ancetres« (meine Vorfahren), trotz räumlicher Nachbarschaft, dieser Stammesverschiedenheit entsprachen, eine Verschiedenheit, die, völlig unbeeinflußt durch die inzwischen erfolgte Verpflanzung ins

Brandenburgische, sich auch noch in meinen Eltern zeigte; mein Vater war ein großer stattlicher Gascogner voll Bonhomie, dabei ein Phantast und Humorist, Plauderer und Geschichtenerzähler, und als solcher, wenn ihm am wohlsten war, kleinen Gasconaden nicht abhold; meine Mutter andrer-seits war ein Kind der südlichen Cevennen, eine schlanke, zierliche Frau von schwarzem Haar, mit Augen wie Kohlen, energisch, selbstsuchtslos und ganz Charakter, aber (...) von so großer Leidenschaftlichkeit, daß mein Vater, halb ernst-, halb scherzhaft von ihr zu sagen liebte: »Wäre sie im Lande geblieben, so tobten die Cevennenkriege noch.« (...)

Am 27. März 1819 waren meine Eltern in Ruppin eingetroffen, am 30. Dezember selbigen Jahres wurde ich daselbst geboren. Es war für meine Mutter auf Leben und Sterben, weshalb sie, wenn man ihr vorwarf, sie bevorzuge mich, einfach antwortete, »er ist mir auch am schwersten geworden«. (...)

Ostern 1819 hatte mein Vater die Neuruppiner Löwen-Apotheke in seinen Besitz gebracht. Ostern 1826, nachdem noch drei von meinen vier Geschwistern an eben dieser Stelle geboren waren, gab er diesen Besitz wieder auf. Dieser frühe Wiederverkauf des erst wenige Jahre zuvor unter den günstigsten Bedingungen, man konnte sagen »für ein Butterbrot« erstandenen Geschäfts, wurde später, wenn das Gespräch drauf kam, immer als verhängnisvoll für meinen Vater und die ganze Familie bezeichnet. Aber mit Unrecht. Das »Verhängnisvolle«, (...) lag nicht in dem Einzelakte dieses Verkaufs, sondern in dem Charakter meines Vaters, der immer mehr ausgab, als er einnahm, und von dieser Gewohnheit, auch wenn er in Ruppin geblieben wäre, nicht abgelassen haben würde. (...) Er war überhaupt eine ganz ungeschäftliche Natur, nahm ihm vorschwebende Glücksfälle für Tatsachen und überließ sich (...) der Pflege »nobler Passionen«. Er begann mit Pferd und Wagen, ging aber bald zur Spielpassion über und verspielte, während der sieben Jahre von 1819 bis 26, ein kleines Vermögen. Der Hauptgewinner war ein benachbarter Rittergutsbesitzer. Als mir dreißig Jahre später der Sohn dieses Rittergutsbesitzers eine kleine Summe Geld lieh, sagte mein Vater: »Das stecke nur ruhig ein, sein Vater hat mir ganz allmählig zehntausend Taler (...) abgenommen.«

(... Mein Vater) hatte, während ihm die Spielpassion eigentlich nur durch den Wunsch, die Zeit hinzubringen, aufgedrungen war, eine ganz aufrichtige Passion für Pferd und Wagen, und sein Lebelang in der Welt umherzukutschieren, immer auf der Suche nach einer Apotheke, ohne diese je finden zu können, wäre wohl eigentlich sein Ideal gewesen. (...)

Das Reisen dauerte dreiviertel Jahr und ging zuletzt in östlicher Richtung auf die Odermündung zu. Kurz vor Weihnachten fuhr er mit der Fahrpost, weil ihm sein Schimmel zu schade für die Winterstrapazen sein mochte, nach Swinemünde, das er bei 26 Grad Kälte erreichte. Der Cognac in seiner Flasche war zu einem Eisklumpen gefroren. Desto wärmer empfing ihn die verwitwete Frau Geißler, die, weil ihr das Jahr vorher der Mann gestorben war, ihre Apotheke so schnell wie möglich zu verkaufen wünschte. Dazu kam es dann auch. In dem diesen Geschäftsabschluß anmeldenden Brief hieß es: »Wir haben nun eine neue Heimat, die Provinz Pommern, Pommern, von dem man vielfach falsche Vorstellungen hat; denn es ist eigentlich eine Prachtprovinz und viel reicher als die Mark. Und wo die Leute reich sind, lebt es sich auch am besten. Swinemünde selbst ist zwar ungepflastert, aber Sand ist besser als schlechtes Pflaster, wo die Pferde ewig was am Spann haben. Freilich ist noch ein halbes Jahr bis zur Übergabe, was ich beklage. Man muß doch wieder etwas tun, wieder eine Beschäftigung haben.«

Drei Tage nach Eingang dieses Briefes, war er selber wieder da. Wir wurden verschlafen aus den Betten geholt und mußten uns freuen, daß es nach Swinemünde gehe. Mir klang das Wort bloß befremdlich.

UNSERE ÜBERSIEDLUNG NACH SWINEMÜNDE

(… Wir brachen am 24. Juni 1827 auf.) Meine Mutter war nicht dabei, sie hatte sich Mitte Juni nach Berlin begeben, um sich daselbst einer Nervenkur (...) zu unterziehn. (…)

Unsere Reise (ging), auf drei Tage berechnet, auf nächstem Wege durch Uckermark, Mecklenburg-Strelitz und Schwedisch-Pommern. (...) Von Anklam bis Swinemünde war die kürzeste Wegstrecke, nur noch sechs Meilen. Auf einer Fähre setzten wir (...) nach der Insel Usedom über und fuhren nun unsrem Ziel zu. Das letzte Dorf hieß Kamminke. (...)

Der chaussierte Weg, auf dem wir fuhren, war von jungen Silberpappeln eingefaßt, und als diese kurze Chausseestrecke hinter uns lag, begann die Stadt selbst, deren erstes Haus, nicht weit ab zu unsrer Linken, auf einer kleinen Anhöhe lag. Ein Tischler wohnte darin. (...) auf einem den Garten durchschneidenden und allmählig ansteigenden Wege stand ein Sarg, der, weil eben mit einem frischen Lack gestrichen, hell in der Abendsonne blinkte. Das war der Empfang. Ich erschrak in meinem Kinderherzen und wies scheu darauf hin, aber mein Vater wollte von Angst und schlechter Vorbedeutung nichts wissen und sagte: »Sei nicht so dumm. Das ist das Beste, was uns passieren kann. Das ist wie, wenn einem eine Karre mit einem toten Pferd darauf begegnet, und das hier ist noch besser. Das tote Pferd bedeutet immer bloß Geld, aber ein Sarg bedeutet Glück überhaupt. Und bei allem Respekt vor Geld, Glück ist noch besser. Glück ist alles. Wir werden also hier Glück haben. (...)

Mit dem Tischlerhause begann die Stadt, aber mir

wollte es noch immer nicht so vorkommen, als führen wir schon wirklich in eine Stadt hinein. Ein Tor war nicht da, Pflaster auch nicht, Menschen auch nicht. Der Abstand zwischen den Häuserreihen links und rechts war unendlich breit und jedes Haus klein und häßlich, viele noch mit Strohdach. (...) So mahlten wir im Sande weiter, bis wir, nach Passierung etlicher Querstraßen einen großen, merkwürdig geformten Platz erreichten, halb kahl, halb hoch im Gras stehend, ganz nach Art einer dörfischen Gänsewiese. Auf diesem völlig ungepflegten Platze, der, wie uns etliche auf hohen Böcken liegende Baumstämme zeigten, zugleich auch als Holzsägeplatz diente, ragte ein scheunenartiger Bau mit hohen Fenstern auf: die Kirche. Dieser gegenüber (...) stand ein mit Feuerherds-Rot gestrichenes Haus, dessen endlos aufsteigendes Dach wohl fünfmal so hoch war als das Haus selber. Drei, vier umherstehende, von einem Holzgitter eingefaßte Kastanienbäume ließen, außer dem hohen Dache, wenig erkennen. Zwischen Haus und Kirche, aber hielt jetzt unser Wagen, und mein Vater, der mein verlegenes Gesicht sehen mochte, sagte mit aufgesteifter Heiterkeit: »Da sind wir nun also. Gott segne unsern Eingang.« (...)

Ein paar Personen, die bestimmt waren, vorläufig wohl oder übel den Hausstand zu führen, standen an der mit beiden Flügeln geöffneten Haustür und kamen uns etwas verlegen entgegen. »Ein Abendbrot ist doch wohl da«, sagte mein Vater, und ehe wir noch darüber beruhigt waren, traten wir auch schon in einen gelbgestrichenen, mit Mauersteinen gepflasterten Flur, der durch die ganze Tiefe des Hauses lief. Auch das berührte mich ganz eigentümlich. Zum Glück aber war, von Anfang an, immer etwas da, was mit dem Rohen und Unkultivierten wieder versöhnen mußte. So gestattete mir der gepflasterte Flur, weil seine Hintertür weit offen stand, einen Blick in den Garten und auf den Abendhimmel, an dem eben die schmale Mondsichel sichtbar wurde. Das blasse Licht derselben fiel auf eine Geißblattlaube, vor deren halbüberwachsenem Eingang eine ziemlich junge Tanne stand. Dieser Anblick erfüllte mich mit etwas wie Hoffnung, und diese Hoffnung trog auch nicht. Es war ein wunderbar schönes Leben in dieser kleinen Stadt, dessen ich noch jetzt, wie meiner ganzen buntbewegten Kinderzeit unter lebhafter Herzensbewegung gedenke.

Wir setzten uns, bald nach Eintritt in unser Haus, zum Abendbrot nieder. Für uns Kinder war es Milchsuppe, für gewöhnlich nicht mein Geschmack. Ich aß aber ein gut Teil, und mein Vater sagte schmunzelnd: »Das ist recht. Wer lange suppt, lebt lange. Nur nicht kiesätig. Und überhaupt, es wird uns hier schon gefallen. Wenn es nur Mama gefällt. Der verdammte Sand. Aber für die Pferde ist es besser: dabei bleibe ich.«

Dann standen wir auf, und mein Papa, der, weil kein anderer da war, sich in seinem Redebedürfnis wohl oder übel mit mir unterhalten mußte, sagte: »Nun geh noch mal hinaus, und sieh dir die Kirche an; das ist nämlich die große Remise gerade gegenüber.« (...) Als ich auf die Straße trat, traf ich einen kleinen, schon ältlichen und etwas verwachsenen Mann. (...) Er hieß, wie ich gleich erfahren sollte, Ehm, (...) und war, obwohl er nichts von Pferden verstand, im voraus dazu bestimmt, unser Kutscher zu werden. Er blieb es auch Jahr und Tag.

»Wie heißt du?« fragte ich.

»Ehm.«

»Ehm? Das habe ich noch nicht gehört. Aber sage, Ehm, was ist das, das immer so rauscht und donnert? Und dabei geht doch kein Wind und keine Luft.«

»Dat 's de See.«

»Das Meer?«

»Joa, de See.«

»Wie weit ab ist es? Es klingt ja so nah.«

»Na, ne Viertelstunn. Un mitunner kümmt se bis ran un steiht hier rümm in alle Straten. Un so 'n Lütting wie du, de kann denn versupen.«

UNSER HAUS,
WIE WIR'S VORFANDEN

Am Abend, wo wir ankamen, hatte ich einen wenig günstigen Eindruck von unserm Hause gehabt, es war mir recht häßlich und, als dann der Mond in die Fenster schien, auch sogar etwas unheimlich vorgekommen. Mit diesem Unheimlichen, wie sich bald herausstellte, hatte es denn auch seine Richtigkeit, wenigstens in dem Glauben der Dienstleute. Wenn es nachts auf dem Boden über uns unruhig wurde, hieß es: »De oll Geisler geiht wedder ümm«, oder auch wohl; »He kuckt wedder in all sien Kisten und Kasten«, und wirklich, man hörte deutlich, wie die Deckel der großen Kräuterkisten auf- und wieder zugeschlagen wurden. »Das sind die Katzen«, erklärte später mein Vater, aber ich war mit dieser Auslegung nie recht zufrieden und hielt mit Vorliebe zu dem Satze: »De oll Geisler geiht wedder ümm.« Von diesem allen hatte ich, (...) gleich am ersten Abend, ein unbestimmtes, mich eine Weile gruselig machendes Gefühl, das noch wuchs, als der vor meiner Schlafkammer stehende Kirschbaum leise die Scheiben streifte. Aber müde von der Reise, schlief ich trotzdem ein und erschien am andern Morgen wohlgemut in der noch leeren Wohnstube meines Vaters. Hier, auf Schemeln und Küchenstühlen sitzend (...) nahmen wir gemeinschaftlich das Frühstück, mein Vater in bester Stimmung. Als wir, es währte nicht lange, damit fertig waren, nahm er mich bei der Hand und sagte: »Nu komm, mein Junge; die andern sind noch zu klein, aber du bist schon verständig, und da wollen wir uns denn die Sache mal ansehen. Als ich Weihnachten hier war, war es so kalt, du weißt, daß der Cognac einfror, und da war denn an Inspektion nicht zu denken. Ein bißchen habe ich die Katze im Sack gekauft. Aber das tut nichts, alles im Leben bleibt unsicher, und die Geschäftsbücher stimmten.« (...)

Das Riesendach mit seinen fünf Böden hatte seines

Eindrucks auf mich nicht verfehlt, das Haus selbst aber, das geduckt unter diesem Dache lag (...), ließ, wie äußerlich, so auch in seinem Innern viel zu wünschen übrig. (...) häßlich, eng und vernachlässigt war alles, am vernachlässigsten aber war die Kinderstube, drin, grad in der Mitte, ein großes Stück Diele fehlte, so daß der Dünensand, darauf das Haus ohne Untermaurung stand, zum Vorschein kam. Später söhnte ich mich mit diesem Dielenloch freilich aus, denn gerade diese Sandstelle wurde, wenn wir bei schlechtem Wetter nicht hinaus konnten, zum bevorzugten Spielplatz für uns Kinder. (...)

Das Haus, zumal die eigentlichen Wohnräume, waren, das mindeste zu sagen, anfechtbar, entzückend aber waren Hof und Garten. (...)

Und was von dem Hofe galt, galt auch, und womöglich noch gesteigert, von dem in einem rechten Winkel angelegten (...) *Garten*, der, (...) aus zwei gleich großen Teilen bestand. Die erste Hälfte, mit Reseda- und Rittersporbeeten, mit Rabatten und Rondellen und nicht zum letzten mit allerhand am Spalier gezogenen Obstarten besetzt, war ein richtiger Garten, während die zweite Hälfte mehr einer Wildnis glich. (...) Schöner aber als alles das war, für mich wenigstens, eine zwischen zwei Holzpfeilern angebrachte, ziemlich baufällige Schaukel. Der quer überliegende Balken fing schon an, morsch zu werden, und die Haken, an denen das Gestell hing, saßen nicht allzu fest mehr. Und doch konnt ich gerade von dieser Stelle nicht los und setzte meine Ehre darin, durch abwechselnd tiefes Kniebeugen und elastisches Wiederemporschnellen, die Schaukel derartig in Gang zu bringen, daß sie mit ihren senkrechten Seitenbalken zuletzt in eine fast horizontale Lage kam. Dabei quietschten die rostigen Haken, und alles drohte zusammenzubrechen. Aber das gerade war die Lust, denn es erfüllte mich mit dem wonnigen und allein das Leben bedeutenden Gefühle: Dich trägt dein Glück.

UNSER HAUS, WIE'S WURDE

(...) In diesem neuen Kapitel geh ich zu (...) einer Schilderung der Umgestaltungen über, die sich, in verhältnismäßig kurzer Zeit, in unserem Hause vollzogen. Daß es in so kurzer Zeit geschah, hatte vorwiegend in dem innerhalb vier oder sechs Wochen bevorstehenden Eintreffen meiner Mutter seinen Grund. (...) Mein Vater (...) ging in Ausführung seines Tuns auf zwei Linien vor, von außen und innen, und stellte sich, was das »Außen« anging, vor allem den Abputz des ganzen Hauses, was das »Innen« anging, die Möblierung und Einrichtung zweier Räume: des für seine Frau bestimmten »Salons« und seines eigenen Wohnzimmers zur Aufgabe.

(...) Mein Vater (hatte), nachdem er sich mit einem uns schräg gegenüber wohnenden Haus- und Stubenmaler in Verbindung gesetzt hatte, mit eben diesem einen himmelblauen Ölfarbenanstrich verabredet. Für den Maler war dies, bei der beträchtlichen Zahl von Quadratfußen, die mit dem teuren Anstrich zu bedecken waren, eine sehr lohnende Aufgabe, für das Haus selbst aber, dem diese Verschönerung galt, ging dadurch das Beste verloren, was es bis dahin gehabt hatte: sein grotesker Charakter.

Der Außenangriff also scheiterte.

Desto mehr dagegen, wenn auch freilich nicht in allen Stücken, glückte das Vorgehn im Innern. (...) Daß es so kam, war natürlich ein bloßer Zufall und hatte darin seinen Grund, daß das zur Einrichtung der genannten Zimmer zur Verfügung stehende Mobiliar vorwiegend alt oder doch nicht ganz neu war. Besonders das ganz Alte, das dem Nachlasse meines (...) kurz zuvor verstorbenen Großvaters entstammte, paßte wundervoll und erzielte, wo es zur Verwendung kam, genau *das*, was ich bei Zimmereinrichtungen bis diesen Tag am höchsten schätze: Das Anheimelnde und Gemütliche. (...)

DAS WOHNZIMMER MEINES VATERS

An der Wand, rechts neben dem Spiegelpfeiler, stand der ebenfalls aus Birkenmaser gefertigte Schreibsekretär, dessen mit grünem Fries überzogene Klappe, wenn herabgelassen, ihm zugleich als Schreibepult diente. Die verbürgteste Eigenschaft derselben aber war die, daß sie, jedem Drucke nachgebend, beständig knarrte und quietschte. Mein Vater indessen ließ sich dadurch nicht stören und führte von hier aus seine gesamte Korrespondenz. (...) Er saß gern an diesem seinem Sekretär und hing mehr oder weniger an jedem Kasten und Schubfach desselben, ein besonders intimes Vehältnis aber unterhielt er zu einem hinter einem kleinen Säulen-Vortempel verborgenen Geheimfach, drin er, wenn ihm die Verhältnisse dies gerade gestatteten, sein Geld aufbewahrte. Lag es indessen ungünstiger, mit anderen Worten, war der Kasten leer, so hörte derselbe nicht auf, ein Gegenstand seiner beinahe liebkosenden Betrachtungen zu sein. Er entfernte dann den Vortempel, und in das Nichts, das sich dahinter auftat, mit einem gewissen humoristischen Ernst hineinlugend, hielt er eine seiner Ansprachen. Ich war oft dabei zugegen. »Sieh, mein Sohn, ich kann in diese dunkle Leere nicht ohne Bewegung blicken. Erst vor ein paar Tagen hab ich mir zusammengerechnet, wie viel da wohl schon gelegen hat, und es summte sich hoch auf und hatte was Tröstliches für mich.« All dies, während er drüber lachte, war doch auch wieder ganz ernsthaft gemeint; er richtete sich wirklich an der Vorstellung auf, was da alles schon mal gelegen hatte. Das Gascognische in ihm schlug immer wieder durch.

Der Sekretär mit der quietschenden Klappe war, um es noch einmal zu sagen, ein Lieblingsplatz meines Vaters, aber der bevorzugteste war doch das große kissenreiche Schlafsofa, das zwischen dem Ofen (...) und der alten

Gehäuse-Wanduhr stand. Diese Wanduhr ist jetzt in meinem Besitz. Mein Großvater und mein Vater sind bei ihrem Schlage gestorben, und ich will dasselbe tun. Über dem mit buntem Wollstoff überzogenen Sofa aber hing das (...) Prachtstück aus der Erbschaft meines Großvaters, ein nach dem bekannten Bilde des Malers Cunningham gefertigter großer Kupferstich, der die Unterschrift führte: *Frédéric le Grand retournant à Sanssouci après les manœuvres de Potsdam, accompagné de ses généraux.* Wie oft habe ich vor diesem Bilde gestanden und dem alten Zieten unter seiner Husarenmütze ins Auge gesehen, vielleicht meinen Lieblingshelden in ihm vorahnend. Unter diesem *Frédéric le Grand*-Bilde aber, und eingebettet in die Seegraskissen, hielt mein Vater, der zu seinen vielen Prachteigenschaften auch die eines immer tüchtigen Schläfers hatte, seine Nachmittagsruhe, bei der er die Zeit nie ängstlich maß und sich oft erst erhob, wenn die Dunkelstunde schon da war. »Papa schläft wieder bis in die Nacht hinein.« Ich wurde dann, wenn gute Tage, das heißt Friedenszeiten waren, abgeschickt, ihn zu wecken, was ich immer gerne tat, weil er dabei nicht bloß von besonders guter Laune, sondern sogar von einer ihm sonst gar nicht eignen Zärtlichkeit gegen mich war. Ich mußte mich dann zu ihm setzen, und er plauderte mit mir, weit über meinen Kopf weg, über allerhand merkwürdige Sachen, die mich, vielleicht gerade deshalb, entzückten. (...)

Ja, das waren glückliche Stunden. Aber es kamen auch andere. Dann wurde ich nicht hineingeschickt, um ihn zu wecken, sondern ging aus eigenem Antriebe, um nach ihm zu sehen. Er lag dann auch ausgestreckt auf dem Sofa, aber auf seinen Arm gestützt und sah, durch das Gezweig eines vor dem Fenster stehenden schönen Nußbaumes, in das über den Nachbarhäusern liegende Abendrot. Ein paar Fliegen summten um ihn her, sonst war alles still. (...) Wenn ich dann an das Sofa herantrat und seine Hand streichelte, sah ich, daß er geweint hatte. Dann wußte ich, daß wieder eine »große Szene« gewesen war, immer in Folge von phantastischen Rechnereien und geschäftlichen Unglaublichkeiten, um derentwillen man ihm doch nie böse sein konnte. Denn er wußte das alles und gab seine Schwächen mit dem ihm eigenen Freimut zu. Wenigstens später, wenn wir über alte Zeiten mit ihm redeten. Aber damals war das anders, und ich armes Kind stand, an der Tischdecke zupfend, verlegen neben ihm und sah, tief erschüttert, auf den großen, starken Mann, der seiner Bewegung nicht Herr werden konnte. Manches war Bitterkeit, noch mehr war Selbstanklage. Denn bis zu seiner letzten Lebensstunde verharrte er in Liebe und Verehrung zu der Frau, die unglücklich zu machen sein Schicksal war.

DIE STADT

Swinemünde war, als wir Sommer 1827 dort einzogen, ein unschönes Nest, aber zugleich auch wieder ein Ort von ganz besonderem Reiz, dabei, aller Unbelebtheit der Mehrzahl seiner Straßen zum Trotz, von jener eigentümlichen Lebendigkeit, die Handel und Schiffahrt geben. Es kam (...) ganz darauf an, an welche Stelle der Stadt man sich stellte. Wählte man, als Beobachtungsposten, den schon mehrerwähnten Kirchenplatz, zu dessen einschließenden Häusern auch unsere Apotheke gehörte, so ließ sich, obschon hier die Hauptstraße vorüberführte, wenig Gutes sagen, gab man aber die Innenstadt auf und begab sich an den »Strom«, wie die Swine regelmäßig genannt wurde, so verkehrte sich die bis dahin ungünstige Meinung in ihr Gegenteil. Hier, am Strome nämlich, lief, auf fast eine Viertelmeile Wegs, das »Bollwerk« hin, eine Uferstraße, wie sie nicht poetischer gedacht werden konnte. Gerade daß hier alles nur ein Mittelmaß hielt und nirgends an das Große der wirklich großen Handelsemporien erinnerte, gerade dies

Mittelmaß der Dinge lieh allem etwas überaus Anheimelndes, gegen das sich nur ein Griesgram, oder eine für die Zauber von Form und Farbe ganz unempfindliche Natur, verschließen konnte. (...)

WIE WIR IN UNSEREM HAUSE LEBTEN

(...) Ich gedenke es in einer Reihe von Bildern zu zeigen, und um Ordnung und Überblick in die Sache zu bringen, wird es gut sein, das Leben, wie wir es führten, in zwei Hälften zu teilen, in ein Sommer- und in ein Winterleben.

Da war nun also zunächst das *Sommerleben*. Um Mitte Juni hatten wir regelmäßig das Haus voll Besuch, denn meine Mutter hielt noch, nach alter Sitte, zu Verwandten, was wir Kinder nur sehr unvollkommen von ihr geerbt haben. Aber wohlverstanden, sie hielt zu Verwandten, nicht um Vorteile von ihnen zu haben, sondern um Vorteile zu gewähren. Sie war unglaublich generös, und es gab Zeiten, wo wir, schon erwachsen, uns die Frage vorlegten, welche Passion eigentlich bedrohlicher für uns sei, die Spielpassion des Vaters oder die Schenk- und Gebepassion der Mutter. (...)

Diese Sommermonate, von Mitte Juni an, waren durch die Fülle von Besuch oft reizend, meist junge Frauen aus der Berliner Verwandtschaft, plauderhaft und heiter. Das Haus war dann, auf Wochen hin, total verändert, und Scherz und Schalkhaftigkeit, die sich bis zur Ausgelassenheit steigerten, herrschten vor. Die Streitaxt war begraben und die glänzendste Nummer in dem sich nun entspinnenden Wettstreite guter Laune war immer mein Vater selbst. Er war, wie oft schöne Männer, das absolute Gegenteil von einem Don Juan, auch stolz auf seine Tugend, aber so undonjuanmäßig er war, so gascognisch entzückend war er, wenn es sich um übermütige, gelegentlich die verwegensten Themata streifende Wortkämpfe mit den jungen Frauen handelte, von welchen letztren er nur forderte, daß sie hübsch seien, sonst verlohnte sich's ihm nicht. Ich habe diese Neigung, in scherzhaftem Tone mit Damen in diffizile Debatten einzutreten, von ihm geerbt, ja, diese Neigung sogar in meine Schreibweise mit herübergenommen, und wenn ich entsprechende Szenen in meinen Romanen und kleinen Erzählungen lese, so ist es mir mitunter, als hörte ich meinen Vater sprechen. Bloß, daß ich sehr hinter ihm zurückbleibe, was mir, als er schon über siebzig und ich, dementsprechend auch schon leidlich bei Jahren war, von Leuten, die ihn noch in seiner guten Zeit gekannt hatten, oft gesagt worden ist. »Hören Sie«, so hieß es dann wohl, »Sie sind ja soweit ganz gut, wenn Sie mal Ihren glücklichen Tag haben, aber gegen Ihren Vater können Sie nicht an.« (...)

Und nun zurück zu dem Sommerbesuch in unserm Hause. Das junge Weibervolk immer zu vergnügen, war mitunter etwas schwer, und es hätte sich vielleicht als unmöglich erwiesen, wenn nicht die Pferde gewesen wären. An fast jedem schönen Nachmittage fuhr der Wagen vor, und diese mit ihrem Besuch uns zeitweilig fast erdrückenden Badesaisontage mögen wohl die einzigen gewesen sein, wo sich meine Mutter (...) vorübergehend mit der Existenz von Pferd und Wagen aussöhnte. Wer Swinemünde kennt, und es kennen es viele, weiß, daß man, bei Nachmittagspartien, wegen hübscher Zielpunkte nicht in Verlegenheit kommt, und auch schon damals war es so wie heute. Da ging es, am Stand hin, bis Heringsdorf oder nach der andern Seite hin, bis an die Molen, am beliebtesten aber, schon um Schutz gegen die Sonne zu haben, waren die Fahrten landeinwärts, entweder durch dichten Buchenwald auf Korswandt zu oder noch lieber nach dem in Nähe des Haffs und des »Golms« gelegenen Dorfe Kamminke. Da war eine vielbesuchte Kegelbahn, auf der dann auch die

Damen mitspielten. (...) Mit Beginn des August verließ uns gewöhnlich unser Besuch wieder, und kam dann der September heran, so schieden auch aus der Stadt die letzten Badegäste. (...) die Äquatorialstürme (Herbststürme – ließen) nicht lange mehr auf sich warten. (...) Erst fielen die Kastanien, dann prasselten die Ziegel vom Dach, und aus den Dachrinnen, die immer so angebracht waren, daß sie gerade dicht neben den Schlafstubenfenstern mündeten, stürzte der Regen platschend in den Garten. Dann wieder jagten zerrissene Wolken am aufklarenden Himmel hin, die Luft wurde kalt, alles fror, und den ganzen Tag über stand ein alter Holzhauer in der Remise, bei dem sich nun mein Vater einfand und, die Axt in die Hand nehmend, eine halbe Stunde lang statt seiner das Holz spaltete.

Das gesellschaftliche Leben ruhte während dieser Spätherbsttage, man erholte sich von den Strapazen der Sommersaison und stärkte sich für die Wintergesellschaften. Aber ehe diese kamen, war noch ein mehrwöchentliches Interregnum durchzumachen, die Schlacht- und Backzeit. (...)

Mit dem Gänseschlachten fing es an. Eine reguläre Wirtschaftsführung ohne Gänseschlachten konnte nicht wohl gedacht werden. Es handelte sich dabei um mancherlei, zunächst wohl um die Federn zur Herstellung immer neuer Fremdenbetten, vor allem aber auch um die geräucherten Gänsebrüste, die fast so wichtig waren wie die Schinken und Speckseiten im Rauchfang. Waren, kurz vor Martini, die Gänse zu diesem Zweck in genügender Zahl herangetrieben und auf dem Hofe, wo nun ein entsetzliches Schnattern uns eine Woche lang um unsere Nachtruhe brachte, zu letzter Auffütterung eingepfercht, so wurde auch schon der Tag zu Beginn der Festlichkeit festgesetzt. Meist Mitte November. (...) Nächst der Tür aber, in einem Halbkreise, standen die fünf Schlachtpriesterinnen, jede mit einer Gans zwischen den Knien, und sangen, während sie mit einem spitzen

Küchenmesser die Schädeldecke des armen Tiers durchbohrten, (...) allerlei Volkslieder, deren Text in einem merkwürdigen Gegensatz sowohl zu dem mörderischen Akt wie zu der Trauermelodie stand. So wenigstens mußte man annehmen, denn die Mädchen, die (...) auf der Bettkante saßen, begleiteten die Volkslieder mit unendlichem Vergnügen, ja, die besonders traurig klingenden Stellen sogar mit Juchzern. Meine beiden Eltern waren sittenstreng, und es war oft die Rede davon, ob diesem frechen Treiben nicht Einhalt zu tun sein; schließlich aber hatte man den Kampf dagegen aufgegeben und mein Vater, dem es schwante, daß dergleichen schon im Altertume vorgekommen sei, sagte, nachdem er nachgeschlagen: »Es ist eine Wiederholung alter Zustände, römische Saturnalien, oder, was dasselbe sagen will, momentane Herrschaft der Dienenden über die sogenannte Herrschaft.« Und als er so den Hergang historisch rubriziert hatte, gab er sich zufrieden, um so mehr, als die Mädchen am andern Morgen ihn jedesmal durch einen ganz besonders sittigen Augenniederschlag erheiterten. (...)

Unter einem glücklicheren Stern stand die Backwoche, wo mit Pfeffer- und Zuckernüssen begonnen und mit Brezeln, Kranz- und Blechkuchen aufgehört wurde. Wir durften nicht nur mit in die Backstube hinein, darin es, überaus anheimelnd, nach bitteren Mandeln und geriebener Zitrone roch, sondern erhielten auch, als Weihnachtsvorgeschmack, eigens für uns Kinder gebackene kleine Wecken, alles reichlich zugemessen. (...)

Am Silvester war Ressourcenball, auf den man mich, als den Ältesten, mitnahm. Ich stellte mich dann, in schwankender Gemütsverfassung, in eine Saalecke und sah zu. Wenn dann die tanzenden Paare an mir vorüberschwirrten, war ich zunächst glücklich, daß ich, als eine Art Gast, da stehen und mit dem Auge teilnehmen durfte, und war doch auch wieder unglücklich, daß ich, statt mitzutanzen, eben nur das Zuschauen hatte. Die Nichtigkeit meines Ich legte sich mir schwer auf die Seele. (...) erst wenn um Mitternacht der in einen langen blauen Mantel gekleidete Nachtwächter in den Saal trat und, nach voraufgegangenem Signal auf seinem Horn, ein fröhliches Neujahr wünschte, fiel mit einem Male jede Sentimentalität wieder von mir ab. Das Komisch-Groteske der Szene riß mich dann heraus und ich hatte wieder meinen Frieden.

(...)

WIE WIR IN DIE SCHULE GINGEN UND LERNTEN

Als wir Johanni 27 in dem Haus mit dem Riesendach und der hölzernen Dachrinne, darin mein Vater bequem seine Hand legen konnte, glücklich untergebracht waren, meldete sich alsbald auch die Frage »Was wird nun aus den Kindern? in welche Schule schicken wir sie?« (...) Da meine Mama (...), wie schon erzählt, einer Nervenkur halber in Berlin zurückgeblieben war, so lag die Entscheidung bei meinem Vater, der schnell mit der Sache fertig war und sich in einem seiner Selbstgespräche mutmaßlich dahin resolvierte, »die Stadt hat nur eine Schule, die Stadtschule, und da diese Stadtschule die einzige ist, so ist sie auch die beste.« Gesagt, getan; und ehe eine Woche um war, war ich Schüler der Stadtschule. (...) Als aber, gegen den Herbst hin, meine Mutter eintraf und mich mit den Holzpantoffeljungens aus der Schule kommen sah, war sie außer sich und warf einen ängstlichen Blick auf meine Locken, denen sie, in dieser Gesellschaft, nicht mehr recht trauen mochte. (... Es) wurde beschlossen, mich vorläufig wild aufwachsen zu lassen und ruhig zu warten, bis sich etwas fände. Um mich aber vor Rückfall in dunkelste Nacht zu bewahren, sollte ich täglich eine Stunde bei meiner Mutter lesen und bei meinem Vater einige lateinische und französische Vokabeln lernen, dazu Geographie und Geschichte.

»Wirst du das auch können, Louis?« hatte meine Mutter gefragt.

»Können? Was heißt können! Natürlich kann ich es. Immer das alte Mißtrauen.« (...)

Und wirklich, es kam zu solchen Stunden, (...) und so sonderbar diese Stunden waren, so hab ich doch mehr dabei gelernt als bei manchem berühmten Lehrer. Mein Vater griff ganz willkürlich Dinge heraus, die er, von lange her, auswendig wußte oder vielleicht auch erst am selben Tage gelesen hatte, dabei das Geographische mit dem Historischen verquickend, natürlich immer so, daß seine bevorzugten Themata schließlich dabei zu ihrem Rechte kamen. (...)

Am liebsten (...) fing er gleich mit dem Historischen an oder doch mit dem, was ihm Historie schien. (Eine ausgesprochene Vorliebe hatte er für Personen aus den letzten Jahren des großen Napoleon. Seinem Herzen am nächsten stand Latour d'Auvergne ...) Latour d'Auvergne, von dem er mir schon in unseren Ruppiner Tagen allerlei Geschichten erzählt hatte. Das wiederholte sich jetzt. Latour d'Auvergne, so hieß es in diesen seinen Erzählungen, habe den Titel geführt: »Le premier grenadier de France oder Erster Grenadier von Frankreich«, als welcher er, trotzdem er Generalsrang gehabt, immer in Reih und Glied, und zwar unmittelbar neben dem rechten Flügelmann der alten Garde gestanden habe. Als er dann aber in dem Treffen bei Neuburg gefallen sei, habe Napoleon angeordnet, daß das Herz des »Ersten Grenadiers« in eine Urne getan und bei der Truppe mitgeführt, sein Name Latour d'Auvergne aber bei jedem Appell immer aufs neu mit aufgerufen werde, wobei dann der jedesmalige Flügelmann Order gehabt habe, statt des »Ersten Grenadiers« zu antworten und Auskunft zu geben, wo er sei. Das war ungefähr das, was ich, von meinem Vater her, längst auswendig wußte; seine Vorliebe für diese Gestalt aber war so groß, daß er, wenn's irgend ging, immer wieder auf diese zurückkam und dieselben Fragen tat. Oder, richtiger noch, immer wieder dieselbe Szene inszenierte. Denn es war eine Szene.

»Kennst du Latour d'Auvergne?« so begann er dann in der Regel.

»Gewiß. Er war le premier grenadier de France.«

»Gut. Und weißt du auch, wie man ihn ehrte, als er schon tot war?«

»Gewiß.«

»Dann sage mir, wie es war.«

»Ja, dann mußt du aber erst aufstehen, Papa, und Flügelmann sein; sonst geht es nicht.«

Und nun stand er auch wirklich von seinem Sofaplatz auf und stellte sich als Flügelmann der alten Garde militärisch vor mich hin, während ich selbst, Knirps, der ich war, die Rolle des appellabnehmenden Offiziers spielte. Und nun, aufrufend, begann ich:

»Latour d'Avuergne!«

»Il n'est pas ici«, antwortete mein Vater in tiefstem Baß. (Er ist nicht da.)

»Où est-il donc?« (Wo ist er denn?)

»Il est mort sur le champ d'honneur.« (Er ist auf dem Feld der Ehre gefallen.)

Es kam vor, daß meine Mutter diesen eigenartigen Unterrichtsstunden beiwohnte (...) und bei der Gelegenheit durch ihr Mienenspiel zu verstehen gab, daß sie diese ganze Form des Unterrichts, die mein Vater mit einem unnachahmlichen Gesichtsausdruck seine »sokratische Methode« nannte, höchst zweifelhaft finde. Sie hatte aber in ihrer in diesem Stück und auch sonst noch ganz konventionellen Natur total unrecht, denn, um es noch einmal zu sagen, ich verdanke diesen Unterrichtsstunden, wie den daran anknüpfenden gleichartigen Gesprächen, eigentlich alles Beste, jedenfalls alles Brauchbarste, was ich weiß. Von dem, was mir mein

Vater beizubringen verstand, ist mir nichts verlorengegangen und auch nichts unnütz für mich gewesen. Nicht bloß gesellschaftlich sind mir, in einem langen Leben, diese Geschichten hundertfach zugute gekommen, auch bei meinen Schreibereien waren sie mir immer wie ein Schatzkästlein zur Hand, und wenn ich gefragt würde, welchem Lehrer ich mich so recht zu Dank verpflichtet fühle, so würde ich antworten müssen: meinem Vater, meinem Vater, der sozusagen gar nichts wußte, mich aber mit dem aus Zeitungen und Journalen aufgepickten und über alle möglichen Themata sich verbreitenden Anekdotenreichtum unendlich viel mehr unterstützt hat als alle meine Gymnasial- und Realschullehrer zusammengenommen. (...)

Ende März 1928 hieß (es), Kommerzienrat Krause werde gleich nach Ostern einen Hauslehrer ins Haus nehmen und einige andere Honoratiorenkinder an dem seinen eigenen Kindern zu erteilenden Unterricht teilnehmen lassen.

So war es denn auch. Es machte aber, außer meinen Eltern, keiner von dieser freundlichen Bereitwilligkeit Gebrauch, und als zwischen den beiden Familien alles verabredet und geordnet war, erschien ich, bei Beginn des Unterrichts, mit einer Seehundsfell-Mappe, drin drei Schreibebücher und ein »Kinderfreund« steckten, in der Schulstube des Krauseschen Hauses. (...) der Lehrer saß schon auf seinem kurulischen Stuhl, einem großen Sessel in Gartenstuhlformat, die zwei jüngeren Krauseschen Kinder neben sich, mein Freund Wilhelm ihm gegenüber. Neben diesem war noch ein Stuhl frei; der war für mich: Ich ging aber, so war ich instruiert, zuvörderst auf den Lehrer zu, um diesem die Hand zu geben. Er rückte denn auch, war er doch ohnehin kurzsichtig, seinen Sessel ein wenig herum, um mich besser sehen zu können. »Nun, das ist recht, daß du da bist. Setze dich da drüben neben deinen Freund. Und nun wollen wir mit einer Leseprobe beginnen. (...) Aber heute möcht ich doch, daß wir zuerst die Bibel nähmen; ihr habt doch die Bibel?« Wir bestätigten, und er seinerseits fuhr fort: »Ich denke, wir fangen mit dem Anfang an. Im Anfang schuf Gott Himmel und Erde. Für die zwei Kleinen ist es noch zu schwer, aber ihr beiden Großen könnt euch darin teilen.«

Wir lasen denn auch das Kapitel so ziemlich zu seiner Zufriedenheit, und als wir durch waren, sagte er: »Nun will ich noch ein paar Fragen tun und mir allerlei von euch erzählen lassen, ob ihr schon in Stettin wart oder in Rügen und ob ihr schon schwimmen könnt und Schlittschuh laufen und ob ihr wißt, wo Vineta gelegen hat. Ihr kennt doch Vineta?«

Wir sagten ihm, was ihn erheiterte, daß wir zu Boot über die Stelle hingefahren wären. Und dann frug er, welche Spiele wir spielten und ob wir's verständen, einen Drachen steigen zu lassen. Aber wir müßten ihn auch selber machen können. Es lag ihm offenbar daran, uns, durch leicht zu beantwortende Fragen, sowohl mit Vertrauen zu ihm wie zu uns selbst zu erfüllen. Es mochten so anderthalb Stunden vergangen sein, dann sagte er: »Nun ist es genug für heute, morgen wollen wir aber volle Zeit halten. Ich habe schon einen Stundenplan gemacht und du mußt ihn dir abschreiben.« Diese Worte richteten sich an mich. Ich erhielt dann noch die Bestellung an meine Eltern, daß er am Nachmittage kommen würde, seinen Besuch zu machen, worauf ich nach Hause stürmte, um zu erzählen, wie mir's gegangen sei. Meine Mutter war etwas überrascht, während mein Vater sagte: »Gefällt mir alles sehr; nur nicht gleich scharf zufassen. Immer peu à peu. Nicht quälen, nicht einschüchtern. Vertrauen wecken und Liebe. Und daß er euch gleich frei gegeben hat! Das ist das, was ich einen richtigen Pädagogen nenne. Ferien sind etwas Dummes, ich habe nie gewußt, was ich in den Ferien machen sollte; aber Freistunden, à la bonne heure. Und daß er euch immer gefragt hat und sich gleich hat von Drachensteigen erzählen lassen! Er hat offenbar die sokratische Methode.«

Die hatte er nun freilich nicht, aber in allem, was mein Vater sonst noch zum Lobe des Hauslehrers gesagt hatte, hatte er recht. Dr. Lau, so hieß der neue Hauslehrer, war ein vorzüglicher Pädagog, weil er ein vorzüglicher Mensch war, und wenn ich oben gesagt habe, daß ich eigentlich alles den Anekdoten meines Vaters zu verdanken hätte, so muß ich doch den guten Dr. Lau ausnehmen. Dieser verstand es auch, einem allerlei kleine Geschichten, woran eine Kinderseele hängt, zu vermitteln, aber weil er zugleich ein geschulter Mann war, so tat er das alles in Ordnung und Zusammenhang, und das bißchen Rückgrat, was mein Wissen hat, verdank ich ihm.

Dr. Lau war ein Prignitzer. (...) Solche Menschen gibt es nicht mehr oder doch kaum noch. Sie waren das Produkt einer armen, aber zugleich geistig strebsamen Zeit. In kleinen Verhältnissen geboren, hatten sie sich mit Notgroschen und Stipendien durchgeschlagen und unter Bitternissen und Demütigungen aller Art doch keinen Augenblick den Mut verloren. (...)

WIE WIR ERZOGEN WURDEN

(...) Erziehung und Schule, bei vielem was sie gemeinsam haben, sind doch auch wieder zweierlei: die Schule liegt draußen, Erziehung ist Innensache. Sache des Hauses, und vieles, ja das Beste, kann man nur aus der Hand der Eltern empfangen. »Aus der Hand der Eltern« ist nicht eigentlich das richtige Wort, wie die Eltern *sind*, wie sie durch ihr bloßes Dasein auf uns wirken – *das* entscheidet. Es gibt unbestritten ausgezeichnete Schul- und Erziehungsanstalten, die, mit Rücksicht auf Charakterausbildung, vielfach erheblich mehr leisten mögen als das elterliche Haus; aber in der Hauptsache bleibt doch ein Manko. Der Charakter mag gewinnen, der Mensch verliert. Es gibt so viele Dinge, die mit ihrem stillen und ungewollten, aber eben dadurch nur um so nachhaltigeren Einfluß erst den richtigen Menschen machen. Das große, mit Pflicht-, Ehr- und Rechtsbegriffen ausstaffierte Tugendexemplar ist unbedingt respektabel und kann einem sogar imponieren, trotzdem ist es nicht das Höchste. Liebe, Güte, die sich bis zur Schwachheit steigern dürfen, müssen hinzukommen und unausgesetzt darauf aus sein, die kalte Vortrefflichkeit zu verklären, sonst wird man all dieses Vortrefflichen nicht recht froh. Ich hatte das Glück, in meinen Kindheits- und Knabenjahren, unter keinen fremden Erziehungsmeistern – denn die Hauslehrer bedeuteten nach dieser Seite hin sehr wenig – heranzuwachsen, und wenn ich hier noch einmal die Frage stelle, »wie wurden wir erzogen«, so muß ich darauf antworten: »Gar nicht und – ausgezeichnet.« Legt man den Akzent auf die Menge, versteht man unter Erziehung ein fortgesetztes Aufpassen, Ermahnen und Verbessern, ein mit der Gerechtigkeitswaage beständig abgewogenes Lohnen und Strafen, so wurden wir gar nicht erzogen; versteht man aber unter Erziehung nichts weiter als »in guter Sitte ein gutes Beispiel geben« und im übrigen das Bestreben, einen jungen Baum, bei kaum fühlbarer Anfestigung an einen Stab, in reiner Luft frisch, fröhlich und frei aufwachsen zu lassen, so wurden wir ganz wundervoll erzogen. Und das kam daher: meine Eltern hielten nicht bloß auf Hausanstand, worin sie Muster waren, sie waren auch beide von einer vorbildlichen Gesinnung, die Mutter unbedingt, der Vater mit Einschränkung, aber darin doch auch wieder uneingeschränkt, daß ihm jeder Mensch ein Mensch war. Noch weit über seine Bonhomie hinaus ging seine Humanität. Er war der Abgott armer Leute.

(...)

VIERZIG JAHRE SPÄTER (EIN INTERMEZZO)

Wie der Leser schon aus der Kapitelüberschrift entnehmen wird, habe ich vor, in dem unmittelbar Nachstehenden mich weit jenseits der hier zu schildernden Swinemünder Tage niederzulassen, welches Vorhaben mit dem Wunsche zusammenhängt, das Charakterbild meines Vaters nach Möglichkeit zu vervollständigen, will sagen, nach *oben* hin abzurunden. *Denn wie er ganz zuletzt war, so war er eigentlich.*

In dem bis hierher dem Leser vorgeführten und zugleich den eigentlichen Inhalt des Buches ausmachenden Zeitabschnitte, nach dem ich denn auch das Ganze »Meine Kinderjahre« betitelt habe, war mein Vater noch sehr jung, wenig über dreißig, und stand im Leben und in Irrtümern; in seinen alten Tagen aber – und um eben deshalb greif ich hier, in einem Exkurse, so weit vor – waren des Lebens Irrtümer von ihm abgefallen, und je bescheidener sich im Laufe der Jahre seine Verhältnisse gestaltet hatten, desto gütiger und persönlich anspruchsloser war er geworden, immer bereit, aus seiner eigenen bedrückten Lage heraus, noch nach Möglichkeit zu helfen. In Klagen sich zu ergehen fiel ihm nicht ein, noch weniger in Anklagen (höchstens mal gegen sich selbst), und dem Leben abgewandt, seinen Tod ruhig erwartend, verbrachte er seine letzten Tage comme philosophe (wie ein Weiser).

Ich besuchte ihn alle Jahr einmal, und von meinem letzten Besuche bei ihm, der in den Sommer '67 fiel, möchte ich hier erzählen.

Er wohnte damals, schon zehn oder zwölf Jahre lang, in Nähe von Freienwalde, und zwar in einer an der alten Oder gelegenen Schifferkolonie, die den Namen »Schiffmühle« führte und ein Anhängsel des Dorfes Neu-Tornow war. Vereinzelte Häuser lagen da, in großen Abständen voneinander, an dem träg vorüberschleichenden (...) Flusse hin, während sich, unmittelbar hinter der Häuserreihe, ziemlich hohe, hoch oben mit einem Fichtenwalde besetzte Sandberge zogen. Genau da, wo eine prächtige alte Holzbrücke den von Freienwalde her heranführenden Dammweg auf die Neu-Tornowsche Flußseite fortsetzte, stand das Haus meines Vaters. Von welchen Erträgen er es erstanden hatte, weiß ich bis diesen Tag nicht, denn als er es kaufte, war er nicht eigentlich mehr ein Mann der Häuserkaufmöglichkeiten, wenn das erstandene Haus auch freilich nur ein bescheidenes Häuschen war. Wie's aber auch damit stehen mochte, er nannte dies Haus sein eigen, und »*Klein, aber mein*«, diese hübsche Inschrift, die das Prinz Friedrich Karlsche Jagdschloß Dreilinden ziert, hätte auch er diesem seinem Häuschen geben können. Er bewohnte dasselbe mit einer Haushälterin von mittleren Jahren, die nach dem Satze lebte, »Selig sind die Einfältigen«, aber einen etwas weit gehenden Gebrauch davon machte. Seine Trauer darüber war humoristisch rührend, denn das Bedürfnis nach Aussprache blieb ihm bis zuletzt. Glücklicherweise hatte er sich schon vorher an Selbstgespräche gewöhnt. Er dachte laut; das war immer seine Aushilfe.

Ich hatte mich, wie gewöhnlich, bei ihm angemeldet, machte zunächst die reizende Fahrt bis Eberswalde per Bahn, dann die reizendere, bis Freienwalde selbst, in einem offenen Wagen und schritt nun auf einem von alten Weiden eingefaßten Damm auf Schiffmühle zu, dessen blanke, rote Dächer ich gleich beim Heraustreten aus der Stadt vor Augen hatte. Der Weg war nicht weiter als eine gute halbe Stunde, Rapsfelder links und rechts, einzelne mit Storchnestern besetzte Gehöfte weit über die Niederung hin verstreut und, als Abschluß des Bildes, jene schon erwähnte, jenseits der alten Oder ansteigende Reihe von Sandbergen. Als ich bis in Nähe der Brücke war, war natürlich auch die Frage da, »wie wirst du den Alten finden?« Aber eh ich mir noch darauf

Antwort geben konnte, sah ich ihn auch schon. Er hatte, von der Giebelstube seines Hauses her, mein Herankommen beobachtet, und als ich eben meinen Fuß auf die vorderste Brückenbohle setzen wollte, stand er auch schon an der anderen Seite der Brücke, mit seiner linken Hand zu mir herüberwinkend. Er hatte sich, seit er in Einsamkeit lebte, daran gewöhnt, die Kostümfrage etwas obenhin zu behandeln, und so war ich nicht überrascht, ihn an diesem warmen Junitage bis an eine äußerste Grenze freiheitlicher Behandlung gelangt zu sehen. Er trug graue Leinwandhosen und einen dito Drillichrock, unter dem, denn er haßte alles Zuknöpfen, ein Nachthemd mit umgeklapptem Kragen sichtbar wurde, was alles unbedingt ans Turnerische gemahnt hätte, wenn es weißer gewesen wäre. Auf dem Kopfe saß ein Käpsel, grün, mit einer schwarzen Ranke darum, und das einzige, was auf vergangene bessere Zeiten deutete, war ein wunderschönes Bambusrohr mit einem Elfenbeinknopf und einer unverhältnismäßig langen Metallzwinge, so daß man eigentlich einen »poignard« (Dolch) darunter vermuten mußte. Was aber nicht zutraf.

Jetzt hatten wir uns und gaben uns einen Kuß auf die linke Backe. »Nun, das ist recht, daß du da bist. Was macht deine Frau? Und die Kinder?« Er wartete aber keine Antwort ab, denn solche Familienfragen, wenn es nicht gleich ans Sterben ging, interessierten ihn wenig, und so fuhr er dann fort: »Es ist das Leben eines Einsiedlers, das ich führe, ja, man könnte schon von Anachoreten sprechen, die ich mir, übrigens vielleicht mit Unrecht, als gesteigerte Einsiedler denke. Fremdwörter haben fast immer was Gesteigertes. Nun wir reden noch davon. Ein Glück, daß du so gutes Wetter getroffen hast, das reine Hohenzollernwetter. Du schreibst ja auch so viel über die Hohenzollern und nimmst drum vielleicht an ihrem Wetter teil; es lohnt sich alles. Ich, für meine Person, halte an Napoleon fest; er war das größere Genie. Weißt du denn, daß Prinz Wilhelm – ich meine den alten, das heißt den ganz alten, der immer die Schwedter-Dragoner-Uniform trug, hellblau, mit schwarzem Kragen, und soll ein aufrichtig frommer Mann gewesen sein, denn auf die Aufrichtigkeit kommt es an – weißt du denn, daß Prinz Wilhelm immer die Büste Napoleons vor Augen hatte? Noch dazu auf seinem Schreibtisch.«

»Ja, ich weiß es, Papa; du hast mir öfter davon erzählt.«

»Öfter davon erzählt«, wiederholte er. »Ja, das wird wohl richtig sein. Ich lerne nichts mehr dazu, habe bloß immer noch die alten Geschichten, aber eigentlich sind das die besten. Entsinnst du dich noch? Lannes und Latour d'Auvergne und Michel Ney. Ja, mein Freund Michel Ney, der kommt mir jetzt wieder öfter in den Sinn, und ich seh ihn dann immer, wie sie ihn an die Gartenmauer stellten – in dem öden und einsamen Luxembourg-Garten und war gerad ein recht klatschiges Dezemberwetter –, und wie dann der Offizier, der das Peloton kommandierte, noch einmal das Kriegsgerichtsurteil vorlesen wollte mit all den Prinzen- und Herzogstiteln, wie da mein Freund Ney abwehrte und unterbrach und mit seiner tiefen Stimme sagte: ›Pourquoi tous ces titres? ... Michel Ney ... rien de plus ... et bientôt un peu de poudre.‹ (Wozu all diese Titel? Michel Ney ... weiter nichts ... und bald nur noch ein wenig Staub.) Und dann fielen die Schüsse. Ja, ›bald bloß noch ein bißchen Staub‹. Eigentlich paßt es auf jeden und zu jeder Stunde. Und wenn man nun gar einundsiebzig is ...«

»Ach, Papa, daran mußt du nicht denken.«

»Ich mag auch nicht, der Tod ist etwas Grusliges. Aber man mag wollen oder nicht, er meldet sich, er ist um einen rum, er ist da. Aber lassen wir den Tod. Tod ist ein schlechtes Wort, wenn man eben in ein Haus eintreten will. Und da kommt ja auch Luise, dich zu begrüßen. Sei nur recht freundlich, auch wenn sie was Dummes sagt. Und darauf kannst du dich verlassen.«

Unter diesen Worten und während mein Vater vom Flur aus, in den wir grad eingetreten waren, treppauf stieg, um sich in seiner äußeren Erscheinung ein ganz klein wenig zu verbessern, war die eben angekündigte Luise wirklich auf mich zugekommen und erzählte mir, in übrigens durchaus verständiger Weise, daß sich der Papa schon seit zwei Tagen auf meinen Besuch gefreut habe. Natürlich, er habe ja sonst nichts; sie höre zwar immer zu, wenn er was sage, aber sie sei doch nur dumm.

»Ach Luise, reden Sie doch nicht so was. Das wird ja so schlimm nicht sein. Jeder ist klug und jeder ist dumm. Und ich wette, Sie haben wieder einen Eierkuchen gebacken.«

»Hab ich auch.«

»Nun sehn Sie. Was heißt da klug oder nicht klug. Papa kann froh sein, daß er Sie hat.«

»Bin ich auch«, sagte dieser, der, während wir so sprachen, in einem aus einer weit zurückliegenden Zeit stammenden und deshalb längst zu eng gewordenen Rocke von seiner Giebelstube her wieder nach unten kam. »Bin ich auch. Luise ist eine gute Person. Mitunter allerdings schrecklich; aber bei Lichte besehn, ist alles mal schrecklich, und es wäre ungerecht, wenn ich gerade von Luise den Ausnahmefall verlangen wollte.«

Luise selbst hatte sich inzwischen wieder in ihre Küche zurückgezogen, während mein Vater und ich in dem wundervoll kühlen Hausflur auf und ab schritten. Licht und Schatten spielten dabei um uns her. Die Türen standen auf und gestatteten einen Einblick in das ganze Hausgewese. Zu jeder Seite lagen zwei Räume, rechts die meines Papas, links Luisens Stube und die Küche. »Laß uns hier eintreten«, sagte mein Vater und führte mich in seine nach dem Hofe hinaus gelegene Schlafstube, drin sich außer einem sehr breiten Fenster auch noch ein ganz kleines Extrafenster befand, ein bloßes Kuckloch, das immer aufstand und vor dem ein Gardinchen im Winde wehte.

»Da seh ich wieder das Kuckloch. Und steht auch wieder auf. Erkältest du dich nicht?«

»Nein, mein Jung. Und jedenfalls, es läßt sich nicht anders tun. Wenn ich das Fensterchen zumache, krieg ich keine Luft.

Und nachts ... Gefahr is nicht ... reinstehlen kann sich keiner; solche dünne Kerle gibt es gar nicht. Und dann hab ich ja auch die Pistole.«

»Ist es immer noch die alte, die nicht losgeht?«

»Natürlich. Auf das Losgehn kommt es bei Pistolen auch gar nicht an. Die moralische Wirkung entscheidet dabei. Das Moralische entscheidet überhaupt.«

»Meinst du?«

»Ja, das mein ich. Ich bin erst spät dahintergekommen, aber besser spät als gar nicht. Und nun komm in die Vorderstube. Ich merke, Luise hat schon aufgetragen, und wenn mich meine Sinne nicht täuschen, übrigens bin ich auch ein bißchen eingeweiht, so ist es eine geschmorte Kalbsbrust. Erster Gang. Ißt du so was?«

»Gewiß eß ich so was. Kalbsbrust ist ja das allerfeinste, besonders was so dicht dran sitzt.«

»Ganz mein Fall. Es ist doch merkwürdig, wie sich so alles forterbt. Ich meine jetzt nicht im großen, da ist es am Ende nicht so merkwürdig. Aber so im kleinen. Kalbsbrust ist doch am Ende was Kleines.«

»Ja und nein.«

»Das ist recht. Daran erkenn ich dich auch. Man kann nicht so ohne weiteres sagen, Kalbsbrust sei was Kleines. Und nun wollen wir anstoßen. Es ist noch Rotwein aus Stettin; die Stettiner manschen am besten. Was Echtes gibt es überhaupt nicht mehr. Weißt du noch den alten Flemming mit seinem echten Bordeaux? Er nannt ihn immer bloß Medoc; ihm so ohne weiteres einen vollfranzösischen Zunamen zu geben, so weit wollt er doch nicht gehn. Medoc ist übrigens ein wirklicher Ort, freilich sehr klein, höchstens 1400 Einwohner ... Ja, der alte Flemming, ein vorzüglicher Herr. Ist nun auch schon zur Großen Armee. Alles marschiert ab ... Na, ewig kann es nicht dauern.«

Und nun stießen wir an, und ich sah, daß es wieder die schönen Pokalgläser aus der alten Swinemünder Zeit waren. »Sind das nicht ...«

»Gewiß. Und ich freue mich, daß du sie wiedererkennst. Zwei sind nur noch davon da, aber mehr als zwei brauch ich auch nicht, denn mehr als einen Gast kann ich in dieser meiner Hütte nicht beherbergen. Und am liebsten ist es mir, wenn du kommst. Und nun krame mal aus. Was sagst du zur Weltausstellung? Die Franzosen machen so was doch immer am besten. Und dazu die Rede von dem Louis Napoleon! Er hat doch so was von dem Alten. Und hat auch darin ganz recht, daß im Leben, das heißt im Leben eines Volkes, alles untereinander zusammenhängt und übereinstimmt und daß da, wo es die besten Generäle gibt, es auch die besten Maler gibt, oder die besten Schneider und Schuster. Und umgekehrt.«

»Ich habe wenig davon gelesen, und ich kann mich nicht recht entsinnen.«

»Immer dieselbe Geschichte«, lachte mein Vater. »Nicht gelesen. Und wenn ich nun bedenke, daß du ein Zeitungsmensch bist! Da denkt man, die hören das Gras wachsen, und jedesmal, wenn du mich besuchst, seh ich, daß ich besser beschlagen bin als du. Überhaupt, wie's in der Welt aussieht, davon hab ich doch immer am meisten gewußt. So war es schon, als ich noch jung war, in Ruppin und in Swinemünde. Die Swinemünder, na, das ging noch; solch flotter, fideler Schiffsreeder, der mal nach London und mal nach Kopenhagen fährt, na, der hat doch immer ein bißchen Wind weg; aber die Ruppiner Schulprofessoren, ... es hat mich mitunter geniert, wie viel besser ich alles wußte. Natürlich Horaz und die unregelmäßigen Verba ausgenommen. Da war zum Beispiel der alte Starke. Dessen Steckenpferd war Aristoteles, und was Aristoteles lange vergessen hatte, das wußte Starke. Aber das, worauf es ankommt, das wußt er nicht. Ich laß es mir nicht abstreiten, unsere Schule geht falsche Wege; die Menschen lernen nicht das, was sie lernen sollten. Ney ist doch interessanter als Pelopidas. Und es kommt auch noch ... Aber da bringt uns Luise die Omelette. Nimm nur hier die helle Hälfte, die andere Hälfte ist etwas verbrannt. Und wenn wir hier fertig sind, dann will ich dir meinen Hof zeigen und meinen Steinbruch. Und dann machen wir einen Spaziergang auf Neuenhagen zu. Bei so schönem Wetter kann ich marschieren, ohne große Beschwerde.«

So ging es noch eine Weile weiter, und dann standen wir auf, um, nach seinem Programm, alles in Augenschein zu nehmen. Zuerst also den Hof. Es sah alles ziemlich kahl aus, und ich bemerkte zunächst bloß einen Sägebock mit einer Buchenholzklobe darauf, daneben Säge und Axt. Er wies drauf hin und sagte: »Du weißt, alte Passion und ersetzt mir nach wie vor die Bewegung ... Aber nun komm hierher; ... Du hörst sie wohl schon.«

Und unter diesen Worten schritt er mit mir auf einen niedrigen Stall zu und schlug hier eine Klapptür auf, hinter der ich nun zwei Schweine ihre Köpfe vorstrecken sah. »Was sagst du dazu? Prächtige Kerls. Wenn sie mich hören, werden sie wie wild vor Vergnügen und können's nicht abwarten.«

»Du wirst sie wohl verwöhnen. Mama und die Schröder sagten auch immer, du verfutterst bei den Biestern mehr, als sie nachher einbrächten.«

»Ja, die Schröder; eine gute treue Seele. Mich konnte sie nicht recht leiden, weil ich die besten Bratenstücke mitunter an Peter und Petrine gab, weißt du noch?«

Ich nickte.

»Ja, damals waren es die Katzen. Etwas muß der Mensch haben. Nun sind es *die* da; ... na, gleich, gleich; beruhigt euch nur.«

Und dabei bückte er sich und fing an, seine Lieblinge zu kraulen. Er erzählte mir dann noch allerhand von der

Klugheit dieser Tiere, deren innerer Bau übrigens, wie jetzt wissenschaftlich feststehe, dem des Menschen am nächsten komme. »Sus scrofa und Homo sapiens (Wildschwein ... der denkende Mensch) – es kann einem doch zu denken geben.«

Und nun nahm er mich unterm Arm und ging mit mir auf eine mitten im Hofzaun angebrachte Gittertür zu, hinter der ein schmaler Zickzackweg den Sandberg hinaufführte. Links und rechts waren tiefe Löcher gegraben, in denen Feldsteine von beträchtlicher Größe mit ihrer Oberhälfte sichtbar wurden.

»Läßt du die ausgraben, Papa?«

»Versteht sich, das ist jetzt eine Haupteinnahme von mir; ich kümmere mich dabei um nichts, ich gebe bloß die Erlaubnis, und dann kommen die Kerls und buddeln solchen Stein aus, das heißt viele Steine, und schaffen sie dann in ihren Kahn, und ich kriege mein Geld. Gott segne den Chausseebau. Daß das Geld im Boden liegt, ist doch wahr und wenn auch weiter nichts dabei herauskommt als eine Ladung Steine.«

Dabei waren wir den Zickzackweg hinauf und traten in den schon mehrerwähnten Fichtenwald ein, der den ganzen Bergrücken, eigentlich schon ein Plateau, überdeckte. Ein Säuseln ging durch die Kronen, und ich sagte, während ich in die Höh blickte, so vor mich hin: »Und in Poseidons Fichtenhain/Tritt er mit frommem Schauder ein.«

Er klopfte mich sofort zärtlich auf die Schulter, weil er herausempfand, daß ich die zwei Zeilen bloß ihm zuliebe zitierte. »Ja, das war immer meine Lieblingsstelle. Für gewöhnlich lernten wir damals, als ich noch jeden Morgen von Schloß Niederschönhausen ins Graue Kloster mußte, nur ›Johann den muntern Seifensieder‹ und ›Gott grüß Euch, Alter, schmeckt das Pfeifchen‹, und Schiller war damals noch nicht halb so berühmt wie jetzt und noch nicht sozusagen unter den Heroen. Aber ›Die Kraniche des Ibykus‹ habe ich doch damals schon gelernt und ist mir auch sitzen geblieben. Es muß so was drin sein. Hast du denn auch alles behalten von früher?«

»Ja, es geht. Eigentlich ist es merkwürdig, daß noch so viel sitzen bleibt.«

»Da hast du recht.«

Und nun traten wir aus dem Wald auf eine breite geradlinige Chaussee heraus, die von Ebereschenbäumen eingefaßt war.

»Das ist ja eine wundervolle Chaussee für solche Gegend«, sagte ich. »Wo läuft die denn hin?«

»Die läuft, glaube ich, auf Oderberg zu; aber zunächst läuft sie hier bis Neuenhagen.«

»Neuenhagen. Du nanntest es schon vorhin. Ja, da bin ich vor Jahren auch einmal gewesen und hat mich alles ganz ungemein interessiert. Da liegt nämlich, was du vielleicht nicht weißt, Hippolyta von Uchtenhagen begraben und hat einen schönen Grabstein. Ich glaube, so um 1590 herum. Damals gab man noch Geld für so was aus. Aber was mir in Neuenhagen, als ich damals hinkam, noch interessanter war, das war eine kleine Stube, darin die Schweden einen Neuenhagner Amtmann am Strohfeuer geröstet hatten. Richtiger Dreißigjähriger Krieg. Und jetzt, denke dir, jetzt schlafen die Leute darin. Ich erschrak ordentlich darüber und sagte, daß ich mir eine andere Schlafstube ausgesucht haben würde.«

Mein Papa nickte zustimmend.

»Ja, am Strohfeuer geröstet«, wiederholte ich. »Und das alles, denn sie wollten's dem Amtmann abzwacken, um des verdammten Geldes willen.«

»Ja, das verdammte Geld!« sagte mein Vater. »Es ist schon recht und ist auch oft wirklich bloß ein verdammtes Geld. Aber es gibt auch ein gutes Geld, und ich mache mir jetzt mitunter so meine Gedanken darüber. Man soll nicht einen Amtmann rösten, um es zu kriegen; aber wenn man was hat, dann soll man's festhalten. Geld ist doch was, ist eine Macht. Und ihr habt nun alle nichts.«

»Ach, Papa, rede doch nicht davon. Du weißt ja, es ist uns ganz egal.«

»Dir vielleicht, aber nicht deiner Mama.«

»Sie hat sich nun auch darin gefunden.«

»Darin gefunden! Sieh, mein Junge, da liegt die Anklage, und die alte Frau hat auch ganz recht. Das sag ich mir jetzt alle Tage, wenn ich da unten mit meiner Luise sitze und ihr mein Weltsystem entwickele, weil ich keinen andern habe, dem ich es vortragen kann, und wenn dann die beste Stelle kommt und ich mit einem Male sage: ›Nicht wahr, Luise?‹ sieh, dann fährt sie zusammen oder sitzt da wie ein Zaunpfahl.«

»Es wird dir schwerer als uns, Papa.«

»Wohl möglich. Und es würde mir noch schwerer, wenn ich mir nicht sagte: die Verhältnisse machen den Menschen.«

»Das sagtest du schon, wie wir noch Kinder waren. Und gewiß ist es richtig.«

»Ja, richtig ist es. Aber damals, ich kann so zu dir sprechen, denn du bist ja nun selber schon ein alter Knabe, damals sagte ich es so hin und dachte mir nicht viel dabei. Jetzt aber, wenn ich meinen alten Lieblingssatz ausspiele, tu ich's mit Überzeugung. So ganz kann es einen freilich nicht beruhigen. Aber doch beinah, doch ein bißchen.«

Ich nahm seine Hand und streichelte sie.

»Das ist recht. Ihr habt eine Tugend, ihr seid alle nicht begehrlich, nicht happig. Aber da wir nun mal dabei sind und ich nicht weiß, wie lang ich auf dieser sublunarischen Welt noch wandle, so möcht ich doch über all diese Dinge noch ein Wort zu dir sagen. Es gibt immer noch ein paar Leute, die denken, das jeu (Spiel) sei schuld gewesen.

Ich sage dir, das ist Unsinn. Das war nur so das Zweite, die Folge. Schuld war, was eigentlich sonst das Beste ist, meine Jugend, und wenn es nicht lächerlich wäre, so möcht ich sagen, neben meiner Jugend meine Unschuld. Ich war wie das Lämmlein auf der Weide, das rumsprang, bis es die Beine brach.«

Er blieb einen Augenblick stehn, denn er litt an asthmatischen Beschwerden, und ich mahnte ihn, daß es wohl Zeit sei, umzukehren.

»Ja, laß uns umkehren; wir haben dann den Wind im Rücken, und da spricht es sich besser. Und ich habe doch noch dies und das auf dem Herzen. Ich sagte eben, meine Jugend war schuld. Und das ist auch richtig. Sieh, ich hatte noch nicht ausgelernt, da ging ich schon in den Krieg, und ich war noch nicht lange wieder da, da verlobte ich mich schon. Und an meinem dreiundzwanzigsten Geburtstag habe ich mich verheiratet, und als ich vierundzwanzig wurde, da lagst du schon in der Wiege.«

»Mir ist es lieb, daß du so jung warst.«

»Ja, alles hat seine zwei Seiten, und es hat wohl auch seine Vorteile gehabt, daß ich nicht morsch und mürbe war. Aber das mit der Unerfahrenheit bleibt doch ein schlimmes Ding, und das allerschlimmste war, daß ich nichts zu tun hatte. Da konnt ich's kaum abwarten, bis abends der verdammte Tisch aufgeklappt wurde.«

»Sonderbar, ich habe so vieles von dir geerbt, aber davon keine Spur. Spiel war mir immer langweilig.«

Er lachte wehmütig. »Ach, mein lieber Junge, da täuschst du dich sehr, wenn du meinst, daß wir darin voneinander abweichen. Es hat mir auch nie Vergnügen gemacht, auch nicht ein bißchen. Und ich spielte noch dazu herzlich schlecht. Aber wenn ich mich dann den ganzen Tag über gelangweilt hatte, wollt ich am Abend wenigstens einen Wechsel verspüren, und dabei bin ich mein Geld losgeworden und sitze nun hier einsam, und deine Mutter erschrickt vor dem Gedanken, ich könnte mich wieder bei ihr einfinden. Es sind nun beinah fünfzig Jahre, daß wir uns verlobten, und sie schrieb mir damals zärtliche Briefe, denn sie liebte mich. Und das ist nun der Ausgang. Zuneigung allein ist nicht genug zum Heiraten; Heiraten ist eine Sache für vernünftige Menschen. Ich hatte noch nicht die Jahre, vernünftig zu sein.«

»Ist es dir recht, wenn ich der Mama das alles wiedererzähle?«

»Gewiß ist es mir recht, trotzdem es ihr nichts Neues ist. Denn es sind eigentlich ihre Worte. Sie hat nur die Genugtuung, daß ich sie mir zu guter Letzt zu eigen gemacht habe. Sie hat recht gehabt in allem, in ihren Worten und in ihrem Tun.«

Er sprach noch eine Weile so weiter. Dann kamen wir an die Stelle, wo die Chaussee aus dem Walde wieder niederstieg, zunächst auf den Fluß und die Bohlenbrücke zu. Jenseits der Brücke dehnte sich dann das Bruch in seiner Sommerschönheit, diesseits aber lag, als nächstes, das Wohnhaus meines Vaters, aus dessen Schornstein eben ein heller Rauch in der Nachmittagssonne aufkräuselte.

»Da sind wir wieder, und Luise kocht nun wohl schon den Kaffee. Darauf versteht sie sich. ›Ist die Blume noch so klein,/Etwas Honig sitzt darein.‹ Oder so ähnlich. Man kann nicht alle Verse auswendig wissen. Und lobe nur den Kaffee, sonst erzählt sie mir dreißigmal, es habe dir nicht geschmeckt. Und wenn ich Glück habe, weint sie auch noch dazu.«

Als wir ins Haus traten, war die Kaffeedecke bereits aufgelegt, und die Tassen standen schon da, dazu, faute de mieux (in Ermangelung eines Besseren), kleine Teebrötchen, denn Schiffmühle war keine Bäckergegend, und nur einmal des Tages kam die Semmelfrau. Dazu hatten wir schönes Quellwasser, das aus dem Sandberg kam.

Als fünf Uhr heran war, mußt ich wieder fort. »Ich begleite dich noch«, und so brachte er mich bis über die Brücke.

»Nun lebe wohl und laß dich noch mal sehen.« Er sagte das mit bewegter Stimme, denn er hatte die Vorahnung, daß dies der Abschied sei.

»Ich komme wieder, recht bald.«

Er nahm das grüne Käpsel ab und winkte.

Und ich kam auch bald wieder.

Es war in den ersten Oktobertagen, und oben auf dem Berg-rücken, da wo wir von »Poseidons Fichtenhain« gescherzt hatten, ruht er nun aus von Lebens Lust und Müh.

DAS LETZTE HALBJAHR

(...) Am 30. Dezember war mein Geburtstag. Ich erhielt diesmal nicht bloß viele, sondern für unsere kleinen Verhältnisse sogar sehr wertvolle Geschenke (...). »Das alles erhältst du wie eine Aussteuer, weil du fort mußt«, so etwa hieß es, und statt traurig über diese Veranlassung zu sein, war ich froh darüber. (...)

(Es ging nach Neuruppin. Wir brachen) auf, meine Mutter und ich. Es war beschlossen, mich auf das Ruppiner Gymnasium zu bringen; dort hatten wir noch Anhang und gute Freunde, die mich, wie vor allem das Predigerhaus, in das ich in Pension kam, in Obhut nehmen sollten. (...)

Und so fuhr ich denn mit meiner Mutter – die in diesen Tagen, ganz gegen ihre Gewohnheit, ungemein weich und nachsichtig gegen mich war – in die Welt hinein. (...)

Am dritten Tage unserer Fahrt trafen wir in Ruppin ein und nahmen, eh ich in der Pension untergebracht wurde, in einem Hause Quartier, das unserer früheren Apotheke gegenüber lag. »Da bist du geboren«, sagte meine Mutter und wies hinüber nach dem hübschen Hause, mit dem Löwen über der Eingangstür. Und dabei traten ihr Tränen ins Auge. Sie mochte denken, daß alles anders hätte verlaufen müssen, wenn »das und das« anders gewesen wäre. Und dies »das und das« war – *er*. Sie war nicht gern von dieser Stelle weggegangen und ist als eine Frau von über fünfzig, äußerlich getrennt von ihrem Manne, dahin zurückgekehrt, um dort, wo sie jung und eine kurze Zeit lang auch glücklich gewesen war, zu sterben.

Der Tag nach unserer Ankunft war ein heller Sonnentag, mehr März als April. Wir gingen im Laufe des Vormittags nach dem großen Gymnasialgebäude, das die Inschrift trägt: Civibus aevi futuri. Ein solcher civis sollte ich nun auch werden und vor dem Gymnasium angekommen, stiegen wir die etwas ausgelaufene Treppe hinauf, die zum »alten Thormeyer« führte. Er war vordem Direktor in Stendal gewesen und hatte das Direktorat dort aufgeben müssen, weil er sich an einem Lehrer »vergriffen« hatte. Glücklicherweise wußt ich damals noch nichts davon, ich hätte mich sonst halbtot geängstigt. Oben angekommen, trat uns ein mindestens sechs Fuß (1,90 m) hoher alter Herr entgegen, gedunsen und rot bis in die Stirn hinauf, die Augen blau unterlaufen, das Bild eines Apoplektikus – er hätte auf der Stelle vom Schlag gerührt werden können.

»Nun, mi fili, laß uns sehn ... Ich bitte, daß Sie Platz nehmen, meine verehrte Frau.« Und dabei nahm er einen schmuddligen kleinen Band von seinen mit Tabaksresten überschütteten Arbeitstisch und sagte: »Nun lies dies und übersetze.« Es waren zehn Zeilen mit einem Rotstift links angestrichen, höchstwahrscheinlich die leichteste Stelle im ganzen Buch. Ich tat ganz, wie er geheißen, und es ging auch wie Wasser. »Sehr brav ... er ist reif für die Quarta.« Damit waren wir entlassen und am nächsten Montag, wo die Schule wieder anfing, setzte ich mich auf die Quartabank. (...)

EIN QUENTCHEN LEBENSWEISHEIT,

sagt der Schauspieler, liegt bei diesem Fontane immer in der Luft; dieses heitere Wissen, daß jeder Künstler das gestaltet, was er versäumt hat zu leben. Später, im Niederschatten der Jahre, wird Fontane das Romanschreiben also auch wie eine Fliegenklatsche gegen die Langeweile handhaben, in der »grauen Potsdamer Straße 143 c« sitzen und immer deutlicher vom ewigen Fließen des großen Flusses träumen, der obenauf ruhig dahinströmt, auf dem Grunde aber allen Schlamm und Schmutz der Erde mitschleppt. Nichts wirkt mehr überhitzt, alles klärt sich von Stufe zu Stufe: Die letzten Freunde sterben nach und nach, die Frau wird immer leiser; so bleibt dem alten Wortzauberer nichts mehr als das Erträumen immer neuer Gestalten – denn die Durstigen denken immerfort an Wasser, die Müden an Schlaf, die Schauspieler an den Applaus, die Dichter aber träumen vom wirklichen Leben im Guckkastenroman, diesem Kinderspielzeug der Greise.

Doch bis dahin ist es noch weit. Zunächst ist da ein Apotheker, der Dichter werden will – und dies allein bedeutet eine Tollheit, die weitere Tollheiten unwillkürlich nach sich ziehen muß. So einer läßt sich auch in Revolutionen verstricken, denn immerhin: Es handelt sich um eine blutdrucksteigernde Veranstaltung. Die Märztage des Revolutionsjahres 1848 erlebt Fontane in der Jungschen Apotheke, Ecke der Neuen Königs- und Georgenkirchstraße in Berlin. Noch immer allerdings ist der Schleier seiner Beteiligung an den Barrikaden-Geschehnissen nicht ganz gelüftet. Aber seine Schilderungen von März und Nachmärz, Revolution und Ernüchterung offenbaren den Wahrnehmungsartisten, der erkennt, daß Revolutionen vielleicht nichts anderes sind als der Versuch, ein miserables Herrschaftsssystem durch eine schlechte Regierung zu ersetzen.

Fontane bleibt, wem er sich auch anzuschließen versucht in diesem Leben, ein Eindringling ohne Recht und Rang. Vielleicht wollte er im März der Revolution seiner ver-

minderten Sinnlichkeit aufhelfen, Selbstgefühl mit Weltgeschichtsgefühl aufbessern. Warum sonst, sagt der Schauspieler, gibt man sich einer Sache hin? Wir haben sie Sozialismus genannt, doch was muß der Mensch erkennen? Das Pathos für die Zukunft ist eine der zwielichtigsten Affekte aller Zeiten.

Der achtzehnte März 1848: REVOLUTION. EIN ELENDSGEFÜHL

Eine Zeitlang hält eine gute Truppe trotz aller Schwierigkeiten aus, zuletzt aber sind's Menschen, und von dem beständigen Absetzen matt und müde geworden, versagt zuletzt die Kraft und der treueste Wille.

Th. F.

PREUSSISCHES VOLKSLIED

(Bei Tafel zu singen)

Ja, man ist uns vieles schuldig,
Ja, wir könnten freier sein,
Doch geduldig, nur geduldig,
Auch die Freiheit stellt sich ein.
Und solange tapfer essen
Dürfen wir und schlürfen Wein,
Ei, da kann man schon vergessen,
Daß wir sollten freier sein.

Ja, man hat uns viel versprochen,
Hat uns stark den Hof gemacht,
Hat die Schwüre dann gebrochen
Und uns weidlich ausgelacht.
Doch, ihr Brüder, tapfer essen
Dürfen wir und schlürfen Wein,
Drum gegessen und vergessen,
Daß wir sollten freier sein.

Wo man geht und steht: »Bezahle!«
Heißt es, wie nicht recht gescheit;
Wahrlich unsre Generale
Plündern uns in Friedenszeit.
Doch, ihr Brüder, tapfer essen
Dürfen wir und schlürfen Wein,
Drum gegessen und vergessen,
Daß wir sollten freier sein.

Ja, entsetzlich ist die Zeitung,
Wirkt wie bestes Opium,
So politisch ist die Leitung,
Daß wir stets politisch dumm.
Doch, ihr Brüder, tapfer essen
Dürfen wir und schlürfen Wein,

Drum gegessen und vergessen,
Daß wir sollten freier sein.

Ja, wir möchten laut versichern:
Das ist gut, und das ist schlecht,
Und nicht so verstohlen kichern,
Wenn ihr rechten Unsinn sprecht.
Doch, ihr Brüder, tapfer essen
Dürfen wir und schlürfen Wein,
Drum gegessen und vergessen,
Daß wir sollten freier sein.

Ja, man ist uns vieles schuldig,
Ja, wir könnten freier sein,
Doch geduldig, nur geduldig,
Auch die Freiheit stellt sich ein.
Und solange tapfer essen
Dürfen wir und schlürfen Wein,
Ei, da kann man schon vergessen,
Daß wir sollten freier sein.

(1841/42)

(In einer Verordnung vom 22. Mai 1815 – etwa einen Monat vor dem endgültigen Sieg über Napoleon – hatte Friedrich Wilhelm II. Preußen versprochen, eine Verfassung mit einer zeitgenössischen Volkspräsentation zu geben. Weder er noch sein Nachfolger, Friedrich Wilhelm IV., haben das Versprechen eingelöst.)

DER ACHTZEHNTE MÄRZ

Erstes Kapitel

Der achtzehnte März

Die Jungsche Apotheke, Ecke der Neuen Königs- und Georgenkirchstraße, darin ich den »18. März« erleben sollte, war ein glänzend fundiertes Geschäft, aber von vorstädtischem Charakter, so daß das Publikum vorwiegend aus mittlerer Kaufmannschaft und kleineren Handwerkern bestand. Dazu viel Proletariat mit vielen Kindern. Für letztere wurde seitens der Armenärzte meist Lebertran verschrieben damals, vielleicht auch jetzt noch, ein bevorzugtes Heilmittel –, und ich habe, während meiner ganzen pharmazeutischen Laufbahn, nicht halb soviel Lebertran in Flaschen gefüllt wie dort innerhalb weniger Monate. Dieser Massenkonsum erklärt sich dadurch, daß die durch Freimedizin bevorzugten armen Leute gar nicht daran dachten, diesen Lebertran ihren mehr oder weniger verskrofelten Kindern einzutrichtern, sondern ihn gut wirtschaftlich als Lampenbrennmaterial benutzten. Außer dem Tran wurde noch abdestilliertes Nußblätterwasser, das kurz vorher durch Dr. Rademacher berühmt geworden war, ballonweise dispensiert; ich kann mir aber nicht denken, daß dies Mittel viel geholfen hat. Wenn es trotzdem noch in Ansehen stehen sollte, so will ich nichts gesagt haben.

Der Besitzer der Jungschen Apotheke, der bekannten gleichnamigen Berliner Familie zugehörig, war ein älterer Bruder des um seiner vorzüglichen Backware willen in unserer Stadt in freundlichem Andenken stehenden Bäckers Jung Unter den Linden. Beide Brüder waren ungewöhnlich schöne Leute, schwarz, dunkeläugig, von sofort erkennbarem französischen Typus; sie hießen denn auch eigentlich Le Jeune, und erst der Vater hatte den deutschen Namen angenommen. Es ließ sich ganz gut mit ihnen leben, soweit ein Verirrter, der das Unglück hat, sich für »Percy's Reliques of Ancient English Poetry« mehr als für Radix Sarsaparillae zu interessieren, mit Personen von ausgesprochener Bourgeoisgesinnung überhaupt gut leben kann. Aber freilich mit der Kollegenschaft um mich her stand es desto schlimmer, die Betreffenden wußten nicht recht, was sie mit mir anfangen sollten, und als in einem damals erscheinenden liberalen Blatte, das die »Zeitungshalle« hieß, ein paar mit meinem Namen unterzeichnete Artikel veröffentlicht wurden, wurde die herrschende Verlegenheit nur noch größer. Im ganzen aber verbesserte sich meine Stellung dadurch doch um ein nicht unbeträchtliches, weil die Menschen mehr oder weniger vor jedem, der zu Zeitungen irgendwelche Beziehungen unterhält, eine gewisse Furcht haben, Furcht, die nun mal für Übelwollende der beste Zügel ist. Wer glaubt, speziell hierlandes, sich ausschließlich mit »Liebe« durchschlagen zu können, der tut mir leid.

Die grotesk komische Furcht vor mir steigerte sich selbstverständlich von dem Tag an, wo die Nachricht von der Pariser Februar-Revolution eintraf, und als in der zweiten Märzwoche kaum noch ein Zweifel darüber sein konnte, daß sich auch in Berlin irgendwas vorbereite, begann sogar die Prinzipalität mich mit einer gewissen Auszeichnung zu behandeln. Man ging davon aus, ich konnte ein verkappter Revolutionär oder auch ein verkappter Spion sein, und das eine war geradeso gefürchtet wie das andere.

So kam der achtzehnte März.

Gleich nach den Februar-Tagen hatte es überall zu gären angefangen, auch in Berlin. Man hatte hier die alte Wirtschaft satt. Nicht daß man sonderlich unter ihr gelitten hätte, nein, das war es nicht, aber man schämte sich ihrer.

Aufs Politische hin angesehen, war in unserem gesamten Leben alles antiquiert, und dabei wurden Anstrengungen gemacht, noch viel weiter zurückliegende Dinge heranzuholen und all dies Gerümpel mit einer Art Heiligenschein zu umgeben, immer unter der Vorgabe, »wahrer Freiheit und gesundem Fortschritt dienen zu wollen«. Dabei wurde beständig auf das »Land der Erbweisheit und der historischen Kontinuität« verwiesen, wobei man nur über eine Kleinigkeit hinwegsah. In England hatte es immer eine Freiheit gegeben, in Preußen nie; England war in der Magna-Charta-Zeit aufgebaut worden, Preußen in der Zeit des blühendsten Absolutismus, in der Zeit Ludwigs XIV., Karls XII. und Peters des Großen. Vor dieser Zeit staatlicher Gründung, beziehungsweise Zusammenfassung, hatten in den einzelnen Landesteilen allerdings mittelalterlich ständische Verfassungen existiert, auf die man jetzt, vielleicht unter Einschiebung einiger Magnifizenzen, zurückgreifen wollte. Das war dann, so hieß es, etwas »historisch Begründetes«, viel besser als eine »Konstitution«, von der es nach königlichem Ausspruche feststand, daß sie was Lebloses sei, ein bloßes Stück Papier. Alles berührte, wie wenn der Hof und die Personen, die den Hof umstanden, mindestens ein halbes Jahrhundert verschlafen hätten. Wiederherstellung und Erweiterung des »Ständischen«, darum drehte sich alles. In den Provinzialhauptstädten, in denen sich, bis in die neueste Zeit hinein, ein Rest schon erwähnten ständischen Lebens tatsächlich – aber freilich nur *schattenhaft* – fortgesetzt hatte, sollten nach wie vor die Vertreter des Adels, der Geistlichkeit, der städtischen und ländlichen Körperschaften tagen, und bei bestimmten Gelegenheiten – das war eine Neuerung – hatten dann Erwähnte dieser Provinziallandtage zu einem großen *»Vereinigten Landtag«* in der Landeshauptstadt zusammenzutreten. Eine solche Vereinigung sämtlicher Provinzialstände konnte, nach Meinung der maßgebenden, das heißt durch den

Wunsch und Willen des Königs bestimmten Kreise, dem Volke bewilligt werden; in ihr sah man einerseits die Tradition gewahrt, andererseits – und das war die Hauptsache – dem Königtum seine Macht und sein Ansehen erhalten.

König Friedrich Wilhelm IV. lebte ganz in diesen Vorstellungen. Man kann zugeben, daß in der Sache Methode war, ja mehr, auch ein gut Stück Ehrlichkeit und Wohlwollen, und hätte die ganze Szene hundertunddreißig Jahre früher gespielt – wobei man freilich von der unbequemen Gestalt Friedrich Wilhelms I. abzusehen hat, der wohl nicht dafür zu haben gewesen wäre –, so hätte sich gegen ein solches Zusammenziehen der »Stände«, die zu jener Zeit, wenn auch angekränkelt und eingeengt, doch immerhin noch bei Leben waren, nicht viel sagen lassen. Es gab noch kein preußisches Volk. Unsere ostelbischen Provinzen, aus denen im wesentlichen das ganze Land bestand, waren Ackerbauprovinzen, und was in ihnen, neben Adel, Heer und Beamtenschaft, noch so umherkroch, etwa vier Millionen Seelen ohne Seele, das zählte nicht mit. Aber von diesem absolutistisch patriarchalischen Zustand der Dinge zu Beginn des vorigen Jahrhunderts war beim Regierungsantritt Friedrich Wilhelms IV. nichts mehr vorhanden.

Alles hatte sich von Grund auf geändert. Aus den 4 Millionen waren 24 Millionen geworden, und diese 24 Millionen waren keine misera plebs mehr, sondern freie Menschen – wenigstens innerlich –, an denen die die Welt umgestaltenden Ideen der Französischen Revolution nicht spurlos vorübergegangen waren. Der ungeheure Fehler des so klugen und auf seine Art so aufrichtig freisinnigen Königs bestand darin, daß er diesen Wandel der Zeiten nicht begriff und, einer vorgefaßten Meinung zuliebe, nur *sein* Ideal, aber nicht die Ideale seines Volkes verwirklichen wollte. Friedrich Wilhelm IV. handelte, wie wenn er ein Professor gewesen wäre, dem es obgelegen hatte, zwischen dem *ethischen* Gehalt einer alten landständischen Verfassung und einer modernen Konstitution zu entscheiden, und der nun in dem Alt-Ständischen einen größeren Gehalt an Ethik gefunden. Aber auf solche Feststellungen kam es gar nicht an. Eine Regierung hat nicht das Bessere bez. das Beste zum Ausdruck zu bringen, sondern einzig und allein das, was die Besseren und Besten des Volkes zum Ausdruck gebracht zu sehen wünschen. Diesem Wunsche hat sie nachzugeben, auch wenn sich darin ein Irrtum birgt. Ist die Regierung sehr stark – was sie aber in solchem Falle des Widerstandes gegen den Volkswillen fast nie ist –, so kann sie, länger oder kürzer, ihren Weg gehen, sie wird aber, wenn der Widerstand andauert, schließlich immer unterliegen. Die Schwäche der preußischen Regierung vom Schluß der Befreiungskriege bis zum Ausbruch des Schleswig-Holsteinischen Krieges bestand in dem beständigen sich Auflehnen gegen diesen einfachen Satz, dessen unumstößliche Wahrheit man nicht begreifen wollte. Wenn später Bismarck so phänomenale Triumphe feiern konnte, so geschah es, sein Genie in Ehren, vor allem dadurch, daß er seine stupende Kraft in den Dienst der in der deutschen Volksseele lebendigen Idee stellte.

So wurde das Deutsche Reich aufgerichtet und nur so.

Es schien mir wünschenswert, dies vorauszuschicken, ehe ich mich meiner eigentlichen Aufgabe, der Schilderung der März-Tage, zuwende.

Bis zum dreizehnten war nur eine gewisse Neugier bemerkbar, drin vorwiegend das bekannte witzelnde Wesen der Berliner zum Ausdruck kam; die Leute steckten die Köpfe zusammen und warteten auf das, was der Tag vielleicht bringen würde. Jeder mutete dem anderen zu, die Kastanien aus dem Feuer zu holen. Die Welt besteht nun mal nicht aus lauter Helden, und die bürgerliche Welt ist zu freiwilliger Übernahme dieser Rolle besonders unlustig. Als aber die Nachrichten aus Wien eintrafen, fühlte man doch ein Unbehagen darüber, daß nichts so recht in Fluß kommen wollte. Selbst die Bourgeoisie nahm an diesem Empfinden teil. Die »Immer-langsam-Vorans« waren uns zuvorgekommen, die »Holters« – nein, das ging doch nicht. Ich wähle, mit gutem Vorbedacht, solche nüchtern prosaisch klingenden Wendungen, da mir sehr wesentlich daran liegt, das, was geschah, keinen Augenblick als mehr erscheinen zu lassen, als es war, aber freilich auch nicht als weniger. Das mit einemmal in der bürgerlichen Sphäre lebendig werdende Gefühl: »Ach was! wir wollen *auch* unsere Freiheit haben«, war freilich noch lange nicht dazu angetan, eine Revolution zu machen, aber es unterstützte diese sehr stark, ja entscheidend, als sie schließlich da war. Zwischen denen, die zu guter Letzt die Sache durchfochten, und denen, die mehr oder weniger vergnügt bloß zusahen, war, mit Ausnahme des Couragepunktes, kein allzu großer Unterschied.

Vom dreizehnten bis siebzehnten hatten kleine Straßenkrawalle stattgefunden, alles sehr unbedeutend, nur anstrengend für die Truppen, die, weil beständig alarmiert, einen sehr schweren Dienst hatten. Am achtzehnten früh – Sonnabend – war man in großer Aufregung und, soweit die Bürgerschaft in Betracht kam, freudiger als die Tage vorher gestimmt, weil sich die Nachricht »Alles sei bewilligt« in der Stadt verbreitet hatte. Wirklich, so war es. Der König hatte dem Andrängen der freisinnigen Minister, Bodelschwingh an der Spitze, nachgegeben und war, nachdem er den Wortlaut der den Wünschen des Volks entgegenkommenden Edikte verschiedenen aus den Provinzen, namentlich aus Rheinland, eingetroffenen Deputationen mitgeteilt hatte, auf dem Balkon des Schlosses erschienen und hier mit Vivats empfangen worden. Der Schloßplatz füllte sich immer mehr mit Menschen, was anfangs nicht auffiel, bald aber dem König ein Mißbehagen einflößte, weshalb er zwischen ein und zwei Uhr dem an Stelle des Generals von

Pfuel mit dem Kommando der Truppen betrauten General von Prittwitz den Befehl erteilte, die beständig anwachsende Menschenmasse vom Schloßplatz wegzuschaffen. Diesem Befehle Folge gebend, holte General von Prittwitz selbst die Garde-Dragoner herbei und ritt mit ihnen durch die Schloßfreiheit nach dem Schloßplatz. Hier ließ er einschwenken, Front machen und im Schritt den Platz säubern. Da stürzte sich plötzlich die Masse den Dragonern entgegen, fiel ihnen in die Zügel und versuchte den einen oder anderen vom Pferde zu reißen. In diesem für die Truppen bedrohlichen Augenblick brach aus dem mittleren und gleich darauf auch aus dem kleineren Schloßportal – mehr in Nähe der Langen Brücke – eine Tirailleurlinie vor, und seitens dieser fielen ein paar Schüsse. Fast unmittelbar darauf leerte sich der Platz, und die bis dahin vor dem Schloß angesammelte Volksmasse, drin Harmlose und nicht Harmlose ziemlich gleichmäßig vertreten waren, zerstob in ihre Quartiere.

Unter den Harmlosen, ja, ich darf wohl hinzusetzen, mehr als Harmlosen, die sofort davonstürzten, um ihre Person in Sicherheit zu bringen, befand sich auch mein Prinzipal. Er war ein guter Schütze, sogar Jagdgrundinhaber in der Nähe von Berlin, aber »selbst angeschossen zu werden« war nicht sein Wunsch. Ich sehe noch sein bis zum Komischen verzweifeltes Gesicht, mit dem er bei uns eintraf und nach Erzählung des Hergangs sich dahin resolvierte: »Ja, meine Herren, so was ist noch nicht dagewesen; das ist ja die reine Verhöhnung, alles versprechen und dann schießen lassen, und auf wen? Auf uns, auf ganz reputierliche Leute, die Front machen und grüßen, wenn eine Prinzessin vorbeifährt, und die prompt ihre Steuern bezahlen!« Es war auf dem Hausflur, daß diese Rede gehalten wurde. Wir standen drum herum, und auch die vorzüglichsten Mieter des Hauses hatten sich eingefunden. Dies war, neben andern, ein eine Treppe hoch wohnendes Ehepaar, Kapellmeister St. Aubin und Frau vom Königstädtischen Theater, er ein kleines unbedeutendes Hutzelmännchen, *sie*, wie die meisten Französinnen von über vierzig, von einer gewissen Stattlichkeit und mit dem Bewußtsein dieser Stattlichkeit über ihr ganzes oberes Embonpoint wegsehend. Beide, wiewohl halbe Fremde, nahmen doch teil an der allgemeinen Aufregung. Der einzige fast Nüchterne war ich. In einem gewissen ästhetischen Empfinden fand ich alles, was ich da eben über die Schloßplatzhergänge gehört hatte, so bourgeoishaft ledern, daß ich mich mehr zum Lachen als zur Empörung gestimmt fühlte. Das war aber nur von kurzer Dauer. Als ich gleich danach auf die Straße trat und die Menschen wie verstört an mir vorüberstürzen sah, wurde mir doch anders zu Sinn. Am meisten Eindruck machten *die* auf mich, die nicht eigentlich verstört, aber dafür ernst und entschlossen aussahen, als ging es nun an die Arbeit. Ich hielt mich von da ab abseits von meinen Kollegen, die ganz stumpfsinnig dastanden oder sich an Berliner Witzen aufrichteten, während ich ganz im stillen meine Winkelriedgefühle hatte. Daß ich in Taten sehr hinter diesen Gefühlen zurückblieb, sei hier gleich vorweg ausgesprochen.

Draußen hatte sich das Bild rasch verändert. Die Straße wirkte wie gefegt, und nur an den Ecken war man mit Barrikadenbau beschäftigt, zu welchem Zweck alle herankommenden Wagen und Droschken angehalten und umgestülpt wurden. In meinem Gemüt aber wurden plötzlich allerhand Balladen- und Geschichtsreminiszenzen lebendig, darunter dunkle Vorstellungen von der ungeheuren Macht des Sturmläutens; alles Große, soviel stand mir mit einem Male fest, war durch Sturmläuten eingeleitet worden. Ich lief also, ohne mich lange zu besinnen, auf die nur fünfzig Schritt von uns entfernte Georgenkirche zu, um da mit Sturmläuten zu beginnen. Natürlich war die Kirche zu – protestantische Kirchen sind immer zu –, aber das steigerte nur meinen Eifer und ließ mich Umschau halten nach einem Etwas, womit ich wohl die stark mit Eisen beschlagene, trotzdem aber etwas altersschwach aussehende Tür einrennen könnte. Richtig, da stand ein Holzpfahl, einer von jener Art, wie man sie damals noch auf allen alten und abgelegenen Kirchplätzen fand, um, nachdem man eine Leine von Pfahl zu Pfahl gespannt, Wäsche daran zu trocknen. Ich machte mich also an den Pfahl und nahm auch zu meiner Freude wahr, daß er schief stand und schon stark wackelte; trotzdem – wie manchmal ein Backzahn, den man, weil er wackelt, auch leicht unterschätzt – wollte der Pfahl nicht heraus, und nachdem ich mich ein paar Minuten lang wie wahnsinnig mit ihm abgequält und sozusagen mein bestes Pulver – denn ich kam nachher nicht mehr zu rechter Kraft – an ihm verschossen hatte, mußt ich es aufgeben. Mit meinem Debüt als Sturmläuter war ich also gescheitert, soviel stand fest. Aber ach, es folgten noch viele weitere Scheiterungen.

Schweißtriefend kam ich von dem stillen Kirchplatz in die Neue Königsstraße zurück, auf der eben vom Tor her ein Arbeiterhaufen heranrückte, lauter ordentliche Leute, nur um sie herum etliche verdächtige Gestalten. Es war halb wie eine militärische Kolonne, und ohne zu wissen, was sie vorhatte, rangierte ich mich ein und ließ mich mit fortreißen. Es ging über den Alexanderplatz weg auf das Königstädter Theater zu, das alsbald wie im Sturm genommen wurde. Man brach aber nicht von der Front, sondern von der Seite her ein und besetzte hier, während einige, die Bescheid wußten, bis in die Garderoben und Requisitenkammern vordrangen, einen Vorraum, wahrscheinlich eine Pförtnerstube, drin ein Bett stand. Über dem Bett hing eine altmodische silberne Uhr, eine sogenannte Pfund-Uhr, mit dicken Berlocques und großen römischen Zahlen. Einer griff danach. »Nicht anrühren«, donnerte von hinten her eine Stimme rüber, und ich konnte leicht wahrnehmen, daß es ein Führer war, der da, von seinem Platz aus, nach dem

Rechten sah und dafür sorgte, daß das mehr und mehr sich mit einmischende Gesindel nicht aufkomme. Mittlerweile hatten die weiter in den Innenraum Eingedrungenen all das gefunden, wonach sie suchten, und in derselben Weise, wie sich beim Hausbau die Steinträger die Steine zuwerfen, wurde nun, von hinten her, alles zu uns herübergereicht: Degen, Speere, Partisanen und vor allem kleine Gewehre, wohl mehrere Dutzend. Wahrscheinlich – denn es gibt nicht viele Stücke, drin moderne Schußwaffen massenhaft zur Verwendung kommen – waren es Karabiner, die man fünfzehn Jahre früher in dem beliebten Lustspiele »Sieben Mädchen in Uniform« verwandt hatte, hübsche kleine Gewehre mit Bajonett und Lederriemen, die, nachdem sie den theaterfreundlichen, guten alten König Friedrich Wilhelm III. manch liebes Mal erheitert hatten, jetzt, statt bei Lampenlicht, bei vollem Tageslicht in der Welt erschienen, um nun gegen ein total unmodisch gewordenes und dabei, ganz wie ein »altes Stück«, ausschließlich langweilig wirkendes Regiment ins Feld geführt zu werden. Ich war unter den ersten, denen eins dieser Gewehre zufiel, und hatte momentan denn auch den Glauben, daß einer Helden-Laufbahn meinerseits nichts weiter im Wege stehe. Noch eine kurze Weile blieb ich auch in dieser Anschauung. Wieder draußen angekommen, schloß ich mich abermals einem Menschenhaufen an, der sich diesmal unter dem Feldgeschrei »Nun aber Pulver!« zusammengefunden hatte. Wir marschierten auf einen noch halb am Alexanderplatz gelegenen Eckladen los und erhielten von dem Inhaber auch alles, was wir wünschten. Aber wo das Pulver hintun? Ich holte einen alten zitronengelben Handschuh aus meiner Tasche und füllte ihn stopfevoll, so daß die fünf Finger wie gepolstert aussahen. Und nun wollt ich bezahlen. »Bitte, bitte«, sagte der Kaufmann, und ich drang auch nicht weiter in ihn. So fehlte denn meiner Ausrüstung nichts weiter als Kugeln; aber ich hatte vor, wenn sich diese nicht finden sollten, entweder Murmeln oder kleine Geldstücke einzuladen. Und so trat ich denn auch wirklich an unsere Barrikade heran, die sich mittlerweile zwar nicht nach der fortifikatorischen, aber desto mehr nach der pittoresken Seite hin entwickelt hatte. Riesige Kulissen waren aus den Theaterbeständen herangeschleppt worden, und zwei große Berg- und Waldlandschaften, wahrscheinlich aus Adlershorst, haben denn auch den ganzen Kampf mit durchgemacht und sind mehrfach durchlöchert worden. Jedenfalls mehr als die Verteidiger, die klüglich nicht hinter der Barrikade, sondern im Schutz der Haustüren standen, aus denen sie, wenn sie ihren Schuß abgeben wollten, hervortraten. Aber das hatte noch gute Wege. Vorläufig befand ich mich noch keinem Feinde gegenüber und schritt dazu, wohlgemut, wenn auch in begreiflicher Aufregung, meinen Karabiner zu laden. Ich klemmte zu diesem Behufe das Gewehr zwischen die Knie und befleißigte mich, aus meinem Handschuh sehr ausgiebig Pulver einzuschütten, vielleicht von dem Satze geleitet: »Viel hilft viel.« Als ich so den Lauf halb voll haben mochte, sagte einer, der mir zugesehen hatte: »Na, hören Sie ...« Worte, die gut gemeint und ohne Spott gesprochen waren, aber doch mit einemmal meiner Heldenlaufbahn ein Ende machten. Ich war bis dahin in einer fieberhaften Erregung gewesen, die mich aller Wirklichkeit, jeder nüchtern verständigen Erwägung entrückt hatte, plötzlich aber – und um so mehr, als ich als gewesener Franz-Grenadier doch wenigstens einen Schimmer vom Soldatenwesen, von Schießen und Bewaffnung hatte – stand alles, was ich bis dahin getan, im Lichte einer traurigen Kinderei vor mir, und der ganze Winkelriedunsinn fiel mir schwer auf die Seele. Dieser Karabiner war verrostet; ob das Feuersteinschloß noch funktionierte, war die Frage, und wenn es funktionierte, so platzte vielleicht der Lauf, auch wenn ich eine richtige Patrone gehabt hätte. Statt dessen schüttete ich da Pulver ein, als ob eine Felswand abgesprengt werden sollte. Lächerlich! Und mit solchem Spielzeug ausgerüstet, nur gefährlich für mich selbst und für meine Umgebung, wollte ich gegen ein Garde-Bataillon anrücken! Ich war unglücklich, daß ich mir das sagen mußte, aber war doch zugleich auch wie erlöst, endlich zu voller Erkenntnis meiner Verkehrtheit gekommen zu sein. Das Hochgefühl, bloß zu fallen, um zu fallen, war mir fremd, und ich gratuliere mir noch nachträglich dazu, daß es mir fremd war. Heldentum ist eine wundervolle Sache, so ziemlich das Schönste, was es gibt, aber es muß echt sein. Und zur Echtheit, auch in diesen Dingen, gehört Sinn und Verstand. Fehlt das, so habe ich dem Heldentum gegenüber sehr gemischte Gefühle.

Kleinlaut zog ich mich von der Straße zurück und ging auf mein Zimmer; Berufspflichten gab es nicht, man konnte in den Tagen tun, was man wollte. Da saß ich denn wohl eine Stunde lang und sah abwechselnd auf den Fußboden und dann wieder auf die Wand des alten, aus Feldstein aufgeführten Georgenkirchturms dicht vor mir. Ich war nur von *einem* Gefühl erfüllt, von dem einer großen Gesamtmiserabilität, meine eigene an der Spitze. Zuletzt aber wurde mir auch mein stupides Hinbrüten langweilig; dies Abgeschlossensein, dies Nichtwissen, was sich draußen zutrage, wurde mir unerträglich, und ich beschloß aufzubrechen und zu sehen, wie's in der Stadt hergehe. Zunächst wollt ich bis auf den Schloßplatz und von da nach der Pepiniere – Friedrichstraße –, wo ein Vetter von mir wohnte; natürlich, wie alles, was zur Pepiniere gehört, ein Stabsarzt. Der war immer sehr aufgeregt und würde, das stand fest, gewiß bereit sein, irgendwas vorzunehmen. Ich hatte persönlich die Heldentaten aufgegeben, aber ich wollte wenigstens mit dabeisein.

Und so steuerte ich denn los.

Auf dem Alexanderplatz kein Mensch, kein Ton, was mich unheimlich wie Stille vorm Gewitter berührte. Und nun über die Königsbrücke in die Königsstraße hinein. Da sah es sehr anders aus und doch auch wieder ähnlich. Die Ähnlichkeit bestand darin, daß unten alles mehr oder weniger menschenleer war, aber oben – und das war der Unterschied – war in langer Reihe, von Haus zu Haus, alles wie festlich aufgebaut: die Dächer abgedeckt, die Dachziegel neben dem Sparrenwerk aufgehäuft und auf dem Sparrenwerk selbst allerlei Leute, die vorhatten, von oben her einen Steinhagel herunterzuschicken. Alles zeigte deutlich den Eifer derer, die sich, wenn's nicht die Hausinsassen selbst waren, zu Herren des Hauses gemacht hatten, aber wenn man schärfer zusah, sah man doch auch wieder, daß es nichts Rechtes war, man wollte den Kampf gegen die Garden mit Dachziegeln aufnehmen! So kam ich bis dicht an die Spandauer Straße; von Schloßplatz und Kurfürstenbrücke her blitzten Helme, Geschütze waren aufgefahren und auf die Königsstraße gerichtet. Als ich die nächste Barrikade überklettern wollte, lachten die paar Leute, die da waren. »Der hat's eilig.« Einer sagte mir, »es ginge hier nicht weiter: wenn ich in die Stadt hinein wollte, müßt ich in die Spandauer Straße einbiegen und da mein Heil versuchen«. Das tat ich denn auch und passierte bald danach die Friedrichsbrücke. Drüben hielt ein Zug Dragoner, am rechten Flügel ein Wachtmeister, der das Kommando zu haben schien. Ich sehe ihn noch ganz deutlich vor mir: ein stattlicher Mann von Bonhomie, mit einem Gesichtsausdruck, der etwa sagte: »Gott, was soll der Unsinn; ... erbärmliches Geschäft.« Demselben Ausdruck bin ich auch weiterhin vorwiegend begegnet, namentlich bei den Offizieren, wenn sie das Barrikadengerümpel beiseite zu schaffen suchten. Jedem sah man an, daß er sich unter seinem Stand beschäftigt fühlte. Noch in diesem Augenblick hat die Erinnerung daran etwas Rührendes für mich. Unsere Leute sind nicht darauf eingerichtet, sich untereinander zu massakrieren; solche Gegensätze haben sich hierzulande nicht ausbilden können.

Ich nahm nun meinen Weg hinter dem Museum fort, durch das Kastanienwäldchen und bog zuletzt von der Dorotheenstraße her in die Friedrichstraße ein, deren nördlich gelegene Hälfte – mit Ausnahme einer vor der Artilleriekaserne sich abspielenden Szene, wobei (Maschinenbauer und Studenten griffen hier an) ein Premierleutnant von Kraewel den jungen Bojanowski niederhieb – nur wenig in den Straßenkampf hineingezogen wurde. Doch gab es auch hier, so beispielsweise dicht vor der Pepiniere, mehrere Barrikaden, mit deren Wegräumung eben Mannschaften aus der Friedrichstraßenkaserne beschäftigt waren. Hinter ihnen rückten Ulanen heran, augenscheinlich in der Absicht, die wiederhergestellte Passage frei zu halten. Ich wartete, bis die Ulanen vorüber waren: zwei, drei Minuten später wurde der das Ulanenpikett führende Offizier, ein Leutnant von Zastrow, von einem Fenster aus erschossen. Dies kam aber erst später zu meiner Kenntnis. Ich hatte mich inzwischen, nach Eintritt in die Pepiniere, in dem hohen, nach dem Garten hinaus gelegenen Zimmer meines Verwandten einquartiert. Er selber war ausgeflogen, was mich in die Lage brachte, hier in Einsamkeit und wachsender Erregung zwei schwere Stunden zubringen zu müssen. Denn so ziemlich in demselben Augenblicke, wo draußen der Ulanenoffizier aus dem Sattel geschossen wurde, begann auch das Gefecht an allen Stellen: Vom Schloßplatz her, nachdem ein paar Sechspfünderkugeln den Kampf eröffnet hatten, rückte das erste Garderegiment in die Königsstraße ein, von den Linden her ein halbes Bataillon Alexander in die Charlottenstraße – wo, vor dem Heylschen Hause, der als »Einjähriger« eben sein Jahr abdienende Herr von Bülow, später Gesandter am päpstlichen Stuhl, durch einen Schuß in den Oberschenkel schwer verwundet wurde –, während starke Abteilungen, erst vom zweiten Königs-Regiment in Stettin und bald darauf auch vom zweiten Garde-Regiment, die in der Südhälfte der Friedrichstraße gelegenen Barrikaden nahmen. An einzelnen Stellen kam es dabei zu regulärem Kampf. Das meiste davon vollzog sich auf weniger als tausend Schritt Entfernung von mir, und so klangen denn, aus verhältnismäßiger Nähe, die vollen Salven zu mir herüber, die die Truppen bei ihrem Vordringen unausgesetzt abgaben, um die namentlich in den Eckhäusern der Friedrichstraße postierten Verteidiger von den Fenstern zu vertreiben. Daß alle Salven sehr einseitig abgegeben wurden, war mir nach dem, was ich bis dahin von Verteidigung gesehen hatte, nur zu begreiflich.

Erst gegen acht Uhr kam mein Verwandter, der die zurückliegenden Stunden, inmitten all des Schießens und Lärmens, in einem benachbarten Eckhausrestaurant zugebracht hatte, zurück. Wir blieben noch eine volle Stunde zusammen, erst in seiner Wohnung, dann draußen in den Straßen, und ich werde weiterhin darüber zu berichten haben, unterbreche mich hier aber, um hier zunächst das einzuschieben, was ich, bei viel späterer Gelegenheit, über die Hauptaktion des Tages, den Kampf am Köllnischen Rathause, von einem der wenigen überlebenden Verteidiger eben dieses Rathauses gehört habe. Der mir's erzählte, war der Buchdruckereibesitzer Eduard Krause, später Drucker der »Nationalzeitung«.

»... Wir hatten uns« – so hieß es in Krauses Bericht –, »eine Treppe hoch im Köllnischen Rathause festgesetzt, an verschiedenen Stellen; in dem Zimmer, in dem ich mich befand, waren wir zwölf Mann. Es war eine sehr gute Position und um so besser, als auch das rechtwinklig danebenstehende Haus, die d'Heureusische Konditorei – früher das Derfflinger-Palais –, mit Verteidigern besetzt war. In dem d'Heureusischen Hause kommandierte der Blusenmann Sigrist, über dessen Haltung später viel Zweifelvolles verlautete.

Gegen neun Uhr rückte vom Schloßplatz her eine starke Truppenabteilung heran, an ihrer Spitze der Kommandeur des Bataillons. Es war das erste Bataillon Franz, geführt vom Major von Falckenstein. Er war bis zum Moment seiner Verwundung immer an der Spitze. Dicht vor der Scharrnstraße zog sich eine Barrikade quer über die Breite Straße fort. Es war eine schwierige Situation für die Truppen, denn im Augenblick, wo sie bis dicht an die Barrikade heran waren, wurden sie doppelt unter Feuer genommen, von d'Heureuse und von unserem Rathause her. Sie wichen zurück. Ein neuer Ansturm wurde versucht, aber mit gleichem Mißerfolg. Eine Pause trat ein, während welcher man beim Bataillon schlüssig geworden war, es mit einer Umfassung zu versuchen. An solche, so nah es lag, hatten wir in unserer militärischen Unschuld nicht gedacht. Gleich danach ging denn auch das Bataillon zum drittenmal vor, aber mehr zum Schein, und während wir sein Anrücken wieder von unserem Fenster her begrüßten und sicher waren, es abermals eine Rückwärtsbewegung machen zu sehen, hörten wir plötzlich auf der zu uns hinaufführenden Treppe die schweren Grenadiertritte. Von der Brüder- und Scharrnstraße, will also sagen von Rücken und Seite her, war man in das Rathaus eingedrungen. Jeder von uns wußte, daß wir verloren seien. In einem unsinnigen Rettungsdrange verkroch sich alles hinter den großen schwarzen Kachelofen, während mir eine innere Stimme zurief: ›Überall hin, nur nicht *da*.‹ Das rettete mich. Ich trat dem an der Spitze seiner Mannschaften eindringenden Offizier entgegen, empfing einen Säbelhieb über den Kopf und brach halb ohnmachtig zusammen, hörte aber gleich danach noch Schuß auf Schuß, denn alles, was, die Büchse in der Hand, sich hinter den Ofen geborgen hatte, wurde niedergeschossen ...«

Auf die Weise, wie hier erzählt, sind am achtzehnten März die meisten zu Tode gekommen, namentlich auch in den Eckhäusern der Friedrichstraße; die Verteidiger retirierten von Treppe zu Treppe bis auf die Boden, versteckten sich da hinter den Rauchfängen, wurden hervorgeholt und niedergemacht. Es fehlte am achtzehnten März so ziemlich an allem, aber was am meisten fehlte, war der Gedanke an eine geordnete *Rückzugslinie*. Das konnte ja nun heldenhaft erscheinen, aber es war nur grenzenlos naiv. »*Ich*« so etwa war der Gedankenweg, »schieße oder werfe Steine nach Belieben; die *andern* werden dann wohl das Hausrecht respektieren.«

Ich knüpfe an diese vorstehende Bemerkung gleich noch eine zweite und bemerke des weiteren, daß alles, was ich in diesem Kapitel erzählt habe beziehungsweise noch erzählen werde, sich auf persönliche Wahrnehmung oder aber auf die mündlichen Berichte *direkt* Beteiligter stützt. Es weicht, wie mir wohl bewußt ist, hier und da von den damals in Büchern und Broschüren gemachten Angaben ab, woraus man aber – ohne daß ich meinen Berichten eine besondere Berechtigung zuschreiben möchte – nicht etwa schließen wolle, daß das von mir Erzählte notwendig unrichtig sein müsse. Selbst das aus offiziellen und halboffiziellen Quellen Stammende widerspricht sich so sehr untereinander, daß eine Punkt für Punkt sichere Feststellung der Geschehnisse so gut wie ausgeschlossen ist. (Seitdem ich das Vorstehende schrieb, hat die fünfzigjährige Wiederkehr des achtzehnten März eine ganze Literatur gezeitigt. Altes ist neu hervorgesucht. Neues, von damals Beteiligten, niedergeschrieben worden. Aber von einem *Aufhellen* der Ereignisse keine Rede; das Dunkel und die Widersprüche werden auch bleiben. Schon der gegenseitige Parteistandpunkt schließt das Licht aus: man *will* das Licht nicht einmal.)

Ich kehre nun zu meinen eigenen persönlichen Erlebnissen zurück.

Nach kurzem Gespräch kamen mein Vetter und ich überein, uns wieder auf den Weg zu machen, und zwar wollt er mich bis in meine Wohnung zurückbegleiten. In nächster Linie zu gehen war unmöglich, weil die Innenstadt zerniert war. Wir gingen also zunächst über die Weidendammer Brücke fort, auf das Oranienburger Tor zu, wo mittlerweile der schon kurz erwähnte Kampf zwischen Maschinenarbeitern und der Besatzung der Artilleriekaserne stattgefunden hatte. Wir nahmen aber nichts mehr von diesem Kampfe wahr und gingen ruhig auf die Linienstraße zu, die hier die Nordhälfte der Stadt in weitem Bogen umspannt und etwa da ausmündet, wo ich hinwollte. Die wohl fast eine halbe Meile lange Wegstrecke war wie mit Barrikaden übersät, aber zugleich still und menschenleer. Das Ganze glich einer ausgegrabenen Stadt, in der das Mondlicht spazierenging. Wenn vielleicht wirklich Verteidiger dagewesen waren, so hatten sie sich etwas früh zur Ruhe begeben. Mein Elendsgefühl über das, was eine Revolution sein wollte, war in einem beständigen Wachsen.

So kamen wir zuletzt bis an die Kreuzungsstelle von Linien-und Prenzlauer Straße, von welch letzterer aus nur noch eine kurze Strecke bis zum Alexanderplatz war. Als wir hier aber weiter wollten, sagte man uns: »Das ginge nicht.« – »Warum nicht?« – »Weil der Platz von zwei Seiten her bestrichen wird; sie schießen hier aus der Alexanderkaserne die Münzstraße herunter und von den Kolonnaden an der Königsbrücke her in die Neue Königsstraße hinein. Hören Sie nur, wie die Kugeln klappen.« Für mich waren diese Worte sehr überzeugend, mein exzentrischer Vetter jedoch, dem etwas von dulce est pro patria mori vorschweben mochte, wollte durchaus über den Platz fort. Ich weigerte mich aber ganz entschieden und erklärte: »Ich hätte nicht Lust, solchen Unsinn mitzumachen.« Da gab er's denn auch auf und ging, sich von mir trennend, in seine Pepiniere zurück, während ich mich durch die mit dem Alexanderplatz parallel laufende Wadzeckstraße bis an meine Apotheke heranschlängelte. Hier fand ich alles verrammelt, so daß ich klingeln und eine ganze Zeit warten mußte, bis man mich einließ. Ich stellte mich derweilen in eine kleine Hausnische, was sehr weise war, denn als ich eine Viertelstunde später, ich weiß nicht mehr in welcher Veranlassung, die nach der Straße führende Haupttür öffnete, war der porzellanene Klingelgriff weggeschossen. Das Haus, weil ein wenig vorspringend, lag überhaupt recht eigentlich in der Schußlinie, was denn auch Grund war, daß gleich die erste Sechspfünder-Kugel in den Eckpfeiler des Hauses einschlug. Da steckte sie noch den ganzen Sommer über, und der Berliner Witz hatte sich die Frage zurechtgemacht: »Herr Apotheker, wat kost denn die Pille?« Solche Sechspfünder-Kugel (wie hier eingeschaltet werden mag) steckte desgleichen in einer Wand am Ende der Breiten Straße, und zwar gerade da, wo man, kurz vor Beginn des Kampfes, eine Proklamation Friedrich Wilhelms IV. angeklebt hatte. Die Folge davon war, daß, unmittelbar über der Kugel, die Worte *»An meine lieben Berliner«* in Fettschrift zu lesen waren!

Die Stimmung in unserem Hause hatte sich mittlerweile sehr verändert. Jeder war abgespannt. Auch ich zog mich auf mein im Schutz des dicken alten Georgenturms gelegenes Zimmer zurück und warf mich, in meinen Kleidern verbleibend, auf das hart am Fenster stehende Bett nieder, um zu schlafen. Alles war mir halb gleichgültig geworden; ich sehnte mich nach Ruhe. Aber da hatte ich die Rechnung ohne den Wirt gemacht.

Ich lag noch keine zehn Minuten, als mich ein von der Landsberger Straße her herüberschallendes Gejohl und Geschrei mit Flintengeknatter dazwischen und gleich danach ein sonderbares Geräusch aufschreckte, wie wenn große Hagelkörner massenhaft auf ein Schieferdach fallen. Ich sprang auf und machte, daß ich nach unten kam. Da stand denn auch schon alles an der eine gute Deckung gebenden Ecke des Hauses und starrte, nur dann und wann auf einen Augenblick sich vorbeugend, nach links hin in die Königsstraße hinein. Der dazwischen gelegene weite Platz, auf dem man einen in seiner Mitte befindlichen großen Holzschuppen angezündet hatte, war taghell erleuchtet, und bei dem Glutschein dieser Fackel zog eine lange Truppenkolonne, die Helme blitzend, über den Platz hin; was noch in der Landsberger Straße steckte, knatterte weiter. Es war das Füsilierbataillon vom Leibregiment, das Befehl erhalten hatte, bis zu Mitternacht auf dem Schloßplatz zu sein – der Führer des Bataillons, Graf Lüttichau, an der Spitze. Das Ganze ein grausig schöner Anblick; unvergeßlich.

Um elf waren die Truppen über den Platz gezogen. Eine Stunde später wurde es still, und ich kletterte wieder in meine Stube hinauf. Das erste, was ich sah, waren Glassplitter, die zerstreut um mein Bett her lagen. Bei dem kolossalen Schießen in der Landsberger Straße war eine Kugel von der Turmecke her so eigenartig ricochettiert, daß sie die anscheinend in vollstem Schutz liegende Fensterscheibe getroffen hatte. Wenn die Gewehre erst losgehen, weiß man nie, wie die Kugeln fliegen.

Zweites Kapitel

Der andere Morgen (neunzehnter März).
Die »Proklamation«. »Alles bewilligt«.
Betrachtungen über Straßenkämpfe.
Leopold von Gerlachs Buch

Ich schlief während der Nacht, die folgte, so fest, daß ich, als ich aufwachte, mich nur mühsam in dem am Tage vorher Erlebten zurechtfinden konnte. Gegen acht Uhr war ich unten in unserem Geschäftslokal, woselbst ich schon viele Wartende, meist Frauen und Kinder, vorfand. Mein erster Gedanke ging dahin, daß es sich um Verwundete handeln müsse, weshalb ich ihnen die Zettel rasch aus der Hand nahm. Aber wer beschreibt mein Staunen, als ich sofort bemerkte, daß es sich bei diesen ärztlichen Verordnungen um ganz alte Bekannte handelte, von denen ich die Mehrzahl wohl schon ein halbes dutzendmal in Händen gehabt hatte. Nicht für Verwundete war man so früh schon aufgebrochen, nein, die Frauen, die da saßen und warteten, waren dieselben, die – wie schon eingangs des vorigen Kapitels von mir hervorgehoben – jeden dritten oder fünften Tag zum Doktor gingen, um sich da das Lebertranrezept für ihre skrofulösen Kinder erneuern zu lassen, und die diesen Lebertran dann als Lampenöl benutzten. Alle diese guten Hausmütter hatten auch am 19. März frühmorgens keine Ausnahme gemacht, und unbekümmert darum, ob »Vater« am Tage zuvor sein Gewehr abgeschossen oder seinen Ziegel geschleudert hatte, war »Mutter« jetzt da, um ihre Lampe wieder gratis mit Öl zu versorgen. Freiheit konnte sein, Lebertran mußte sein. Das ganz Alltägliche bleibt immer siegreich und am meisten das Gemeine. Während der Nacht vom 18. zum 19., um auch das nicht zu verschweigen, haben sich unglaubliche Szenen abgespielt.

Es war mittlerweile belebter in Haus und Straße geworden, und überall, wo sich etliche zusammenfanden, wurde von dem Anrücken des Leibregiments vom Frankfurter Tor her bis auf den Alexanderplatz und von dort her weiter bis auf den Schloßplatz gesprochen. Hunderte von Anwohnern der Landsberger Straße waren Augenzeugen dieses mit großer Energie durchgeführten Vormarsches gewesen, und was der eine nicht wußte, das wußte der andre. Tolle Sachen waren vorgekommen, zum Teil auch wohl häßliche, die sich hier nicht erzählen lassen, aber die Verluste hatten trotzdem auf beiden Seiten eine mäßige Höhe nicht überschritten. Unter denen, die auf seiten des Volks die Zeche hatten bezahlen müssen, befand sich auch ein Liebling von mir, dessen Tod mir beinahe zu Herzen ging. Es war dies ein großer, bildschöner Kerl, der täglich in der Apotheke vorsprach und dem ich dann, weil er mir so gefiel, immer etwas Furchtbares – denn das war ihm das liebste – aus den bittersten und namentlich brennendsten Tinkturen zusammenbraute. Dieser gemütliche Süffel von Fach hatte denn auch das Anrücken des Leibregiments ganz von der humoristischen Seite genommen, was in seinem Fall – wenn er war ein alter Gardesoldat – eine doppelte Dummheit bedeutete. Just als die Tete bis in die Mitte der Landsberger Straße gekommen war, stellte er sich gemütlich vor eine Barrikade, drehte dem Grafen Luttichau den Rücken zu und machte ihm und seinem Bataillon eine unanständige Gebärde. Fast in demselben Augenblicke fiel er, von zwei Kugeln getroffen, tot vornüber. Ich hörte das mit aufrichtiger Teilnahme; die ganze Sachlage war aber, von Politik wegen, zu langer Beschäftigung mit solchem Einzelfalle nicht angetan.

Es handelte sich doch um Wichtigeres, und ich war eifrig bemüht, in Erfahrung zu bringen, wie, nach all der Anstrengung vom Tage vorher, die Partie denn wohl eigentlich stehe. Viel Gutes, das heißt also von meinem damaligen Standpunkte aus viel Volkssiegreiches, erwartete ich nicht. Aber niemand wußte was Rechtes zu sagen. Nur soviel verlautete, daß sich die bis an die Königsbrücke vorgedrungenen Truppen im Laufe der letzten Stunde mehr und mehr zurückgezogen hätten. Alles drehte sich um diese Frage. Manche zweifelten, andre waren guter Dinge. Da, während wir noch hin und her stritten, sahen wir über den Alexanderplatz einen Haufen lebhaft gestikulierender Menschen herankommen, an deren Spitze, freudigen Ausdrucks ein stattlicher Herr einherschritt. »Er bringt eine Botschaft«, hieß es alsbald, und wirklich, als er bis dicht an unsre Kulissenbarrikade heran war, auf deren Wald- und Felsenlandschaft ich mich postiert hatte, hielt er an, um mit deutlicher Stimme der sofort rasch anwachsenden Volksmenge die Mitteilung zu machen: »daß alles *bewilligt* sei« – *bewilligt* war damals Lieblingswort – »und daß S. Majestät Befehl gegeben habe, die Truppen zurückzuziehen. Die Truppen würden die Stadt verlassen.« Der distinguierte Herr, der diese Botschaft brachte, war, wenn ich nicht irre, der Geheimrat Holleufer oder vielleicht auch Hollfelder. – Alles jubelte. Man hatte gesiegt, und die spießbürgerlichen Elemente – natürlich gab es auch glänzende Ausnahmen –, die sich am Tage vorher zurückgehalten oder geradezu verkrochen hatten, kamen jetzt wieder zum Vorschein, um Umarmungen untereinander und mit uns auszutauschen, ja sogar Brüderküsse. Das Ganze eine, wie wir da so standen, in den Epilog gelegte Rütliszene, bei der man nachträglich die Freiheit beschwor, für die, wenn sie überhaupt da war, ganz andre gesorgt hatten. Viele bezeigten sich dabei vollkommen ernsthaft; mir persönlich aber war nur überaus elend zumute. Ich hatte, von mir und meinen Hausgenossen gar nicht zu reden, in den Stunden von Mittag bis Mitternacht nur ein paar beherzte Leute gesehen – natürlich alles Männer aus dem Volk –, die die ganze Sache gemacht hatten; speziell an unsrer Ecke war ein älterer Mann in Schlapphut und Spitzbart, den ich nach seinem ganzen Hantieren für einen Büchsenmacher halten mußte, dann und wann aus der ihm Deckung gebenden Seitenstraße bis an die Barrikade vorgetreten und hatte da seinen mutmaßlich gut gezielten Schuß abgegeben. Sonst aber war alles in bloßem Radau geblieben, viel Geschrei und wenig Wolle. Wenn die Truppen jetzt zurückgingen, so war das kein von seiten des Volkes errungener und dadurch gefestigter Sieg, sondern ein bloßes königliches Gnadengeschenk, das jeden Augenblick zurückgenommen werden konnte, wenn's dem, der das Geschenk gemacht hatte, so gefiel, und während ich noch so dastand und kopfschüttelnd dem Jubel meiner Genossen zusah, sah ich schon im Geiste den in natürlicher Konsequenz sich einstellenden Tag vor mir, wo denn auch wirklich, sieben Monate später, dieselben Gardebataillone wieder einrückten und der Bürgerwehr die zehntausend Flinten abnahmen, mit denen sie, den Sommer über, weder die Freiheit aufzubauen noch die

Ordnung herzustellen vermocht hatte. Mich verließ das Gefühl nicht, daß alles, was sich da Sieg nannte, nichts war als ein mit hoher obrigkeitlicher Bewilligung zustande gekommenes Etwas, dem man, ganz ohne Not, diesen volkstriumphlichen Ausgang gegeben, und lebte meinerseits mehr denn je der Überzeugung von der absolutesten Unbesiegbarkeit einer wohldisziplinierten Truppe jedem Volkshaufen, auch dem tapfersten, gegenüber. Volkswille war nichts, königliche Macht war alles. Und in dieser Anschauung habe ich vierzig Jahre verbracht.

Vierzig Jahre! Jetzt aber denke ich doch anders darüber. Vieles hat sich vereinigt, mich in dieser Frage zu bekehren.

Den ersten Anstoß dazu gaben mir die 1891 erschienenen »Denkwürdigkeiten des Generals Leopold von Gerlach«. In Band 1, Seite 138, fand ich da das Folgende: »Den achtzehnten März spät abends ging ich – Gerlach – vom Schloß nach Hause. Überall standen Truppen. Unter den Linden hielt Waldersee. General Prittwitz hatte den Generalen befohlen, in ihren Stellungen ruhig zu bleiben; es sei nicht seine Absicht, weiter vorzugehen; dann stattete er dem König Bericht ab. *›Heut und morgen und auch noch einen Tag‹* – so lautete dieser Bericht – *›glaube er die Sache noch sehr gut halten zu können‹*; sollte sich aber der Aufruhr länger hinziehen, so wäre er der Meinung: mit dem König und den Truppen die Stadt zu verlassen und sich außerhalb derselben blockierend aufzustellen. Diese Ansicht über die Sachlage hat General Prittwitz auch noch am Sonntagmorgen gegen Minutoli ausgesprochen, und auf eben diese Rede hat sich dann Bodelschwingh bezogen, als er behauptete, Prittwitz habe ja auch erklärt, *›die Sache nicht länger halten zu können‹*.«

Diese wenigen Sätze machten einen großen Eindruck auf mich und haben mich, erst auf den speziellen Fall, dann *aufs Ganze* hin, umgestimmt, will sagen in meiner

Gesamtanschauung über Kämpfe zwischen Volk und Truppen. Nicht plötzlich, nicht mit einemmal, kam mir diese Bekehrung, aber die seitens des Generals von Gerlach zitierten Prittwitzschen Worte wurden doch Veranlassung für mich, mich mit diesen Dingen, die mir im wesentlichen längst abgetan und erledigt erschienen, noch einmal zu beschäftigen, etwa wie ein Jurist, dem ein Zufall ein altes Aktenstück in die Hände spielt und der nun bei Durchlesung ebendesselben urplötzlich und zu seiner eigenen nachträglichen Verwunderung zu der Überzeugung kommt, daß in der betreffenden Sache doch eigentlich alles sehr, sehr anders liege, wie bis dahin von ihm angenommen wurde. Dementsprechend hat auch mich die wiederaufgenommene Beschäftigung mit diesem alten, von mir selbst mit durchlebten Stoff zu der Ansicht geführt, daß es am achtzehnten März doch anders gelegen hat, als ich vermutete, und daß ich die Gesamtsituation am Abend jenes Tages falsch beurteilt habe.

Schon gleich damals – ich kann hier keine bestimmten Angaben machen, weil ich alles, was Anstoß geben könnte, dringend zu vermeiden wünsche –, schon gleich damals kam mir manches zur Kenntnis, was zu meiner ausschließlich der militärischen Macht und Disziplin günstigen Vorstellung nicht recht passen wollte. Die durch solche Mitteilungen empfangenen Eindrücke waren aber zunächst von keinem Gewicht, wenigstens von keiner Nachhaltigkeit: erstens, weil ich den Berichterstattern nicht recht traute, zweitens, weil das, was die nächsten Zeiten brachten, einer Widerlegung gleichkam. So blieb denn, trotz gelegentlicher leiser Schwankungen, durch länger als ein Menschenalter hin alles in meiner Anschauung beim alten, bis das Gerlachsche Buch kam. Da wurd ich stutzig, nahm, wie schon angedeutet, meine vordem nur ganz flüchtig gehegten und weit zurückliegenden Bedenken wieder auf und sah mich, je länger und umfassender ich mich mit dem

Gegenstande beschäftigte, zuletzt vor die Frage gestellt: »Ja, wie verlaufen denn diese Dinge *überhaupt*?« Und meine Antwort auf diese mir selbst gestellte Frage ging dahin: Sie müssen – vorausgesetzt, daß ein großes und allgemeines Fühlen in dem Aufstande zum Ausdruck kommt – jedesmal mit dem Siege der Revolution enden, weil ein aufständisches Volk, und wenn es nichts hat als seine nackten Hände, schließlich doch notwendig stärker ist als die wehrhafteste geordnete Macht. Im Teutoburger Walde, bei Sempach, bei Hemmingstedt, überall dasselbe; die Waldestiefen, die Felsen und Schluchten, die durch die Dämme brechenden Fluten sind eben stärker als alle geordneten Gewalten, und wenn sie nicht ausreichen und nicht helfen, so hilft zuletzt einfach der Raum, und wenn auch der nicht hilft, so hilft die Zeit. Diese Zeit kann verschieden bemessen sein, sie kann sich – wir sehen das in diesem Augenblick in den Kämpfen auf Kuba – über Jahre hin ausdehnen, aber in den meisten Fällen genügen schon Tage. Bei Straßenkämpfen gewiß. Wie gestalten sich solche Kämpfe? Das Volk hat von Moment zu Moment das Spiel in der Hand, hat Aktionsfreiheit; es kann sich dem Feuer aussetzen, es kann sich ihm aber auch entziehen; es kann nach Hause gehen, um in Bequemlichkeit auszuschlafen, und kann am andern Morgen wieder mit frischen Kräften in den Kampf eintreten. Der arme Soldat dagegen muß frieren, hungern, dursten, und was er vom Schlaf hat – wenn überhaupt –, wird ihn wenig erquicken, da man in den von ihm besetzten Häusern ihm widerwillig gesonnen ist. Diese Widerwilligkeit durch zwangsweises Vorgehen zu brechen ist unmöglich, das läßt sich allenfalls gegen Landesfeinde tue – auch da sehr schwer –, aber sicherlich nicht gegen den guten Bürger. dem zuliebe ja, halb wirklich, halb vorgeblich, die ganze Szene durchgespielt werden soll. Eine Zeitlang hält eine gute Truppe trotz aller dieser Schwierigkeiten aus, zuletzt aber sind's Menschen, und von dem beständigen Abhetzen matt und müde geworden, versagt zuletzt die beste Kraft und der treuste Wille. Dazu kommt noch, daß auch Schlagwörter, plötzlich heraufbeschworene Vorstellungen, Imponderabilien, über die hinterher leicht zu lachen ist, mit einemmal eine halb unerklärliche Macht gewinnen. So weiß ich oder glaub ich zu wissen, daß für bestimmte kleinere Truppenteile mit einemmal der Schreckensruf da war: »Die Bürger kommen.«

Noch einmal, ich vermeide hier mit Absicht nähere Angaben, es waren Kompagnien, die sich, wenige Monate später, ganz besonders und allen andern voraus in ernsten Kämpfen ausgezeichnet haben. Jetzt erscheint uns der Schrei: »Die Bürger kommen« als der Inbegriff alles Komischen; damals, auf knappe vierundzwanzig Stunden, umschloß er eine Macht. Immer dieselbe Geschichte: Wenn der Morgen anbricht, sieht man, daß es ein Handtuch war, aber in der Nacht hat man sich gegrault. Die Tapfersten haben mir solche Zugeständnisse gemacht. Nur der Feigling ist immer Held. So lag es sehr wahrscheinlich auch am achtzehnten März, und als General von Prittwitz gegen den König die Worte aussprach: »Heute und morgen und auch noch einen Tag glaube ich die Sache halten zu können«, da waren wohl bereits die ersten Anzeichen eines solchen Versagens da. So wird es immer sein, weil er – wenn man nicht gleich im ersten Augenblick, wie beispielsweise am zweiten Dezember, mit vernichtender und bei patriarchalischem Regiment überhaupt nicht zulässiger Gewalt vorgehen will – nicht anders sein kann. Und auch in dem Ausnahmefall hat es nicht Dauer. Auflehnungen, ich muß es wiederholen, die mehr sind als ein Putsch, mehr als ein frech vom Zaun gebrochenes Spiel, tragen die Gewähr des Sieges in sich, wenn nicht heute, so morgen. Alle gesunden Gedanken, auch das kommt hinzu, leben sich eben aus, und hier die richtige Diagnose stellen, das Zufällige vom Tiefbegründeten unterscheiden können, *das* heißt Regente sein.

Drittes Kapitel

Der einundzwanzigste März

Am neunzehnten, Vormittag – wie schon erzählt –, erschien die Proklamation, »daß alles *bewilligt* sei«; mir persönlich. weil ich der Sache mißtraute, wenig zu Lust und Freude. Trotzdem sah ich ein, daß es töricht sein würde, mir die Stunde zu verbittern, bloß weil vielleicht bittre Stunden in Sicht standen. Ich war also bemüht, mit dem Strome zu schwimmen, und geriet nur, eine Zeitlang, in neues Unbehagen, als ich von der einigermaßen an Hinterlist gemahnenden Gefangennahme des alten General von Möllendorff, Kommandeurs der einen Gardebrigade, hörte. Der vortreffliche alte Herr, der sich schon 1813 ausgezeichnet hatte, war von der Königsstraße her auf den Alexanderplatz vorgeritten, um in durchaus volksfreundlichem Sinne zu parlamentieren, und war bei dieser Gelegenheit vom Tierarzt Urban, einem schönen Manne, von dem man nur, seinem Aussehn nach, nicht recht wußte, ob man ihn mehr in die böhmischen Wälder oder mehr nach Utah hin verlegen sollte, gefangengenommen worden, wie's hieß unter Assistenz eines vierzehnjährigen Schusterjungen, der dem General von hinten her den Degen aus der Scheide zog. Möllendorff, durch Tierarzt Urban gefangengenommen, das wollte mir schon nicht recht eingehn! Aber was mich direkt empörte, das war, daß man den alten General in das Schützenhaus geschleppt und ihn dort ganz gemütlich vor die Wahl gestellt hatte: Schießverbot an seine Truppen oder selber erschossen werden. Glücklicherweise nahmen die Dinge draußen solchen Verlauf, daß der Unsinn und mehr als das – solche Forderung *darf* man nicht stellen, auch nicht in *solchen* Momenten – ohne weitere Folge vorüberging.

Am Nachmittage wurd es ganz still, und ich benutzte diese ruhigen Stunden, um einen langen Brief, wohl vier, fünf Bogen, an meinen Vater zu schreiben. Es wird dies mutmaßlich der erste Bericht über den achtzehnten März gewesen sein, und wenn es nicht der erste Bericht war, der *geschrieben* wurde, so doch wohl der erste, der in die Welt ging. Es gab nämlich an jenem neunzehnten – der noch dazu ein Sonntag war – keine Postverbindung, was mich denn auch veranlaßte, meinen Brief direkt nach dem Stettiner Bahnhof zu bringen und ihn dort in den Postwagen eines Eisenbahnzuges zu tun. So kam dies Skriptum am andern Morgen in dem großen Oderbruchdorfe Letschin, wo mein Vater damals wohnte, glücklich an. Von den Sonnabendvorgängen in Berlin wußte man dort kein Sterbenswörtchen, selbst das »Gerücht«, das sonst so schnell fliegt, hatte versagt, und so war denn die Aufregung, die mein Brief schuf, ungeheuer. In alle Nachbardörfer gingen und ritten die Boten, um die große Sache zu melden, von der ich nicht weiß, ob sie mit Trauer oder Jubel aufgenommen wurde. Mein Vater, selbstverständlich, war an der Spitze der Erregtesten, beschloß sofort zu reisen, »um sich die Geschichte mal anzusehn«, und war am einundzwanzigsten früh in Berlin. Wie gewöhnlich stieg er in einem Vorstadtgasthofe, »wo's keine Kellner gab«, ab und war um die Mittagsstunde bei mir. Ich freute mich herzlich, ihn zu sehn, denn er war, von allem andern abgesehn, immer jovial und amüsant, und keine halbe Stunde, so brachen wir gemeinschaftlich auf.

»Sage, kannst du denn so ohne weitres aus dem Geschäft fort?«

»Eigentlich nicht. Sonst haben wir grad um Mittag immer viel zu tun. Aber es ist jetzt, als ob die Doktors auf Reisen wären. Und dann, Papa, was die Hauptsache ist, ich bin ja so gut wie ein Revolutionär und habe das Königstädtische Theater mitstürmen helfen ...«

»Wurde es denn verteidigt?«

»Nein. Beinahe das Gegenteil. Aber ich war doch mit dabei, und das gibt mir nun so 'nen Heil'genschein« –

ich machte mit dem Zeigefinger die entsprechende Bewegung um den Kopf herum –, »und mein Prinzipal denkt: ich könnte am Ende so weiter stürmen.«

Er lachte. So was tat ihm immer ungeheuer wohl, und so schritten wir, untergefaßt, die Königsstraße hinauf, auf den Schloßplatz zu. Wie wir nun da die Schloßhöfe und ihre Portale passierten und eben vor der großen, in das Lustgartenportal einmündenden Treppe standen, fragte ich ihn, »ob er da vielleicht hinein wolle?«

»Was? hier in die Schloßzimmer?«

»Ja. Wie du vielleicht weißt, Emiliens – meiner Braut – Vetter ist Stabsarzt in der Pepiniere und einer von denen, die hier die Behandlung der Verwundeten haben. Ich war gestern schon eine Viertelstunde mit ihm zusammen und hab einen großen Eindruck von der Sache gehabt. An den Wänden hängen allerlei Prinzessinnenbilder, und darunter liegen die Verwundeten. Es sind merkwürdige Zustände.«

»Ja, höre, das find ich auch. Aber ich mag da nicht hinein; ich geh nicht gern in Schlösser. So eigentlich gehört man doch da nicht hin.«

Unter diesen Worten waren wir, an den Rossebändigern vorüber, wieder ins Freie getreten und gingen auf die Linden zu. Hart an der Brücke und dann auch wieder dicht vor der Neuen Wache waren große metallene Teller aufgestellt. in die man für die Verwundeten eine Geldmünze hineintat.

»Wir müssen da wohl auch was geben«, sagte mein Vater. »Eine Kleinigkeit; so bloß symbolisch ...«

Und dabei zog er seine Börse, deren Ringe, links und rechts, ziemlich weit nach unten saßen. Ich folgte seinem Beispiel, und wir entledigten uns jeder einer verhältnismäßig anspruchsvollen Münze, die damals den prosaischen Namen »Achtgroschenstück« führte.

Gleich danach waren wir bis an die jenseitige Zeughausecke gekommen, da, wo das Kastanienwäldchen anfängt. Er blieb hier stehen, sah sich mit sichtlichem

Behagen den prächtigen sonnenbeschienenen Platz an und sagte dann mit der ihm eigenen Bonhommie: »Sonderbar, es sieht hier noch geradeso aus wie vor fünfzig Jahren ...« Seitdem ist wieder ein Halbjahrhundert vergangen, und wenn die Stelle kommt, wo mein guter Papa in jenen Tagen diese großen Worte gelassen aussprach, so kann ich mich nicht erwehren, sie meinerseits zu wiederholen, und sage dann ganz wie er damals: »Es sieht noch geradeso aus wie vor fünfzig Jahren.« Es ist in der Tat ganz erstaunlich, wie wenig sich – ein paar Ausnahmen zugegeben – Städtebilder verändern. Wenn an die Stelle von engen schmutzigen Ghettogassen ein Square mit Springbrunnen tritt, so läßt sich freilich von Ähnlichkeit nicht weiter sprechen, präsentieren sich aber die Hauptlinien unverändert, während nur die Fassade wechselte, so bleibt der Eindruck ziemlich derselbe. Die Maße entscheiden, nicht das Ornament. Dies ist, es mag so schön sein wie es will, für die Gesamtwirkung beinah gleichgültig.

Wir hatten vor, die Linden hinunterzugehen und draußen vor dem Brandenburger Tor in Puhlmanns Garten – den ich kannte – Kaffee zu trinken. Aber zunächst wenigstens kamen wir nicht dazu, denn als wir eben unsern Weitermarsch antreten wollten, erschien, von der Schloßbrücke her, eine ganze von hut- und mützeschwenkendem Volk umringte Kavalkade. Beim Näherkommen sahen wir, daß es der König war, der da heranritt, links neben ihm Minister von Arnim, eine deutsche Fahne führend.

»Du hast Glück, Papa, jetzt erleben wir was.«

Und richtig, hart an der Stelle, wo wir standen, hielt der Zug, und an die rasch sich mehrende Volksmenge richtete jetzt der König seine so berühmt gewordene Ansprache, drin er zusagte, sich, unter Wahrung der Rechte seiner Mitfürsten, an die Spitze Deutschlands stellen zu wollen. Der Jubel war ungeheuer. Dann ging der Ritt weiter.

Als der Zug vorbei war, sagte mein Vater: »Es hat doch ein bißchen was Sonderbares, ... so rumreiten ... Ich weiß nicht ...«

Eigentlich war ich seiner Meinung. Aber es hatte mir doch auch wieder imponiert, und so sagt ich denn: »Ja, Papa, mit dem Alten ist es nun ein für allemal vorbei. So mit Zugeknöpftheiten, das geht nicht mehr. Immer an die Spitze ...«

»Ja, ja.«

Und nun gingen wir auf Puhlmanns Kaffeegarten zu.

Viertes Kapitel

Auf dem Wollboden. Erstes und letztes Auftreten als Politiker

Ich weiß nicht mehr, um wieviel Wochen später die Wahlen zu einer Art »Konstituante« begannen. Eine Volksvertretung sollte berufen und durch diese dann die *»Verfassung«* festgestellt werden. Bekanntlich kam es aber erheblich anders, und das Endresultat, nach Steuerverweigerung und Auflösung der Versammlung, war nicht eine vom Volkswillen diktierte, sondern eine »oktroyierte Verfassung«. Es ist immer mißlich, wenn die Freiheitsdinge mit etwas Oktroyiertem anfangen.

Also Wahlen zur Konstituante! Der dabei stattfindende Wahlmodus entsprach dem bis diesen Augenblick noch seine sogenannten Segnungen ausübenden Dreiklassensystem und lief darauf hinaus, daß nicht direkt, sondern indirekt gewählt wurde, mit anderen Worten, daß sich eine Zwischenperson einschob. Diese Zwischenperson war der »Wahlmann«. Er ging aus der Hand des Urwählers hervor, um dann aus seiner – des Wahlmanns – Hand wiederum den eigentlichen Volksvertreter hervorgehen zu lassen.

Alle Detailbestimmungen sind meinem Gedächtnisse

natürlich längst entfallen, und ich weiß nur noch, daß ich persönlich alt genug war, um als »Urwähler« auftreten zu können. Ich erhielt also mutmaßlich den entsprechenden Zettel und begab mich, mit diesem ausgerüstet, in ein Lokal, in welchem sich die Urwähler der Neuen Königsstraße samt Umgegend über ihren »Wahlmann« schlüssig machen und diesen ihren politischen Vertrauensmann proklamieren sollten. Wenn ich eben sagte »in ein Lokal«, so ist dies nicht ganz richtig. Ein »Lokal« ist nach Berliner Vorstellung eine Örtlichkeit, drin viele Kellner umherstehen und einem unter Umständen ein Seidel bringen, noch ehe man es bestellt hat. Ein solches »Lokal« war nun aber unser Wahl-Lokal keineswegs; es war vielmehr ein großer langer Boden, an dessen Seiten mächtige Wollsäcke hochaufgetürmt lagen, während zwei dieser Säcke sich im rechten Winkel quer vorschoben und einen Abteil, eine Art Geschäftsraum herstellten. In Front davon war ein Tischchen aufgestellt, an dem ein Wahlkommissar, oder etwas dem Ähnliches, saß, ein würdiger alter Herr, auch ganz augenscheinlich der klügste, der den Gang der Ereignisse zu leiten hatte. Die Zahl derer, die sich eingefunden, war nicht groß, höchstens einige dreißig, und weil wohl niemand recht wußte, was zu tun sei, stand man in Gruppen umher und wartete, daß irgendwer, der wenigstens einen Schimmer habe, die Sache in die Hand nehmen würde. Naive Menschen sind immer sehr führungsbedürftig. Endlich fragte der Wahlbeamte, ob nicht einer der Erschienenen Vorschläge hinsichtlich eines aufzustellenden Wahlmannes machen wolle. Man drückte Zustimmung aus, blieb aber schweigsam und sah nur immer zu einem langen Herrn von mittleren Jahren hinüber, der in jener Erregung, die das sichre Kennzeichen eines starken Redelust mit Redeunvermögen vereinigenden Menschen ist, in Front der beiden Wollsäcke auf und ab schritt. Er war ebensosehr ein Bild des Jammers wie der Komik, wozu seine Kleidung redlich beisteuerte. Während wir andern alle, meist kleine Handwerker, Budiker und Kellerleute, in unsrem Alltagsrock erschienen waren, trug der aufgeregte Mann einen schwarzen Frack und eine weiße Kandidatenbinde. Die Brille nahm er beständig ab und setzte sie wieder auf und war ärgerlich, wenn sich die beiden Häkchen in seinem angekräuselten blonden Haar verfitzten.

»Wer ist der Herr?« fragte ich einen neben mir Stehenden.

»Das ist der Herr Schulvorsteher von hier drüben.«

»Wie heißt er denn?«

»Ich glaube Schaefer; er kann aber auch Scheffer heißen. Ich werde mal Roesike fragen ... Sage mal, Roesike ...«

Und es war ersichtlich, daß er, mir zuliebe, seinen Freund, den Bäcker Roesike, wegen »Schaefer oder Scheffer« interpellieren wollte. Kam aber nicht dazu. Denn in eben diesem Augenblicke hatte sich der Schulvorsteher neben den Tisch des den Wahlakt leitenden alten Herrn aufgestellt und sagte – ein paar Schlagwörter sind mir im Gedächtnis geblieben – ungefähr das Folgende.

»Ja, meine Herren, was uns hergeführt hat ... wir sind hier in diesem weiten Raum versammelt, und es ist wohl jeder von uns davon durchdrungen. Und jeder dankt auch wohl Gott, daß wir ein Fürstengeschlecht haben wie das unsrige. Kein Land, das ein solches Geschlecht hat, und wir stehn zu ihm in Liebe und in Treue ... Aber, meine Herrn, nicht Roß, nicht Reisige ... Sie wissen, auch an dieser Stelle ist heldenmütig gekämpft worden, Bürgerblut ist geflossen, und der Sieg ist auf unserer Seite geblieben. Es handelt sich darum, diesen Sieg an unsre Fahne zu ketten. Und dazu bedürfen wir der richtigen Männer, die sich jeden Augenblick bewußt sind, daß das deutsche Gemüt einer Niedrigkeit nicht fähig ist. Und Verrat an unsren heiligsten Gütern ist Niedrigkeit. Unter uns, das weiß ich, ist niemand. Aber nicht alle denken und fühlen so, da sind ihrer noch viele, die der Freiheit nach dem Leben trachten. Mit Geierschnäbeln hacken sie danach. Ich bin deshalb für Anschluß an Frankreich und sehe Gefahr für Preußen in jenem Mann, der Polen eingesargt hat und unsre junge Freiheit nicht will. Also, meine Herren, Männer von verbürgter Königs-, aber zugleich auch von verbürgter Volkstreue: Jahn, Arndt, Boyen, Grolmann, vielleicht auch Pfuel. Die werden unsre Fahne hochhalten. Ich wähle Humboldt.«

Diese Rede wurde mit Beifallsgemurmel aufgenommen, und nur der Vorsitzende lächelte. Zu Widerlegungen sah er sich aber nicht gemüßigt, und so fiel mir Ärmsten denn die Aufgabe zu, dem einem allerhöchsten Ziele wild nachjagenden Schulvorsteher in die Zügel zu fallen. Sehr gegen meine Neigung. Ich war aber über dies öde wichtigtuerische Papelwerk aufrichtig indigniert und bemerkte dementsprechend mit einer gewissen übermutigen Emphase, »daß uns hier nicht zubestimmt sei, für die Hohenzollern oder für die Freiheit direkt Sorge zu tragen, sondern daß wir hier in der Gotteswelt weiter nichts zu tun hätten, als in unsrer Eigenschaft als bescheidene Urwähler einen bescheidenen Wahlmann zu wählen. All das andre käme nachher erst; da sei dann der Augenblick da, Preußen nach rechts oder nach links zu leiten. Hoffentlich nach links. Ich müßte deshalb auch darauf verzichten, Alexander von Humboldt an dieser Stelle meine Stimme zu geben, und wäre vielmehr für meinen Nachbar Bäcker Roesike, von dem ich wüßte, daß er ein allgemein geachteter Mann sei und in der ganzen Gegend die besten Semmeln hätte.«

Da zufällig kein andrer Bäcker zugegen war, so war man mit meinem Vorschlag allgemein einverstanden; aber Roesike selbst, allem Ehrgeiz fremd, wollte von seiner Wahl nichts wissen, schlug vielmehr in verbindlicher Revanche *mich* vor und als wir zehn Minuten später das Wahllokal verließen, war ich in der Tat *Wahlmann.*

Dies war mein Debüt auf dem Wollboden, zugleich erstes und letztes Auftreten als Politiker.

Am Abend eben dieses Tages ging ich nach Bethanien hinaus, um dort dem Pastor Schultz, mit dem ich, trotz weitgehendster politischer und kirchlicher Gegensätze, befreundet war, einen Besuch zu machen. Als ich draußen ankam, sah ich an den im Vorflur an verschiedenen Riegeln und Haken hängenden Hüten und Sommerüberziehern, daß drinnen im Schultzschen Wohnzimmer Besuch sein müsse. Das war mir nicht angenehm. Aber was half es, und so trat ich denn ein. Um einen großen runden Tisch herum saßen sechs oder sieben Herren, lauter Pommersche von Adel, unter ihnen ein Senfft-Pilsach, ein Kleist, ein Dewitz. Aus ein paar Worten, die gerade fielen, als ich eintrat, konnt ich unschwer heraushören, daß man über die Wahlen sprach und sich darüber mokierte. Schultz, sonst ein sehr ernster Mann – zu ernst –, war der ausgelassenste von allen, und als er mich von der Tür her meine Verbeugung gegen die Herren machen sah, rief er mir übermütig zu: »Was führt dich her! Du bist am Ende Wahlmann geworden.«

Ich nickte.

»Natürlich. So siehst du auch gerade aus.«

Alles lachte, und ich hielt es für das klügste, mit einzustimmen, trotzdem ich, ein bißchen ingrimmig in meiner Seele, das eitle Gefühl hatte: »Lieber Schultz, mit *dir* nehm ich es auch noch auf.«

Fünftes Kapitel

Nachspiel. Berlin im Mai und Juni ’48

Ich habe, voraufgehend, von meiner Wahlmannschaft und einer gleichzeitigen oratorischen Leistung auf dem in der Neuen Königsstraße gelegenen Wollboden als von meinem »ersten und letzten Auftreten als Politiker« gesprochen. Es war das auch im wesentlichen richtig. Ich habe jedoch hinzuzufügen, daß diesem »ersten und letzten Auftreten« noch ein mit zur Sache gehöriges *Nachspiel* folgte. Dies Nachspiel waren die Wahlmännerversammlungen behufs Wahl eines Abgeordneten. Auf dem Wollboden in der Neuen Königsstraße war ich gewählt *worden,* im Konzertsaale des Königlichen Schauspielhauses, wo die Wahlmännerversammlungen stattfanden, *hatte* ich zu wählen oder mich wenigstens an den Beratungen zu beteiligen. Das tat ich denn auch, und ich zähle die Stunden, in denen diese Beratungen stattfanden, zu meinen allerglücklichsten. Es war alles voll Leben und Interesse, wenn auch, aufs eigentlich Politische hin angesehen, jeder moderne Parlamentarier sich schaudernd davon abwenden würde. Gerade von den besten Männern wurden Dinge gesprochen, die kaum in irgendwelcher Beziehung zu dem dort zu Verhandelnden standen, aber so sonderbar und oft das Komische streifend diese spontan abgegebenen und sehr »in die Fichten« gehenden Schüsse wirkten, so war doch in diesen dilettantischen Expektorationen immer »was drin«. So sprach einmal der alte General *Reyher* – Chef des Großen Generalstabes und Vorgänger Moltkes, welcher letztere sich später oft dankbar zu diesem seinem Lehrer bekannt hat – und legte ganz kurz ein politisches, mit Rücksicht auf die Dinge, zu deren Erledigung wir versammelt waren, völlig zweckloses Glaubensbekenntnis ab. Es machte aber doch einen großen Eindruck auf mich, einen alten würdigen General sich freimütig zu seinem König und zur Armee bekennen zu hören. Denn von derlei Dingen hörte man damals wenig. Und dann, ich glaube, es war an demselben Tage, schritt der alte *Jakob Grimm* auf das Podium zu, der wundervolle Charakterkopf – ähnlich wie der Kopf Mommsens sich dem Gedächtnis einprägend –, von langem schneeweißem

Haar umleuchtet, und sprach irgend etwas von Deutschland, etwas ganz Allgemeines, das ihm, in jeder richtigen politischen Versammlung, den Ruf: »Zur Sache!« eingetragen haben würde. Dieser Ruf unterblieb aber, denn jeder war betroffen und gerührt von dem Anblick und fühlte, wie weit ab das alles auch liegen mochte, daß man ihm folgen müsse, wollend oder nicht.

Das waren so zwei glänzende. mir durch alle Zeit hin in Erinnerung gebliebene Gestalten, während die meisten freilich nur Schwätzer und Nullen waren, ein paar auch sogar Hochstapler. Ich kenne noch ganz gut ihre Namen, aber ich werde mich hüten, sie hier zu nennen.

Wie lange diese Sitzungen dauerten, weiß ich nicht mehr; ich weiß nur, daß alles, was ich erlebte, mich tagtäglich beglückte: der schöne Saal, das herrliche Wetter – wie's ein Hohenzollernwetter gibt, so gibt es auch ein Revolutionswetter –, der Verkehr, das Geplauder. Eine Befangenheit, zu der ich sonst wohl neige, kam nicht auf, weil niemand da war – selbst die Besten mit eingerechnet, denen dann eben wieder das Politische fehlte –, der mir hätte imponieren können. Von meiner Unausreichendheit, meinem Nichtwissen tief durchdrungen, sah ich doch deutlich, daß, kaum zu glauben, das Nichtwissen der andern womöglich noch größer war als das meinige. So war ich bescheiden und unbescheiden zugleich.

Eines Tages, als ich aus einer dieser immer den halben Tag wegnehmenden Sitzungen nach meiner Neuen Königsstraße zurückkehrte, fand ich daselbst ein Billet vor, dessen Aufschrift ich rasch entnahm, daß es von meinem Freunde, dem schon im vorigen Kapitel genannten Pastor Schultz in Bethanien, herrühren müsse. So war es denn auch. Er fragte ganz kurz bei mir an, ob ich vielleicht bereit sei, die pharmazeutisch-wissenschaftliche Ausbildung zweier bethanischer Schwestern zu übernehmen, da man gewillt sei, den bethanischen Apothekendienst in die Hände von Diakonissinnen zu legen. Im

Falle dieser, sein Antrag mir passe, wär es erwünscht, wenn ich baldmöglichst in die betreffende Stellung einträte. Das war eine ungeheure Freude. Auskömmliches Gehalt, freie Wohnung und Verpflegung, alles wurde mir geboten, und ich antwortete, daß ich »nicht nur dankbarst akzeptierte, sondern auch der Hoffnung lebte, mich aus meiner gegenwärtigen Stellung sehr bald loslösen zu können«. Gleich am andern Morgen trug ich dementsprechend mein Anliegen meiner Prinzipalität vor und begegnete keiner Schwierigkeit. Eigentlich war man wohl froh, und auch mit Recht, mich loszuwerden, denn solchen »Politiker« um sich zu haben, der jeden Tag ins Schauspielhaus lief, um dort pro patria zu beraten, und bei dem außerdem noch die Möglichkeit einer plötzlichen Verbrüderung mit dem Blusenmann Siegrist nicht ausgeschlossen schien, hatte was Bedrückliches, ganz abgesehn von den nächstliegenden geschäftlichen Unbequemlichkeiten, die mein beständiges »sich auf Urlaub Befinden« mit sich brachte.

So kam es denn, daß ich schon im Juni höchst vergnüglich nach Bethanien hin übersiedelte, nur ein ganz klein wenig bedrückt durch die Vorstellung, daß mir vielleicht ein »Singen in einem höheren Ton« dort zugemutet werden könnte. Sonderbarerweise aber hat es sich für mich immer so getroffen, daß ich unter Muckern, Orthodoxen und Pietisten, desgleichen auch unter Adligen von der junkerlichsten Observanz, meine angenehmsten Tage verlebt habe. Jedenfalls keine unangenehmen.

Nachrevolution:
ICH HAB ES RECHTS UND LINKS UND IN DER MITTE VERSUCHT

Kein Mensch zwingt sein Schicksal und auch die Genies nicht; wenn uns was glückt, so denken wir, wunder! was wir für Kerle sind, und doch sind wir nur Lieblingspuppen in der großen Lenkerhand.

Th. F.

LEBENSWEGE

Fünfzig Jahre werden es ehstens sein,
Da trat ich in meinen ersten »Verein«.
Natürlich Dichter. Blutjunge Ware:
Studenten, Leutnants, Refrendare.
Rang gab's nicht, *den* verlieh das »Gedicht«,
Und *ich* war ein kleines Kirchenlicht.

So stand es, als Anno vierzig wir schrieben,
Aber ach, wo bist du, Sonne, geblieben?
Ich bin noch immer, was damals ich war,
Ein Lichtlein auf demselben Altar;
Aus den Leutnants aber und Studenten
Wurden Gen'räle und Chefpräsidenten.

Und mitunter, auf stillem Tiergartenpfade,
Bei »Kön'gin Luise« trifft man sich grade.

»Nun, lieber F., noch immer bei Wege?«
»Gott sei Dank, Exzellenz ... Trotz
Nackenschläge ...«

»Kenn ich, kenn ich. Das Leben ist flau ...
Grüßen Sie Ihre liebe Frau.«

Im April 1849 schreibt Fontane an seinen Freund Bernhard von Lepel:

(...) Was die Vorgänge in der politischen Welt angeht, so wird mir's immer klarer, daß wir um die Guillotine nicht drum rumkommen; es muß erst aufgeräumt werden, eh es besser werden kann; die Köpfe, die zu hart sind, müssen fallen; die Pöbelherrschaft ist die Brücke, über die wir fort müssen. Ich ersehne sie nicht, ich rufe sie nicht, aber sie wird kommen, und wir Fortschrittsmänner, die's allezeit gut gemeint haben und deren Ansichten auch zuletzt die geltenden und dauernden sein werden, wir Ärmsten werden inzwischen von den Septemberbriseurs als rote Reaktionäre gehangen werden.

Die Antwort des Königs ist so unglaublich, daß der Gedanke in mir lebt: Was aus dem König spricht und handelt, ist nicht *er*, sondern sein Verhängnis. Ein *freier* Mann, ein *König*, ein Haupt, das seinem bösen Schicksal noch nicht verfallen ist, konnte *so* nicht sprechen. Wohin soll und wird es führen!

(...) Ich komme erst wieder zu mir, wenn ich verheiratet bin. Teils ist mir die Liebe eines Weibes wahrhaftiges Bedürfnis für Leib und Seele, teils muß ich der Frage überhoben sein, die ich, aus Liebe zu meiner Braut, tagtäglich an mich richte: Nun, wie lange dauert's noch? Nimmt dies Warten kein Ende? Wird dieser Wunsch erfüllt oder jene Hoffnung betrogen werden? Ein Mädchen verlobt sich doch nicht, um eine altjüngferliche Braut zu werden, und wenn die Meinige auch Gott sei Dank zart genug ist, mich mit solchen Anfragen nicht zu quälen, so weiß man doch am Ende, was in solchem Herzen vorgeht und was dieser und jener Blick zu bedeuten hat.

Ich hätte in der Tat nicht den Mut, auf ein halb Jahr in die weite Welt zu gehn und Stoffe zu sammeln, während das Mädchen, das ich zu lieben vorgebe, das vierte Jahr schwinden sieht, ohne dem Ziele näher zu sein wie am ersten Tage. Man muß dann wenigstens gemeinschaftlich tragen; aber zu lachen und Terzinen zu bau'n, während ein liebendes Herz weint und bricht, das geht nicht.

Ich habe jetzt mal wieder den Plan, fürs liebe Geld zu schreiben, nicht um große Summen dabei einzustreichen – nein, so sanguinisch rechne ich nicht mehr –, nur um meine Einnahmen in etwas zu verbessern. Hätte mich nicht eine unglaubliche Leistungsfähigkeit, da wo sie füglicherweise zu entbehren wäre, in diese Geldkalamitäten gestürzt, so würd ich auf solche Korrespondenten- oder Übersetzergelüste wahrlich gar nicht gekommen sein, so aber will ich mich doch ein wenig umtun. Vielleicht kannst Du mir dabei auch behilflich sein, ich würde nämlich noch lieber im Deutschen, Englischen, Geographie und namentlich Geschichte Privatstunden geben (...).

Dem eben erwähnten Mädchen, das »das vierte Jahr schwinden sieht, ohne dem Ziele näher zu sein wie am ersten Tage«, sendet Fontane Ostern 1949 ein Gedicht. Und das, was der enttäuschte, gewandelte, ernüchterte Märzkämpfer an seine Verlobte Emilie schreibt, läßt ahnen: Alle mögliche Liebe zur Wahrheit von Gesellschaft und Geschichte schafft in der Welt wohl nie so viele Wunder wie eine einzige wahre Menschenliebe.

Meine liebe süße Emilie.

Du hast in vielen Stücken recht; drum schrieb ich auch am Karfreitag folgende Zeilen:

Herz, laß dies Zweifeln, laß dies Klauben,
Von dem das Beste selbst zerfällt,
Und wahre Dir den Rest von Glauben
An Gutes noch in dieser Welt.

Schau hin, auf eines Weibes Züge,
Das lächelnd auf den Säugling blickt,
Und fühl's, es ist nicht alles *Lüge,*
Was uns das Leben bringt und schickt.

Und Herze, willst du ganz genesen,
Sei immer wahr, sei immer rein;
Was wir in Welt und Menschen lesen,
Ist nur der eigne Widerschein.

Du bist nachsichtig gegen mich und hast für die schreckliche Krankheit meines Herzens, die doch am Ende mich selbst am meisten quält, stets ein Wort des Trostes. – Sieh, mein Herz, dann muß es doch am Ende anders mit mir werden, und ich werde dann so unbegrenzt in meinem Vertrauen sein wie jetzt wahnsinnig in meinem Argwohn. Rede mir zu, streichle mich, blicke mich fest und freundlich an – ach, Du kannst das alles auch mit Worten, wenn Du mir fern bist – tu es, und zu meiner Liebe gesellt sich mein wärmster Dank.

Ich will ein *Mann* sein, *Dein* Mann sein, und bitte Dich: behandle mich wie ein Kind. Wie bin ich Dir gegenüber doch ein andrer Mensch geworden! Jedes Liebeswort machte mich sonst lachen, und jetzt les ich die zärtlichsten Stellen Deiner Briefe oft zwanzigfach und klammre mich an sie wie an …

Fontane wird im Krankenhaus Bethanien zur pharmazeutischen Ausbildung zweier Diakonissinnen angestellt. Nach Verlust dieser Stelle gibt er den Apothekerberuf auf und wird freier Schriftsteller. Über sein erstes Jahr als freier Autor schreibt er:

Fünfviertel Jahre verblieb ich in Bethanien. Als es damit auf die Neige ging, trat ernsthafter denn je zuvor die Frage an mich heran: »Ja, was nun?« (…) Was also tun? In einen elenden Durchschnittskasten mit schlechter Luft und schlechtem Bett wieder hineinkriechen, bei Tisch ein zähes Stück Fleisch herunterzukauen und den Tag über allerlei Kompaniechirurgenwitze ... die's damals noch gab – mit anhören zu müssen, all das hatte was geradezu Schaudervolles für mich, und nach ernstlichem Erwägen kam ich endlich zu dem Schluß: es sei das Beste für mich, den ganzen Kram an den Nagel zu hängen und mich, auf jede Gefahr hin, auf die eignen zwei Beine zu stellen. Daß eine solche da sei, darüber war mir kein Zweifel, ja, diese Gefahr stand mir so klar, so deutlich vor der Seele, daß ich mich davor gehütet haben würde, wenn irgendwie für mich ein Ende dieses immer langweiliger werdenden Umherfechtens abzusehen gewesen wäre. Das war aber nicht der Fall. Ohne jede Schwarzseherei mußt' ich mir vielmehr das Umgekehrte sagen, und so war denn der Entschluß berechtigt: »Gib es auf; schlechter kann es nicht werden.« Nicht Leichtsinn oder Großmannssucht war für mich das Bestimmende, sondern einfach Zwang und Drang der Verhältnisse, nüchternstes Erwägen, und so nahm ich denn meine sieben Sachen und übersiedelte nach einer in der Luisenstraße gemieteten, an einer hervorragend prosaischen Stelle gelegenen Wohnung, dicht neben mir die Charité, gegenüber die Tierarzneischule. Mein Dreitreppenhochzimmer hatte natürlich jenes bekannte Seegrassofa, dessen schwarzgeblümter und außerdem stachliger Wollstoff nur deshalb nicht mehr stach, weil schon so viele drauf gelegen hatten. Die Wirtin war ein Mustertyp der damaligen Berliner Philöse: blaß, kränklich, schmuddlig und verhungert. Über mir, auf dem Boden, war noch eine Mansardenstube, drin ganz arme Leute wohnten, die, wenn ich arbeiten wollte, gerade ihr Holz spellten, um aus einem Scheit ein Dutzend zu machen. Es waren aber gute Menschen, denn als ich ihnen sagte: »Das Holzspellen führe mir immer so in den Kopf«, ließen sie's, ein Fall, den ich als einzig dastehend in meinen Berliner Mietserfahrungen, hier doch notieren muß. Der richtige Berliner klopft dann erst recht. »Was der sich einbildet ...«

Luisenstraße, gegenüber der Tierarzneischule – da hab' ich ein Jahr zugebracht, das erste Jahr in meiner neuen Schriftsteller-Laufbahn. Und wenn ich dann bedenke, wie bang und sorgenvoll ich mich am ersten Tag in die Seegrassofaecke hineindrückte, so muß ich das in dieser elenden Chambre gar nie verbrachte Jahr ein vergleichsweise glückliches nennen. Ich war sehr fleißig und schlug mich durch. Wie – weiß ich nicht mehr recht. Denn was ich einnahm, war begreiflicherweise sehr gering, weil ich davon nicht ablassen wollte, mein literarisches Leben auf den »Vers« zu stellen. (...) Ich war in jenen Tagen in Beziehungen zur Firma Cotta getreten, in deren »Morgenblatt« meine Gedichte vom alten Derfflinger, dem alten Zieten usw. und bald danach auch meine Romanzen »Von der schönen Rosamunde« veröffentlicht worden waren, und als sich um ein geringes später ein paar mutige Männer fanden, die nicht bloß diese vorgenannten Sachen, sondern auch noch andere kleine Dichtungen als Buch herauszugeben gedachten, war ich obenauf, besuchte meine damals in Schlesien im Kreise von Verwandten lebende Braut, überreichte ihr das ihr gewidmete Buch und versicherte ihr, »die schönen Tage meiner Aranjuez seien nicht wie gewöhnlich vorüber, sondern brächen jetzt an«. Ein ungläubiges Lächeln störte mich nicht, und ich kehrte guter Dinge nach Berlin zurück. Es ging hier auch alles zu meiner leidlichen Zufriedenheit weiter, bis der unglückliche Ausgang der Schlacht bei Idstedt mich mit einem Male aus meinem stillen und relativ glücklichen Tun und Treiben herausriß (...)

Ich war ganz niedergeschmettert, und etliche Tage danach befand ich mich auf dem Wege nach Kiel, um in eins der regelrechten Bataillone einzutreten. (...) Gleich nach meinem Eintreffen in Altona, wo ich Station gemacht und im Hause eines kleinen holsteinischen Schulmeisters Quartier genommen hatte, traf mich ein mir aus Berlin nachgeschickter Brief mit Amtssiegel. Solche großgesiegelten Schriftstücke haben immer etwas Ängstliches für mich gehabt, und ich überlegte, was ich verbrochen haben könnte. Zuletzt aber half kein Zögern und ich erbrach das Schreiben. Es enthielt die Mitteilung seitens meines väterlichen Freundes und Gönners W. von Merckel, daß ich im sogenannten »Literarischen Bureau« des Ministeriums des Innern eine diätarische Anstellung gefunden hätte. Das war eine große Sache. Der Mensch bleibt ein Egoist. Idstedt hatte mich aufrichtig erschüttert, und das Schicksal der beiden »Ungedeelten« lag mir nicht bloß redensartlich am Herzen; aber in diesem Augenblick siegte doch das Ich über das Allgemeine.

An Bernhard von Lepel schreibt Fontane am 5. Oktober 1849:

Da sitz ich denn wieder, und koste die Reize des Chambre garnie (möbliertes Zimmer). Die knarrende Bettstelle, die mitleidsvoll aus den Fugen geht, um einer obdachlosen Wanzenfamilie ein Unterkommen zu bieten, der wankelmütige Nachttisch, das gevierteilte Handtuch, die stereotypen Schildereien: Kaiser Nikolaus und Christus am Kreuz, alles ist wieder da, mir Auge und Herz zu erquicken. Oh, es ist schön!

Kannst Du mir nicht sagen, mein lieber Lepel, warum ich zu gar nichts komme? Ich mache so geringe Ansprüche, und doch – selbst das Kleinste wird mir verweigert. 400 Taler, worauf mit Recht der Spruch erfunden ist: »Zum Leben zuwenig, zum Sterben zuviel«, ersehne ich nun schon seit Jahr und Tag, und obschon ich gar nicht wählerisch bin, obschon ich *all und jede* Subalternstellung, die nicht besondre Fachkenntnisse erheischt, mit Freuden annehmen würde, dennoch ist es nicht möglich, auch nur ein solches Minimum zu ergattern. Es gibt mehr denn 2 Dutzend Posten, zu denen ich nicht schlechter wie andre Menschenkinder zu verwenden wäre. Geschäftsführer einer Apotheke, Eisenbahnbeamter, Sekretär, Kalkulator, Registrator, Lehrer in Chemie, Geographie und Geschichte, Konstabler-Wachtmeister, Redakteur einer gesinnungslosen Zeitschrift, ministerieller Zeitungsleser und Berichterstatter, Billeteur eines Theaters, Bücher-Croupier in der Königl. Bibliothek und noch hundert andre Dinge könnt ich so gut werden wie alle die Hinze und Kunze, denen das Glück des Lebens, in Gestalt von 400 Talern, so reichlich zufließt. Sage mir, Lepel, woran liegt es? Greife nicht zu dem alten, billig gewordenen Witze: »Weil du zu allem taugst, taugst du zu gar nichts«, nein, das bestreit ich allen Ernstes; ich habe in all den Stellungen, die mir bisher meinen Bissen Brot gewährten, wenn auch schweren Herzens, doch immer meine Pflicht erfüllt, und ich würd es wieder tun, gleichviel, an welchen Platz auch man mich ferner stellen möchte. Der langen Rede kurzer Sinn ist der: Lepel, Freund, steige wieder auf die Warte und schau aus, ob Du nicht in nah oder fern ein Plätzchen entdeckst, eine »kleinste Hütte, in der Raum ist für ein glücklich liebend Paar«, natürlich mit nicht allzuviel Arbeit, vor allem aber mit den unerläßlichen 400 Talern jährlich. – Du lächelst vielleicht, während Du das Vorstehende liest; lächelte ich doch, während ich's schrieb, und doch hat das alles eine sehr, sehr ernste Seite, und es ist mir gar nicht so bloß Spaß damit. Mir ist *dies* Junggesellenleben, wie ich es zu führen nun wiederum verdammt bin, ganz gründlich zuwider, und ich sehne mich nach einem Herd, sei er auch so klein, um nur gerade ein Töpfchen Kartoffeln dran kochen zu können. Man wird ja alt; wie lange noch, so ist es aus guten Gründen auch mit der Chambre-garnie-Herrlichkeit wieder vorbei, und der Ladentisch, jenes schrecklichste »6 Bretter und

2 Brettchen«, wird wieder meine Welt. Es heißt zwar immer: »Arbeit schändet nicht«, und namentlich solche, die immer auf dem Sofa gelegen haben, sind sehr freigebig mit diesem Trost, aber rufe Dir mal meine ganze Wesenheit vor die Seele und frage Dich dann, was ich empfinden muß, wenn ich dem Lehrling zurufe: »Sputen Sie sich! Wiegen Sie genau! Denken Sie, die China-Pomade kostet dem Herrn X. Y. kein Geld? Mein Gott, lassen Sie doch das schöne Kind nicht so lange warten; Sie sehen ja, sie hat Eile.« Darauf ergreif ich in heiligem Eifer selbst die Pomadenbüchse, wickle mit einer zarten Bemerkung die Salbe in doppeltes Papier und überreiche irgendwelchem Saumensch, die abends hinter den Haustüren abgeknutscht wird, pfiffig lächelnd, ihre Haarschmiere. Und dabei: *Streben nach Unsterblichkeit.* Wahrlich, der Platensche Nimmermann, der auf dem Nachtstuhl Tragödien macht, ist an Lächerlichkeit ein Quark dagegen.

Und es könnte alles anders ein! Sieh, das verbittert mich, jetzt, zu Zeiten, bis ins tiefste Herz. Der Egoismus meines Vaters, der immer Geld hatte für Wein und Spiel, und nie für Erziehung und Zukunft seiner Kinder, hat schlimme Frucht getragen. Man ließ mich Apotheker werden, weil man das Geld verprassen wollte, was zur Ausbildung der Kinder hätte verwendet werden müssen, und jetzt, wo sich die Reue darüber leise im Herzen regt, ist es zu spät; die Not ist das, der Bankrott bricht herein – jetzt *kann* niemand mehr helfen. – Ich habe von Haus sehr trübe Nachrichten, die wenig geeignet sind, mich frei und froh in die Zukunft blicken zu lassen.

(…)

Ein Brief an Gustav Schwab bringt die wieder einmal traurige Zwischenbilanz auf den Punkt. »Von meiner Feder leben kann ich weder, noch will ich es; auch glaub ich, es sind nicht die Schlechtesten, die dieses ehrliche

Geständnis ablegen.« So heißt es in dem Brief vom 18. April 1850.

(...) Ich bin dreißig Jahre alt, im märkischen Sande geboren, an der Ostsee großgezogen und meines Standes – Apotheker. Warum ich das bin? Mein Vater sprach: »Car tel est notre plaisir« (Denn dies ist unser Wille); zudem war er selbst Apotheker; ein andrer Grund liegt nicht vor. Mit sechzehn Jahren trat ich in die Lehre; mein Lehrherr war human; meine eigensten Neigungen stießen nicht geradezu auf Widerstand, so hielt ich aus. Zwanzig Jahre alt, kam ich nach Leipzig; mit jener nur der Jugend eigenen Unverwüstlichkeit setzte ich es durch, bei Tage Geschäftsmann, bei Nacht ein Mittelding von Student und Literat zu sein. Burschenschafter sowie Schriftsteller siebenten Ranges wurden mein Umgang. Zahlungsunfähige Buchhändler standen im Hintergrunde und tauschten gegen jammervolle Schmeicheleien wahre Massen von pathetischen Freiheitsgedichten ein. Einer, mein besondrer Protektor, bot mir die Redaktion eines belletristischen Blattes an, und ich, ehrlich genug, um auch andre für ehrlich zu halten, schlug ein, kündigte meine Stellung und war fest entschlossen, wie fast jeder Zweiundzwanzigjährige, der das Leipziger Pflaster tritt, »unter die Literaten zu gehn«. Gnädige Götter hatten es anders bestimmt. Mein Protektor war ein Lump und brach sein Wort; ich bin ihm dankbar dafür. Augenblicklich freilich war die Verlegenheit groß. Wiedereintreten in eine eben aufgegebene Stellung, das ließ ein verzeihlicher Dünkel nicht zu; was war zu tun? Ich beschloß, Medizin zu studieren, kehrte ins elterliche Haus zurück und saß zur Absolvierung des Abiturientenexamens emsig über Cicero und Tacitus, Mathematik und Algebra, nur dann und wann einen Blick in »Hamlet« oder »Macbeth« werfend, um meine gelangweilte Seele an andrer Speise zu erquicken. Wohl möglich, daß jetzt bereits »Doktor, praktischer Arzt und

Geburtshelfer« an meinem Klingelschilde stünde, wenn mich nicht das Gesetz allgemeiner Wehrpflichtigkeit beim Schopf genommen und in ein Garderegiment gesteckt hätte. Diese Unterbrechung meiner Studien entschied über mein Studium überhaupt. Ich gab alles weitre Ankämpfen gegen mein Schicksal auf und beschloß, reumütig in die Arme der edlen Apothekerkunst zurückzukehren. – Mit diesem Entschlusse wurde mir eine Ruhe zuteil, die bald anfing, auf meine poetischen Arbeiten den besten Einfluß zu üben. Eine trotz meiner Grenadierschaft nach England unternommene Reise kam dazu; ich sah und erlebte was, und allmählich alles bloße Pathos über Bord werfend, brachte ich es endlich bis zu wirklichen Gedichten. (...)

Doch ich werde zu breit; faß ich die letzten 5 Jahre kurz zusammen. Ich habe sie mit Rezept- und Versemachen ehrlich hingebracht. Wurde mir's mit dem tag- und nachtgequälten Leben in der Apotheke zu viel, so ging ich ein Vierteljahr aufs Land, und die in der Stadt aufgespeicherten Stoffe vornehmend, war ich im Hause meiner Eltern und Freunde ein gern gesehener Gast. Es kamen freilich auch trübe, *sehr* trübe Stunden, und der heimatliche Boden wäre schwerlich noch unter meinen Füßen, wenn ich nicht inzwischen mich verlobt und aus inniger Liebe zu meiner Braut jeden übereilten Schritt unterlassen hätte.

So liegen die Sachen noch. Ich habe längst erkannt, daß es sich um das *Sein* und nicht ums *Scheinen* handelt. Der Hochmut ist jetzt ferne von mir, über den Apotheker hinauszuwollen. Aber es geht auch damit nicht: meine Vermögenslosigkeit macht mir den Ankauf einer Apotheke unmöglich, so daß ich, nachgerade den Hafen ersehnend, angefangen habe, mich nach andrem umzutun. (...) Mein Streben geht nach einer subalternen Stellung im Unterrichtsministerium. Trügen meine Aussichten wieder, so sei es drum; ich bin seit Jahren daran gewöhnt, meine Hoffnungen hinauszutragen. (...)

Für den Oktober 1850 macht Fontane seiner Emilie den Vorschlag zur Hochzeit.

In der Antwort meiner Braut hieß es: »Also Oktober! Alle Verwandten, wie Du Dir denken kannst, haben lange Gesichter gemacht; aber niemand hat zu widersprechen oder auch nur abzuraten gewagt.« Hinzugefügt war seitens meiner Braut, daß sie demnächst nach Berlin kommen, eine Wohnung mieten und unseren »trousseau« beschaffen werde.

Das geschah denn auch (...).

Der 16. Oktober wurde von uns als Hochzeitstag angesetzt (...), und als wir nah an diesen Tag heran waren, gingen wir zu Konsistorialrat Fournier, meinem alten Gönner aus Konfirmandentagen her, mit der Bitte, uns trauen zu wollen. (...)

Am 15. Oktober war Polterabend gewesen, am 16. war Hochzeit. Ich habe viele hübsche Hochzeiten mitgemacht, aber keine hübschere als meine eigene. Da wir nur wenig Personen waren, etwa zwanzig, so hatten wir uns auch ein ganz kleines Hochzeitslokal ausgesucht, und zwar ein Lokal in der Bellevuestraße – schräg gegenüber dem jetzigen Wilhelmsgymnasium –, das »Bei Georges« hieß und sich wegen seiner »Spargel und Kalbskoteletts« bei dem vormärzlichen Berliner eines großen Ansehens erfreute. Dem Gastmahl voraus ging natürlich die Trauung, die zu zwei Uhr in der Fournierschen Kirche, Klosterstraße, festgesetzt worden war. Alles hatte sich rechtzeitig in der Sakristei versammelt, nur mein Vater fehlte noch und kam auch wirklich um eine halbe Stunde zu spät. Wir waren, um Fourniers willen, in einer tödlichen Verlegenheit. Er aber, ganz feiner Mann, blieb durchaus ruhig und heiter und sagte nur zu meiner Braut: »Es ist vielleicht von Vorbedeutung – Sie sollen warten lernen.«

Und nun waren wir getraut und fuhren in unserer Kutsche zu »Georges«, wo in einem kleinen Hintersaal, der den Blick auf einen Garten hatte, gedeckt war. Eine Balkontür stand auf, denn es war ein wunderschöner Tag. Draußen flogen noch die Vögel hin und her, aber es waren wohl bloß Sperlinge.

Das Arrangement hatten wir Wilhelm Spreetz überlassen. Wilhelm Spreetz, ein behäbiger Herr von Mitte Dreißig, war Oberkellner im *Café national* hinter der Katholischen Kirche, dem Lokal also, drin wir seit einer ganzen Reihe von Jahren unsere Tunnelsitzungen hatten. Bei diesen Sitzungen uns zu bedienen, war der Stolz unseres literarisch etwas angekränkelten Wilhelm Spreetz, und als er davon hörte, daß ich Hochzeit machen wollte, bat er darum, dabeisein und, soweit das in einem fremden Lokale möglich, alles leiten zu dürfen. Eine Bitte, die ich, schon weil ich an die Macht freundlicher Hände glaube, mit tausend Freuden erfüllte.

(...) was mir noch lieber war, auch schon bloß um des Anblicks willen, das waren die Menschen, die die Tafel entlang saßen. Ich bin sehr für hübsche Gesichter, und fast alle waren hübsch, darunter viele südfranzösische Rasseköpfe. Doch verblieb der schließliche Sieg, wie das am 16. Oktober auch paßte, dem Deutschtum. Unter den Gästen waren nämlich auch Eggers und Heyse, deren Profile für Ideale galten und dafür auch gelten durften.

Schultz brachte sehr reizend den Toast auf das Brautpaar aus, und was das reizendste für mich war, war, daß ein Bräutigam nicht zu antworten braucht. Ich beschränkte mich auf Kuß und Händedruck und aß ruhig und ausgiebig weiter, was, wie ich gern glaube, einen ziemlich prosaischen Eindruck gemacht haben soll. Als mir Schultz eine Weile schmunzelnd zugesehen hatte, sagte er zu meiner Frau: »Liebe Emilie, wenn der so fortfährt, so wird seine Verpflegung Ihnen allerhand Schwierigkeiten machen.«

Diese Schwierigkeiten waren denn auch bald da: schon nach anderthalb Monaten flog meine ganze wirtschaftliche Grundlage, das »Literarische Bureau«, in die Luft.

Ich hatte, wie schon angedeutet, geglaubt, im Hafen zu sein, und war nun wieder auf stürmischer See. (...)

Es bleibe einem nichts übrig, so Fontane im Januar 1851 an Bernhard von Lepel, als sich mit dem Geist in die Vergangenheit und mit dem Herzen in den Freundes- und Familienkreis zu flüchten.

(...) das geschieht denn auch und geschehe immer mehr. Ich hab es rechts und links und in der Mitte versucht; die Tollheit der Extreme und die Schwächlichkeit (meiner Meinung nach freilich *unverschuldet*) des juste milieu ekeln einen an. Nicht jeder hat die Geduld eines Esels oder – Ehrenmanns; hols's der Teufel!

(...) Am 31sten v. M., als ich in der Schadowstraße No. 4 erschien, überraschte mich die Silvestergabe, daß das Kabinett aufgelöst und der Literat Th. Fontane an die Luft gesetzt sei. Eilig strich ich noch 40 Rtl. Diäten für den Monat Dezember ein und verschwand für immer aus den heiligen Hallen, in denen ich 5mal 4 Wochen Zeuge der Saucenbereitung gewesen war, mit welchen das lit. Kabinett das ausgekochte Rindfleisch Manteuffelscher Politik tagtäglich zu übergießen hatte. Gott sei Dank kann ich mir nachträglich das Zeugnis ausstellen, daß von meiner Seite kein Salz-, Senf- oder Pfefferkorn jemals zu der Schandbrühe beigesteuert worden ist. – Meine Frau, als ich ihr erklärte, daß nun jedes Hindernis beseitigt sei und das Hungern losgehn könne, kriegte natürlich einen kleinen Schreck; meine Beredsamkeit indes und der Hinweis auf vorläufig noch vorhandene 40 Rtl. beruhigten ihr geängstetes Gemüt, und es werden bald nun 8 Tage, daß sie das Unverschuldete mit Fassung trägt. Es versteht sich von selbst, daß meinerseits Schritte die Hülle und Fülle geschehn, um den

Schaden wieder auszuflicken; bis jetzt – wie sich wiederum von selbst versteht – ohne Erfolg. Vielleicht krieg ich eine kleine Stellung bei der Konstitutionellen Zeitung. – Ich muß bekennen, daß ich dem Zeitungskram am liebsten Lebewohl sagte und die nächsten 10 Jahre, das beste Teil unsrer Kraft, an eine *ordentliche* Arbeit setzte, aber was kümmern sich unsre Zeiten und unsere Menschen um ein Gedicht, selbst um ein *gutes* Gedicht. Sie meinen, es kann ungeschrieben bleiben, und es ist nichts dagegen zu sagen.

Man faselt immer von dem »sich Bahn brechen der Genies«; man lasse ein Genie hungern und es verquient ebenso wie der erste beste Flickschneider. Chatterton vergiftete sich, um nicht zu verhungern; Otway verhungerte wirklich. Kein Mensch zwingt sein Schicksal und auch die Genies nicht; wenn uns was glückt, so denken wir, Wunder! was wir für Kerle sind, und doch sind wir nur Lieblingspuppen in der großen Lenkerhand, die uns einen Flitter mehr anhängt und, um des Flitters willen, uns öfter über die Bühne führt. – Du wirst das Vorstehende nicht mißverstehn. Es soll damit gesagt sein: Wenn ein Genie nicht durchdringt, was ist dann erst von Talenten und Talentchen zu erwarten! Das höchste Maß der Kraft unterliegt im Kampf – was unsereins?! Glück, Glück!

»Vor Unwürdigem kann dich der Wille, der ernste, bewahren;

Alles Höchste, es kommt frei von den Göttern herab.«

Die klugen Leute, die da meinen, alles sei in unsre Hand gelegt und der Mensch *könne, was er wolle*, sie mögen das Gedicht eines gewissen Schiller lesen und sich bescheiden, meinetwegen auch beschei...en, wenn sie's nicht glauben wollen. Doch wozu all die Abgedroschenheiten! Räsonieren kannst Du selbst. (...)

Im November des gleichen Jahres, Sohn George Emile ist im August geboren, schreibt er an Lepel:

Da Du schwerlich, nach Vorbild des würdigen Zopfträgers Minckwitz, in den nächsten Wochen eine Ode »an der Wiege meines Kindes« schreiben, am wenigstens aber die Minckwitzschen Maße und Ausdrücke dabei verwenden wirst, so bitt ich Dich um umgehende Übersendung des großen Prosodikers, i. e. seines Buches. Ich habe nämlich, unter anderm, auch Unterricht in der Metrik zu erteilen und möchte mich zu dem Zweck in den Sätteln der Antike (drin ich noch nicht geritten) gerecht machen. Es hat aber Eil.

Da ich bei Dir ein warmes Interesse an meinen Schicksalen voraussetzen darf, so erfahre denn, daß es mir, pekuniär, seit 8 Tagen ganz leidlich geht: Ich erteile Unterricht im Deutschen, Geschichte und Geographie, und wiewohl das, vor der Hand kaum täglich 8 Ggr. abwirft, so ist's doch eben ein Anfang, und hab ich Zusicherungen seitens des Schulrats Bormann in Händen, die mir mehr in Aussicht stellen. Eben wollt ich dieser Tirailleur-Notiz das Gros meiner Börsennachrichten folgen lassen, als mir noch rechtzeitig einfällt, daß ich Dir bereits die Anzeige von meinem »Geworbensein« (um kein schlimmres Wort zu gebrauchen) gemacht habe. Ich kann Dir aufs Wort versichern, daß ich dieser 30 Rtl. nicht froh werde und ein Gefühl im Leibe habe, als hätt ich gestohlen. Meine Handelsweise entspricht zwar den Diebstählen aus Not, es ist das Sechserbrot, das der Hungrige aus dem Scharren nimmt – aber es ist immer gestohlen. Wie ich's drehn und deuteln mag – es ist und bleibt Lüge, Verrat, Gemeinheit. Die Absolution, die mir die hündische Verworfenheit dieser Welt und *dieser Zeit* angedeihn läßt, kann mir nicht genügen. Der feiste Ernst Schultze sprach zu seiner Frau: »Jotte doch, das bißchen Überzeugungsopfer; da müssen andre Leute ganz andre Geschichten opfern!« Schreibtafel her!, ruft

Hamlet. Wenn unsre Zeit mal eine Überschrift braucht, so bitt ich diesen großen Worten zu ihrem Recht zu verhelfen. Und das Volk will Freiheit, will Republik! Vivat Louis Schneider! Er hat recht: Uns frommt nur noch die Knute.

Ich sehne mich nach wie vor aus diesen Verhältnissen, ich glaube fast aus diesem Volk und Lande heraus, kommt es mal zum Scheiden, so scheid ich leichten Herzens, ein warmes Gefühl hab ich nur für meine alte Mutter und für Dich. Aber auch mit Dir groll und zürn ich; Du bist auch nicht der Kerl, an dem man sich aufrichten und erquicken könnte, Dir sieht auch diese arme, impotente Zeit aus den Augen; man kommt dahin, sich nach den Verbrechen finstrer Jahrhunderte zurückzusehnen, es war doch was damit; heutzutag aber ist alles matt wie die Limonade in »Kabale und Liebe«, matt wie die Liebe selbst. (..)

Die Verhältnisse haben den Schriftsteller »ausgetrocknet«. An Wilhelm Wolfsohn schreibt er am 21. Januar 1852:

(...) Ich habe sehr traurige Monate zugebracht und so recht kennengelernt, entweder wie schwer es überhaupt ist, auch nur das bescheidenste Brot zu finden, oder aber wie wenig Leute es gibt, die bereit sind, es einem suchen zu helfen. Freilich darf ich mit Freude und Genugtuung hinzufügen, daß meine eigentlichen Freunde (Lepel an der Spitze) sich mit wahrer Generosität gegen mich benommen haben, aber solche Rettungsmittel von heut auf morgen frommten mir verhältnismäßig wenig, und wo es galt, den Einfluß Fernerstehender (die mir meine Verse oft genug gelobt und mich ein liebenswürdiges Menschenkind genannt hatten) geltend zu machen, da waren die Maul-Mäzene, die da glaubten, mit ihrer Tee-Lurke und ihren häßlichen Töchtern alles abgemacht zu haben, niemals zu Hause. Hol die Pest alle feigen Memmen – der Himmel aber bewahre jeden ehrlichen Menschen vor Bittstellerei, Antichambrieren und Bedientengesichtern.

Auf welche Weise ich mich schließlich aus der Affaire gezogen habe, das möge einem zweiten Briefe vorbehalten bleiben. Für heute nur die Mitteilung, daß ich seit November v. J. wenigstens wieder zu essen habe, wenn auch nicht allzuviel. Am 14. August, just im höchsten Hunger-Stadium, ward mir ein kleiner Junge geboren, ein liebenswürdiges, reizendes Kind, das kein Mensch, mit Ausnahme seiner Eltern, schön finden will – diese aber doppelt und dreifach. Würmchen heißt George Emile. Den Namen »Theodor« verweigerte ich, trotz Bitten meiner Frau, mit Beharrlichkeit, da ich meinen Ruhm auch mit meinem Erstgebornen nicht teilen will. Mag er selbst dafür sorgen, vielleicht als Staatsmann oder Feldherr.

Wend ich mich vor Tores Schluß wieder zu Dir. Ich sehe binnen kürzester Zeit detaillierten Mitteilungen (ich kann nicht mal die *Fragen* aufschreiben, sie würden einen Brief füllen) von Dir entgegen; leicht möglich, daß ich mit einem Besuche (freilich dann allein, da meine Frau das Kind nicht verlassen kann) darauf antworte. Leider ist es mir versagt, der Einladung eine Einladung folgen zu lassen, denn der beste Teil unserer Wohnung (Luisenstraße No. 35) ist Chambre garnie vermietet, und nur zwei Zimmerchen sind zu unsrer Verfügung. Leider bleibt mir nicht einmal der Trost beßrer Zeiten; ich muß Gott danken, wenn es bleibt, wie's ist. (...)

DREHRAD

Heute, Sonntag, hat einer ein Lied gedichtet,
Morgen, Montag, wird wer hingerichtet,
Dienstag verdirbt sich ein Prinz den Magen,
Mittwoch wird eine Schlacht geschlagen,
Donnerstag habe ich Skatpartie,
Freitag stirbt ein Kraftgenie,
Samstag wird überall eingebrochen,
Und so geht es durch viele Wochen:
Bilder, blaue, rote, gelbe,
Aber der Inhalt bleibt derselbe.

Das Wangenheim-Kapitel: AN REGENTAGEN DREI GROSCHEN MINUS

Die Geschichte von dem Kinde,
das ausruft: aber der Kaiser ist ja
nackt, wiederholt sich beständig.

Th. F.

Im Sommer 1888 oder 1889 starb einer meiner besten Freunde, der Geheime Rat von Wangenheim, in dessen Hause ich über 30 Jahre verkehrte und eine Fülle von Liebem und Gutem genossen hatte. Er war eine der liebenswürdigsten, selbstsuchtslosesten und bei aller Güte doch charakterfestesten Personen, die mir vorgekommen sind. Von ihm und seiner Familie (Frau und Zwillingstöchtern) möchte ich (...) erzählen. Ich muß dabei weit zurückgreifen. Es geht bis ins Jahr 1853 oder 54 zurück.

Ich war damals im dritten oder vierten Jahr verheiratet und fristete mein Leben als Mitglied des sogenannten literarischen Kabinetts. Dies »literarische Kabinett«, ein letztes Anhängsel des Ministeriums des Innern, war, ich glaube, 1849 gegründet worden, wenigstens existierte es schon eine kleine Weile, als ich im Oktober 1850 in dasselbe eintrat. Ich glaube, es war eine Schöpfung aus der Radowitz-Zeit. Als ich eintrat, stand Wilhelm von Merckel (ein Schwager Heinrichs von Mühler) an der Spitze desselben. Ich trat nur ein, um wieder auszutreten und bezog meine 40 Taler Monats-Diäten, auf die hin ich mich verheiratet hatte, nur zwei Monate lang. Es hing dies mit dem Sturze des Radowitzschen Ministeriums zusammen, an dessen Stelle nun das Ministerium Manteuffel trat. Meine Rolle dabei, etwa die eines Boten im Drama oder Stück, hatte etwas Tragikomisches. Das »literarische Kabinett«, im wesentlichen ein ministerielles Lesebureau, bestand aus sechs oder acht Herren, an deren Spitze ein geschulter Beamter stand, damals Wilhelm von Merckel (...), ein Alt-Liberaler und Anhänger der Radowitzschen Politik. Die übrigen Mitglieder, meine Kollegen, waren fast ausschließlich Ostpreußen, was wohl damit zusammenhing, daß Auerswald die Hauptrolle im Ministerium spielte. Nur die beiden »Dichter« des literarischen Kabinetts waren nicht Ostpreußen: Der eine war (Hermann) Hersch (Dichter der Anne-Liese), ein sehr guter Kerl, der andere war ich.

Gleich als ich eintrat, sah ich, daß eine Gärung da war, die damit zusammenhing, daß Auerswald-Radowitz gestürzt und Manteuffel Ministerpräsident werden sollte. Das »literarische Kabinett« hielt es für seine Pflicht, dagegen Front zu machen, zu streiken und ein Schriftstück aufzusetzen, in dem unserm obersten Vorgesetzten – an dessen Statt damals Ministerialdirektor von Puttkamer, Vater des späteren Ministers, fungierte – mitgeteilt wurde, daß das alles nicht ginge, daß wir auerswaldisch gesinnt wären und nicht Lust hätten, unter Manteuffel zu dienen. Das Ostpreußentum faßte mich, ich wurde gefragt, ob ich Lust hätte, das Schriftstück mit zu unterzeichnen, worauf ich antwortete: Gewiß, aber bloß aus Korpsgeist, denn man möchte mir, einem Jungen, die Bemerkung verzeihen, aber ich fände diese Opposition Untergebener ganz ungehörig; Manteuffel sei jetzt Minister, und wenn wir ihm nicht dienen wollten, so könnten wir ja gehen. Aber wir hätten kein Recht, mit einem Mißtrauensvotum zu debutieren.

In die Lage, so etwas sagen zu müssen, bin ich verschiedene Male in meinem Leben gekommen und habe überhaupt die Erfahrung gemacht, daß gerade bei Vorgängen, wie der hier geschilderte, nichts seltener ist als gesunder Menschenverstand. Alle die Herren waren mir unendlich überlegen an Jahren, Wissen, Erfahrung, aber sie hatten keinen bon sens. Die Geschichte von dem Kinde, das ausruft: aber der Kaiser ist ja nackt, wiederholt sich beständig. Als ich meine Bemerkung gemacht, lachten die Herren, aber nicht spöttisch, sondern beifällig und sichtlich amüsiert. Sie waren klug genug, um sich zu sagen: »Das Kind hat recht«. Aber der Stein war nun mal im Rollen, vom Aufhalten keine Rede mehr, und so schloß die Szene damit ab, daß ich, der ich meine Zustimmung mit einem großen Fragezeichen begleitet hatte, ausersehen wurde, das Schriftstück dem Ministerialdirektor von Puttkamer zu überreichen. Der mochte schon wissen, was drin stand, nahm das Schriftstück mit einem ziemlich barschen Anschnauzer entgegen und warf es auf den Tisch. Eh eine Woche um war, war das ganze »literarische Kabinett« aufgelöst und seine Insassen entlassen. Ich Unglückseliger nahm diese Entlassung für ernsthaft und begann meine junge Ehe mit einem Hungerjahr; die Kollegen aber, die so gesinnungstüchtig gewesen waren, waren klüger, sie paktierten sehr schnell, gingen mit fliegenden Fahnen ins andere Lager über, in dem ich sie ein Jahr später, als auch ich paktiert hatte, sämtlich wieder antraf. Das war im Herbst 1851. Ich konnte mich aber schlecht zurechtfinden und war froh, als mir im Frühjahr 1852 ein halbjähriger Urlaub nach England bewilligt wurde. Was ich da sah und erlebte, habe ich in meinem kleinen Buche: »Ein Sommer in London« beschrieben. Ich hatte meinen Zweck, die Sprache beherrschen zu lernen, nur sehr unvollkommen erreicht und mußte es als ein Glück ansehen, bei meiner Rückkehr in die mir offengelassene Stelle wieder eintreten zu können. Freilich schweren Herzens. Aber mein Elend dauerte nicht lange. Es änderte sich, ein Vorschlag wurde mir eines Tages gemacht, und von dem Tage an änderte sich mein ganzes Leben, und ich habe seitdem keine Tage mehr voll Not, Entbehrung und Niedergedrücktwerden zu verzeichnen gehabt.

Dieser in meiner ganzen Lebenslage wandelschaffende Vorschlag ging vom Geheimrat Dr. Metzel, damaligem Chef des literarischen Kabinetts, aus und bestand in der Anfrage, ob ich mich wohl entschließen könnte, vier jungen Damen einmal wöchentlich Privatunterricht zu geben und zwar in sämtlichen Disziplinen. – Schulmeister für alles.

Mit einem beneidenswerten Mute erklärte ich: Ja. Der Gewinn, den ich davon hatte, war ein doppelter und bestand nicht bloß darin, daß ich meine Einnahmen nahezu verdoppelte, sondern vor allem auch darin, daß ich die schönen Vormittagsstunden in der denkbar angenehmsten Weise statt mit still dasitzen und ödestem

Zeittotschlagen verbringen konnte. Denn worauf lief es in dem literarischen Kabinett hinaus? Alle – die paar Höherpotenzierten abgerechnet – hatten sich um neun oder halbzehn einzufinden und nun vier oder fünf Stunden lang auf einem Drehschemel zu sitzen, mit nichts beschäftigt, als eine große Tasse Bouillon (ich sehe noch die Fettaugen) zu trinken und alle möglichen Zeitungen zu exzerpieren. Diese Exzerpte, die genau das enthielten, was der Minister entweder schon am selben Morgen gelesen hatte, jedenfalls aber am nächsten Morgen in seiner Zeitung finden mußte, wurden denn auch wohl, ich weiß es nicht, aber ich muß es annehmen, als furchtbare Makulatur, als noch tief unter Aktenmaterial stehendes Material, aufgespeichert und haben sicherlich nie was genutzt, noch weniger je ein Menschenherz erfreut. Ich glaube, daß es Menschen gibt, denen diese Form der Beschäftigung nicht unerträglich ist, Menschen aber, die einen Schaffenshang und -drang in sich verspüren, die sich in irgend etwas betätigen, mit irgend etwas zu nur bescheidener Geltung bringen möchten, für solche Naturen ist ein solches Lebensverbringen ein wahres Martyrium, und jeder, der in gleicher Lage – und jeder war mal in wenigstens ähnlicher – einmal in seinem Leben gewesen ist, der kann den Jubel meines Herzens ermessen, als ich diesem Elend entrissen wurde. Statt 40 Zeitungen, eine immer schrecklicher als die andere, vier junge Mädchen (Geheimratstöchter), eine immer liebenswürdiger als die andere! Teurer Geheimer Rat Metzel, wieviel verdanke ich dir, dieser Befreiungsakt, das war doch das Schönste.

Im Frühsommer 1853 trat ich meinen neuen Extra-Beruf an. Die vier jungen Mädchen, sämtlich Geheimratstöchter, zerfielen in zwei Parten: Zwei von ihnen waren Töchter des Geheimrats Flender, die beiden anderen (Zwillinge) Töchter des Geheimrats von Wangenheim, der, bis kurz zuvor, Regierungsdirektor (was, glaub ich, ministre plénipotentiaire bedeutete) von

Hohenzollern-Hechingen gewesen war und bei Einverleibung des Ländchens in den preußischen Besitzstand in die preußische Beamtenschaft mit herübergenommen war. Er hatte das Hohenzollern-Hechingsche zu bearbeiten und bekleidete eine Stellung, von der mir der in seinen Assessor-Tagen im Wangenheimschen Hause verkehrende Unterstaatssekretär Homeyer immer zu versichern pflegte: »Ja, sehen Sie, Fontane, das wäre so mein Ideal!«

Das Arrangement war so getroffen, daß ich die vier jungen Damen abwechselnd immer einen Montag im Flenderschen, dann einen Montag im Wangenheimschen Hause zu unterrichten hatte, was mir, auch hinsichtlich der Bequemlichkeit, keinen großen Unterschied machte, da sie nahe beieinander wohnten: Geheimrat Flender auf dem Karlsbad, Geheimrat von Wangenheim in der Königin-Augusta Straße, beide Wohnungen nur ein paar hundert Schritte von der Potsdamer Brücke entfernt. An beiden Orten war es gleich nett, aber es waren doch große Unterschiede da, auch schon äußerlich in den Räumen. Bei den Flenders, die viele Töchter an der Schwindsucht verloren hatten, unterrichtete ich in einem Saal, dessen Wände, in mittelgroßen Aquarellen, die Bildnisse der gestorbenen Töchter aufwiesen: Auf dem Lager, im Sarge, alle mit weißen Lilienkränzen, denn die Familie war lutherisch fromm und romantisch-poetisch zugleich. Bei den Wangenheims herrschte das Adelige und Katholische vor. Familienbilder vom Minister und Bundestag-Gesandten schauten von den Wänden herab, dazwischen Madonnen in allen Größen, teils frei, teils in kleinen Klappaltären mit Bronzetüren.

Ja, die eine Familie war streng lutherisch, die andere streng katholisch, was mir im Geschichtsunterricht doch einige Schwierigkeiten schuf. Mit den dreizehnjährigen jungen Damen, die damals (später wurde das anders) noch nicht ausgesprochen so oder so waren, hätte die

Schwierigkeit nicht viel auf sich gehabt, aber da waren auch noch die Mütter, die, wenn nichts Besonderes auf dem Spiele stand, mir plein pouvoir gaben, kamen aber die schlimmen Jahrhunderte an die Reihe: Kostnitzer Konzil, Huß, Luther, dreißigjähriger Krieg, so wurden sie doch ängstlich und erschienen in den Stunden, in denen mir oblag, die heiklen Themata zu behandeln. Oft, in späteren Zeiten, haben wir diese Situationen in heiterem Rückblick durchgesprochen, und immer ist mir dann zugestanden worden, eine offenbar natürliche Anlage für das Diplomatentum an den Tag gelegt zu haben. Im ganzen genommen, war meine Stellung in dem lutherischen Flenderschen Hause schwieriger als in dem katholischen Wangenheimschen, weil man bei Flenders immer den Verdacht hatte, ich katholisiere zuviel oder hätte einen Hang, dem Katholizismus mehr Konzessionen zu machen, als zulässig sei. Diese Schwierigkeiten hatten aber alles in allem einen Reiz für mich, und so kam es, daß ich unter den konfessionellen Schwierigkeiten viel weniger litt als unter den literarischen. Das Kleine, wie das so oft der Fall, störte mehr als das Große. Frau Flender, eine ganz vorzügliche Dame, hielt zu Luther, aber schließlich war das was Angenommenes. Wozu sie aber wirklich hielt, weil es sich mit ihrer sentimental-poetischen Natur deckte, das waren ihre deutschen Dichter, ganz besonders die Romantiker, alte wie neue. So kam es denn, daß sie nicht bloß in den gefahrdrohenden Geschichtsstunden, sondern viel lieber und viel häufiger in den Literaturstunden erschien und hier persönlich Gastrollen gab. Ihre Spezialität waren die Minnesänger und der Wartburgkrieg, und so kam es denn, daß sie, als ich den letzteren etwas knapp und lieblos behandelt hatte, statt meiner das Wort nahm und wie eine geweihte Priesterin plötzlich Wolfram von Eschenbach, Walter von der Vogelweide und andere aufmarschieren und in wohlgefügten Versen sprechen ließ, die von ihr selber herrührten. Nicht zu verwundern.

Frau Flender, Rheinländerin, war eine Schwester der Schriftstellerin Katharine Diez und hatte sich selber in allen Dichtungsgattungen versucht.

So vergingen damals meine Vormittage, denen, glaube ich, zweimal wöchentlich, auch Vortragsabende sich anschlossen. Diese Vortragsabende aber fanden vor einem ganz anderen Publikum statt: ich hatte in zwei Offiziersfamilien (auch da wurde alterniert) Dienstag und Freitag historische Vorträge zu halten, deutsche, französische, englische Geschichte. Die Familien wohnten weit hinaus in der Holzmarktstraße, und so glücklich wie ich's mit meinen dreizehnjährigen jungen Freundinnen getroffen hatte, so glücklich auch hier. Es waren sehr liebenswürdige Familien, und ich rechnete es mir als eine Ehre an, daß ich, wenn die Stunde vorüber, jedesmal eingeladen wurde, zu bleiben und an ihrem Tee teilzunehmen. Es freute mich, es ehrte mich, es war aber auch außerdem noch ein rechtes Glück für mich, denn am Teetische, weil ich nun mal allezeit besser plaudern als lehren konnte, war ich in der glücklichen Lage, meine als Vortragender begangenen Sünden wieder ausgleichen zu können. Alles – und nun gar ich selbst – war froh, wenn es wieder ans Schwatzen ging. Ich hätte das alles wohl nicht so stark empfunden, wenn wir an den Vortragsabenden immer »unter uns« gewesen wären, denn die sehr liebenswürdigen Herren und Damen waren sichtlich mit einem Minimum zufrieden. Das Ganze war ein kleiner, feiner Sport, ein Gesellschaftsspiel. Aber zu meinen Ängsten wurden auch immer ein paar Regimentskameraden, die gerade der Kriegsakademie oder gar dem Generalstab angehörten, zu diesen Abenden mit eingeladen, und wiewohl sie Contenance bewahrten, so sah ich ihnen doch an, wie sie litten und daß meine Anstrengungen einen wehmütigen Eindruck auf sie machten. Daß gute Erziehung vor allem für Wohlwollen sorgt, habe ich an jenen Vortragsabenden kennengelernt.

An diese Vortragsabende möchte ich hier gleich noch ein Gespräch knüpfen, das ich damals mit einem Freunde und Gönner, Geheimrat Schnaase, führen durfte und das mir bei vorstehender Schilderung wieder in Erinnerung kommt. Ich war von meiner Wohnung (Luisenstraße) auf dem Wege nach der Holzmarktstraße, als mir mitten Unter den Linden Geheimrat Schnaase begegnete.

»Nun, lieber Fontane, wohin?«

»Ich will nach der Holzmarktstraße. Es ist etwas weit; in der Regel fahre ich. Aber es ist heute so schönes Wetter.«

»In die Holzmarktstraße? Wie kommt denn das? Da wohnt ja niemand.«

»O da wohnen sehr nette Leute ...«

Ich nannte ihm nun die Namen der beiden Offiziersfamilien, und daß ich dort Geschichtsvorträge zu halten hätte; mein Freund Lepel, den er ja auch kenne, habe mir diese Einnahme verschafft.

Er lachte. »Ist es denn wenigstens einträglich?«

»Ach, Herr Geheimrat, das kann ich nun freilich nicht sagen. An solchen Tagen wie heut, wo man alles zu Fuß abmachen kann, nun da geht es.«

»Aber wenn es regnet?«

»Ja, Herr Geheimrat, wenn es regnet. Und sonderbar, es regnet fast immer. Oder Ostwind, den ich nun mal nicht vertragen kann. Dann stellt es sich so: Droschke hin 5 Groschen, Droschke zurück 5 Groschen, Trinkgeld an den Diener 5 Groschen, Chemisettehemd 3 Groschen. An solchem Tage schließe ich dann jedesmal mit 3 Groschen Minus ab.«

Er nickte, riet mir auszuhalten, so ginge es im Leben, und dann schieden wir.

Ich kehre nun aber zu meinen vier jungen Damen, den mich beglückenden und fördernden Unterrichtsstunden und vor allem zur Familie von Wangenheim zurück. Ich blieb in dieser Extrastellung, die beinah ganz an die Stelle meiner eigentlichen Stellung trat, volle zwei Jahre, wo glückliche Fügungen mich ganz aus dieser Stellung herausrissen und es dahin brachten, daß ich, wie ich schon an mehr als einer Stelle erzählt, auf vier Jahre nach England geschickt wurde, der Gesandtschaft, wenn man dies große Wort gestatten will, literarisch attachiert. Anno 1859 – meine Schicksale hingen sonderbarerweise immer an den großen Vorkommnissen in Krieg und Frieden – kam ich, als das Manteuffelsche Ministerium abtrat, nach Deutschland zurück und trat bald danach als Redakteur des englischen Artikels bei der Kreuzzeitung ein. (...)

Gesellschaftlich nahm ich meine alten Beziehungen wieder auf, fand alle freundlichen Gesinnungen unverändert vor, nirgends freundlicher als im Hause Wangenheim. Die Töchter waren mittlerweile herangewachsen, und in demselben Hause, wo ich früher so etwas wie Hauslehrer gewesen war, wurd' ich nun Hausfreund und verblieb es durch ein Menschenalter hin. (...)

DIE CHRONIK DES FOLGENDEN

ist schnell geliefert, sein Anlaß ist von der natürlichsten Art der Welt: Der Schriftsteller hat kein Geld; die familiäre Bedrängnis, eine sichernde Existenz zu finden, ist groß; Fontanes Frau neigt zur Hysterie. So bewirbt er sich Anfang 1876 um die feste Stelle eines Sekretärs der Königlichen Akademie der Künste. Es locken ein gutes Gehalt, ein ebenso erfreulicher gesellschaftlicher Leumund und der Titel eines Geheimrats. Der Weg der Bestallung – o Ehre und Verpflichtung – führt über den Majestätstisch selbst. So also muß es einschlagen wie ein Gewitter: Schon Ende Mai bittet Fontane wieder um seine Entlassung. Er leidet unter Intrigen, kleinlichem Geist, bürokratischer Enge. Seine Frau aber fühlt sich verraten, Freunde und Bekannte sind ratlos. Ende Oktober erfolgt die förmliche Entlassung vom Posten des Akademie-Sekretärs. Schon im Juni hatte Fontane an Mathilde von Rohr geschrieben: »Mir ist die Freiheit Nachtigall, den andern Leuten das Gehalt.«

Nie genügend der klingenden Münze gehabt, nie ein reicher Mann geworden, sagt der Schauspieler, lebensfähig letztlich nur geblieben durch das, was er anderen voraus hatte: den unbedingten Willen, frei zu sein. So ein Wille wächst durch tausend Irrtümer beim lebenslangen Versuch, sich zugehörig zu fühlen. Nicht mal Hauptapotheker hat er werden können, immer nur der Geringe war er am Sortiertisch, eingeklemmt vom dummen Geschwätz der Kollegen. Wo freilich sollte so einer sich anschließen, der, wie Thomas Mann schrieb, in jeder Umgebung ein unsicherer Kantonist blieb. Er wurde kein preußischer Dienefinger, hatte letztlich nicht das Zeug dazu, eine »Summe von Miserabilitäten« zu ertragen, auch wenn dies von der »konfusen Maschine Staat« gut bezahlt würde.

»Der Mensch gewöhnt sich an alles. Der Satz ist falsch.« Sowas Entschiedenes will erstmal gesagt und, schlimmer noch, gelebt sein. Das ist schließlich ein Leben gegen die Vernunft und Einsicht fast aller. So wird der frühe Abschied aus der erhofften Sicherheit zur späten Ankunft in der

Unabhängigkeit. Und Fontane hat damit den entscheidenden Konflikt seines Lebens ausgetragen. Er ist raus – und bei sich selbst.

Sekretär der Preußischen Akademie der Künste: EIN PORTRÄT IN PROTOKOLLEN

... aber selbst Entbehrungen, wenn sie meiner harren sollten, sind mir nicht so schrecklich wie äußere und innere Unfreiheit.

Th. F.

WIE SICH MEINE FRAU EINEN BEAMTEN DENKT

1. Ein Beamter lebt lange.

2. Solange er lebt, hat er ein auskömmliches Gehalt.

3. Ist er krank, so wird er vertreten. Je öfter, desto besser.

4. Badereisen sind garantiert.

5. Der Dispositionsfonds ist unerschöpflich und wird nur von der unergründlichen Güte seines Verwalters übertroffen.

6. Arbeit Schimäre.

7. Dienststunden werden gehalten oder nicht gehalten. Werden sie gehalten, so wechselt die Lektüre der National-Zeitung mit der der Vossischen.

8. Fehler sind gleichgültig, solange nur nach außen hin die eigene und des Standes Unfehlbarkeit gewahrt bleibt.

9. Zum Ordensfest und zu Königsgeburtstag muß der Beamte gesund sein. (Weiße Binde.)

10. Erfüllt er dies, so verdoppelt der König die Witwenpension aus dem Schatullenfonds. Für die Töchter: Erziehungsgelder; für die Söhne: drei Kadettenstellen frei.

Aus dem Brief von Theodor Fontane an Karl Zöllner; ab 1. November 1876 dessen Nachfolger als erster ständiger Sekretär der Königlichen Akademie der Künste; Berlin, Ende Januar 1876

(...) Es ist mir hoch erfreulich, daß Du der Meinung bist, ich könnte meinen Kritikerposten beibehalten. Erst wenn sich dies ermöglicht (ich persönlich kann nicht einsehen, *warum nicht*), kommt mir jenes Wohlgefühl ins Herz, das einem in allen Lebensverhältnissen die gesicherte Rückzugslinie gibt.

Ich brauche Dir wohl nicht erst zu versichern, daß ich – falls ich die Stelle überhaupt erhalte – den allerherzlichsten Wunsch habe, als Sekretär der Akademie zu leben und zu sterben und mit einem Ordenskissen vorauf (einer oder zwei finden sich wohl noch an) begraben zu werden. Man kann aber doch nie wissen, wie der Hase läuft, um so weniger, als ich von Anfang an in eine ziemlich arge Fehde werde hineingestellt werden. Reizbar wie ich bin, kann ich Beleidigungen nicht ertragen, und jeder dummste Mensch hat es leicht, mich in 3mal 24 Stunden aus einer Stellung herauszuärgern.

Bitte, bringe die ganze Angelegenheit heut im Rütli zur Sprache. Ich komme etwa 6 1/2, bis dahin kann die pünktlichere Rütli-Hälfte schon ein gutes Wort gesprochen haben. (...)

*

Brief von Theodor Fontane an Friedrich Hitzig, Präsident der Königlichen Akademie der Künste; Berlin, 30. Januar 1876:

Hochgeehrter Herr Geheime Rat.

Auf Ihren mir freundlichst erteilten Rat habe ich das »Provisorische Statut« durchgelesen und mir noch einmal die Frage nach meiner Neigung und Befähigung für die in Rede stehende Vakanz vorgelegt. Die Antwort war, wie Sie sie kennen, und stelle ich hiermit das ganz ergebenste Gesuch:

mir das Vertrauen schenken und bei der bevorstehenden Besetzung des Sekretariats der K. Akademie der Künste, Ihre Entscheidungen zu meinen Gunsten treffen zu wollen.

Der gerade jetzt gedoppelten Schwierigkeiten dieser Stellung, wo der Uebergang aus dem Provisorium in das Definitivum gefunden werden soll, bin ich mir sehr wohl bewußt, ebenso des Umstandes, daß meine bis zu diesem Tage frei geübte literarische Tätigkeit kaum als eine ausreichende Vorbereitung zu Amt und dienstlicher Stellung angesehen werden kann, dennoch bitte ich Sie, hochgeehrter Herr Geheime Rat, wie ich selber gutes Mutes bin, es mit mir wagen, meiner Unausreichendheit zuvörderst mit Nachsicht begegnen, unter allen Umständen aber sich meines Ernstes und Eifers, wie meiner vorzüglichen Ergebenheit gewiß halten zu wollen.

Ihrem Wohlwollen sich empfehlend,
hochgeehrter Herr Geheime Rat,
Ihr Th. Fontane.

*

Brief von Theodor Fontane an Friedrich Hitzig, Präsident der Königlichen Akademie der Künste; Berlin, den 7. Februar 1876:

Hochgeehrter Herr Geheime Rat.

Es freut mich aufrichtig, daß die Verhältnisse in die ich einzutreten habe, mir, wenigstens nach einer Seite hin, zu einem guten Debut die Gelegenheit bieten. Ich lege auf Empfang einer Remuneration für die Wochen bis 1. April nicht das geringste Gewicht, stehe viel mehr, auch ohne eine solche, zu jeder von Ihnen näher zu bestimmenden Zeit, zu Diensten der Akademie.

In vorzüglicher Ergebenheit, hochgeehrter Herr Geheime Rat.
Ihr

Th. Fontane.

*

Ministerieller Immediatbericht an den Kaiser, nach einem Entwurf von Richard Schöne, betr. Besetzung der Sekretär-Stelle der Akad. der Künste von Berlin, vom 17. Februar 1876:

Durch den gegenwärtigen Präsidenten der Akademie, Geh. Reg. Rath Hitzig, ist meine Aufmerksamkeit auf eine geachtete hiesige Persönlichkeit gelenkt worden, welche nach näherer Prüfung und Erkundigung in der That für die genannte Stelle geeignet erscheint und, worauf unter den obwaltenden Verhältnissen Gewicht zu legen sein dürfte, geneigt und im Stande ist, dieselbe sofort zu übernehmen. Es ist dies der Schriftsteller Theodor Fontane. Im Jahre 1819 zu Neuruppin geboren, hat er sich zunächst der pharmaceutischen Laufbahn gewidmet und für diese das Staatsexamen absolviert. Im Jahre 1849 vertauschte er diesen Beruf mit literarischer Tätigkeit, die ihn im Jahre 1850 für kurze Zeit in das literarische Cabinett i. J. 1855 nach England führte, wo er mehrere Jahre hindurch in nahen Beziehungen Ew. M. Gesandtschaft gestanden hat. Im Jahre 1859 kehrte er nach Berlin zurück und ist seitdem längere Jahre bei der Neuen Preußischen Zeitung, in neuster Zeit als Referent für die K. Schauspiele bei der Vossischen Zeitung thätig gewesen. Seine seltständigen literarischen Arbeiten, unter denen seine Wanderungen durch die Mark Brandenburg und seine Arbeiten über die Kriege in Dänemark, Oesterreich und Frankreich hervorragen, haben ihm einen geachteten Namen erworben; auch persönlich erfreut er sich des Rufes eines zuverlässigen und tüchtigen Mannes. Von seiner durch vielfache Reisen und Studien erworbenen Bekanntschaft mit den hervorragendsten Werken der neueren Kunst und seiner tüchtigen historischen und ästhetischen Bildung, welcher eine nicht gewöhnliche Beherrschung des Wortes und der Feder zur Seite geht, darf man erwarten, daß er den eigenthümlichen Anforderungen, welche das Amt eines Secretärs der Akademie der Künste stellt, gewachsen sein würde, wie andererseits zu hoffen steht, daß es seiner cocilianten und ansprechenden Persönlichkeit gelingen werde, die nicht unerheblichen Schwierigkeiten zu überwinden, welche das Amt mit sich bringt.

*

An den Königlichen Staats- und Minister der geistlichen p. Angelegenheiten Herrn Dr. Falk, Exzellenz; Berlin, den 25. Februar 1876:

Des Kaisers und Königs Majestät haben aus dem Berichte vom 17. d. M. ersehen, daß für die durch den Tod des Professors Gruppe erledigte Stelle des ersten ständigen Sekretairs der hiesigen Akademie der Künste der Schriftsteller Theodor Fontane in Aussicht genommen ist. Sr. Majestät ist der p. Fontane hauptsächlich aus seinen Schriften über die Kriege gegen Dänemark, Oesterreich und Frankreich bekannt, und in dieser Richtung seiner schriftstellerischen Thätigkeit haben seine Majestät ihn als einen sehr geschickten Darsteller der Ereignisse schätzen gelernt. Seine Majestät wollen auch den Werth seiner übrigen literarischen Arbeiten nicht anzweifeln und ihm ebensowenig den Besitz eines guten Fonds, von historischer und ästhetischer Bildung absprechen. Dafür indeß, daß ihm gerade für die eigenartigen Aufgaben des in Rede stehenden Amtes eine so zweifellose Befähigung inne wohne, um ihm das Amt von vorherein definitiv zu übertragen, dürften, wie Se. Majestät finden, doch in seinem bisherigen literarischen Wirken nicht die ausreichenden Beweise liegen. Dieser Umstand veranlaßt Se. Majestät, Erw. Excellenz vor weiterer Entschließung zur Erwägung zu stellen, ob es nicht vorzuziehen sein möchte, dem p. Fontane das ihm zugedachte Amt, wie dies auch bei der Heranziehung seines Vorgängers, des Professor Gruppe, gehalten worden ist, zunächst nur provisorisch zu übertragen und die definitive Anstellung erst dann nachfolgen zu lassen, wenn durch seine Thätigkeit in der Stellung selbst die Ueberzeugung von seiner Befähigung gewonnen sein wird.

Ew. Excellenz beehre ich mich hiervon ganz ergebenst in Kenntnis zu setzen.

Karl Frh. v. Wilmowski
(Chef des Civil-Kabinetts)

*

Ministerieller Immediatbericht an den Kaiser vom 29. Februar 1876 mit Befürwortungs-Notiz des Herrschers und Vollzugs-Anmerkungen des Ministeriums:

Obgleich die Erkundigungen, welche ich über den p. Fontane einzogen habe, ebenso wie der Eindruck seiner Persönlichkeit mir das Vertrauen in eine gedeihliche Führung des Amts eines ersten Akademie-Sekretärs durch ihn zu rechtfertigen schienen, habe ich doch, bevor ich die definitive Anstellung desselben alleruntertänigst in Vorschlag brachte – nicht unterlassen, zu versuchen, ob derselbe sich zur provisorischen Uebernahme des Amtes bereitfinden lassen würde. Die deshalb mit ihm geflogenen Verhandlungen haben jedoch zu keinem Ergebnis geführt, in dem der p. Fontane sich nicht entschließen konnte, auf den genannten Vorschlag einzugehen. Wenn schon im Allgemeinen ihm seine Jahre es als schwierig erscheinen ließen, provisorisch in ein solches Amt einzutreten, so mußte ich insbesondere anerkennen, daß seine ganze Lebenslage ihm das nahezu unmöglich macht. Seine Existenz ist bisher wesentlich auf seiner literarischen Tätigkeit begründet; er wird gezwungen sein auf den größten Teil derselben zu verzichten, sobald er ein Amt wie das in Rede stehende annimmt, und er betrachtet es, wie ich glaube, mit Recht für äußerst zweifelhaft, ob es ihm etwa nach einjähriger Unterbrechung gelingen könnte, die literarische Tätigkeit in demselben, seine Existenz sicherndem Umfang wieder anzuknüpfen. Er glaubte demgemäß das Amt nicht annehmen zu dürfen, wenn ihm dasselbe nicht eine Sicherheit für die Zukunft gewährte.

(Anders bei Prof. Gruppe, der a. o. Professor an der Universität war.)

(Verleihung der Stelle des Sekretärs an Fontane befürwortet.)

*

Datum der Bestallung Theodor Fontanes als Erster ständiger Sekretär ist der 29. Februar 1876. Tag der Vereidigung: 11. März 1876.

*

Eingeg. 7/3/76 Abends 8 Uhr
Berlin, den 7. März 1876.
Ministerium
der geistlichen, Unterrichts- und Medicinal-Angelegenheiten.

Dem Senat eröffne ich, daß Se. Majestät der Kaiser und König unter dem 29. v. M. Allergnädigst geruht haben, an Stelle des verewigten Professors Gruppe den Schriftsteller Th. Fontane hierselbst zum ersten ständigen Sekretair der Königlichen Akademie der Künste zu ernennen.

Derselbe ist bereit, die Geschäfte dieses Amts sofort zu übernehmen.

Falk.

*

An
den Senat der Königlichen Akademie
der Künste
Mitteilung des Ministers an Theodor Fontane vom 7. März 1876

Es gereicht mir zur Freude Ew. Tit. zu eröffnen, daß S. M. der Kaiser und König geruht haben, Sie unter dem 29. v. Mts. auf meinen Antrag hin zum ersten ständigen Secretär der K. Akademie der Künste hierselbst zu ernennen.

Nachdem Sie sich gegen meinen Referenten bereit erklärt haben, die Stellung sofort anzutreten, während das Gehalt der Stelle erst vom 1. Mai d. Js. ab frei wird, ist es mir erwünscht, daß Sie die Geschäfte möglichst bald übernehmen.

Falk.

*

Aus dem Entwurf eines Briefes von Theodor Fontane an Carl Robert Lessing; Berlin, März 1876:

Unter den mannigfachen Beglückwünschungen, die mir anläßlich meiner Ernennung zuteil geworden sind, hat mich die Ihrige, hochgeehrter Herr Direktor, trotzdem am meisten erfreut. Allerdings regte sie auch wieder die bange Frage in mir an: wie soll es dir gelingen, so freundlich ausgesprochenen Erwartungen zu genügen? – Ich werde, meiner ganzen Charakterlage nach, manches Eckige beseitigen und, wenn nicht eine lange Friedensära, so doch eine Ära der Waffenstillstände einleiten können (...) Ich werde ein letztes, weder mit sonderlicher Kraft noch mit sonderlichem Geschick arbeitendes Rad in dem großen Verwaltungsmechanismus sein, alljährlich soundso viel beschriebenes Papier in die verschiedensten Aktenbündel liefern und zur Geltendmachung einer Idee so wenig herangezogen werden, daß mir vielmehr umgekehrt obliegen wird, im einzelnen wie im allgemeinen jede persönliche Ansicht zu verschweigen. Der Senat zerfällt in so viel Parteien, als er Mitglieder hat, aber darin sind alle einig, daß über künstlerische Dinge nur ausübende Künstler ein Urteil haben. Und damit ist mir meine Rolle zudiktiert: »Sei stumm.« Eine jugendlich encouragierte Persönlichkeit würde in siegreichen, mit geistiger Überlegenheit geführten Kämpfen dies ändern können, aber eine solche Persönlichkeit bin ich nicht. So wird es denn weitergehen, wie es geht, und nur für ein bißchen Ordnung und Promptheit werd ich Sorge tragen können. (...)

*

Protokoll

Verhandelt in der Königlichen Akademie der Künste,
Gesammte Sitzung des Senats,
Berlin, den 15ten März 1876

1. Der Präsident der Akademie eröffnet dem Senate, daß unter dem 7. März d. J. (...) durch Cabinetsordre Sr. Maj. des Kaisers Herr Th. Fontane zum ersten ständigen Secretär der Akademie ernannt worden ist, und begrüßt denselben, welcher anwesend ist, als Collegen. Da weitere Vorlagen nicht vorhanden waren, wurde die Gesammtsitzung geschlossen.

F Hitzig Spitta

Erstes eigenhändiges Sitzungs-Protokoll von Theodor Fontane:

Verhandelt in der Königlichen Akademie der Künste, Section der bildenden Künste.

Berlin den 15ten März 1876.

1. Auf Antrag des Präsidenten Hitzig wird der 1. ständige Secretair einstimmig zum Protokollführer gewählt.

2. Verleihung des Professortitels an Herrn Mahler Ernst Ewald.

3. Der durch Direktor v. Werner beantragte Ankauf des Horscheltschen Werkes wird bewilligt.

4. Der Herr Präsident theilt die Verfügung (vom 7. März) des Herrn Ministers auf den Bericht vom 22. November v. J. bezüglich der akademischen Bibliothek, der Verfügung über die Räumlichkeiten, der Benutzung der Sammlungen etc. mit. Zu weiteren Auslassungen wird nicht geschritten, wohl aber beschlossen, im Einklang mit der hohen Verfügung, die Anfertigung eines Inventars der Sammlungen zu veranlassen.

5. Das in Bezug auf die Instruktion für Zeichenlehrer beabsichtigte Referat des Prof. Eybel wird dadurch erledigt, daß der Herr Prof. Gropius eine solche Instruktion, die zur Vertheilung gelangen könnte, bereits hat drucken lassen.

6. Antrag des Direktors v. Werner auf Ankauf einer großen Landschaft (»aus der Eifel«) von C. F. Lessing für die National-Galerie. Da mehrere Mitglieder das Bild noch nicht gesehen haben, so wird der Entscheid ob der Ankauf zu befürworten sei oder nicht, auf die nächste Sitzung vertagt.

7. Es werden durch Prof. Eybel mehrere Zeichnungen von Fräulein Ebeling behufs ihrer Prüfung als Zeichenlehrerin vorgelegt; ebenso wird das Prüfungsprotokoll vorgetragen. Durch Majorität wird dem Fräulein Ebeling der zweite Grad: »wohlbefähigt« bewilligt.

8. Antrag des Bibliothekars Daehling auf Anschaffung eines Wandschranks und Druck eines Nachtrag-Katalogs. Beide Anträge werden genehmigt. In Betreff eines dritten Antrages, der den Druck eines Katalogs für die vorhandenen 16.000 Kupferstiche fordert, wird Anfrage beim Ministerium beschlossen. Ein vierter Antrag des Herrn Daehling wünscht Ankauf einer beträchtlichen Anzahl durch Herrn Prof. Dobbert für die Bibliothek empfohlener Werke. Der Ankauf solcher Werke wird im Prinzip genehmigt, im Uebrigen aber ausgesprochen, daß durch den Sekretair erst Kennniß von der gesammten Sachlage zu gewinnen und demnächst darüber dem Senate Bericht abzustatten sei.

9. Unterstützungsantrag des Malers Oskar Weinberg, befürwortet durch Prof. Knille und Direktor v. Werner. Es wird beschlossen, beim hohen Ministerium eine Unterstützung von 40 Reichsmark zu beantragen.

10. Unterstützungsantrag des Bildhauers Rob. Wieske für seinen Schüler Albert Koch. Es wird beschlossen beim hohen Ministerium ein einmaliges Stipendium für den Alb. Koch unter einer Bedingung des Besuchs einer Kunstlehranstalt – in Uebrigem unter Verbleib in der Werkstatt des Meisters – befürworten, zugleich aber anempfehlen zu wollen, die Fortbewilligung des Stipendiums von dem Urtheil über seine weiterhin einzureichenden Arbeiten abhängig zu machen.

11. Prof. Gropius ersucht den Senat, beim Herrn Minister den Antrag auf Ventilation des Sitzungssaales zu stellen.

Schluß der Sitzung 9 Uhr.

F. Hitzig Th. F.

*

Anton von Werner berichtet in seinen Erinnerungen:

»Ich fand Fontane eines Tages ratlos vor einem mächtigen Stoss von Aktenbündeln in einer Situation –, die einer gewissen Komik nicht entbehrte. Er stand, einen roten Fez auf dem Haupte, sinnend vor einem langen Tisch, – auf dessen Holzplatte er mit weisser Kreide eine grössere Anzahl Kreise und Nummern gezeichnet hatte, in die er Aktenstücke bald hinein – bald wieder hinauslegte, anscheinend, um sie nach ›irgendeinem System zu ordnen‹.«

*

Eigenhändiges Sitzungs-Protokoll von Theodor Fontane:

Verhandelt in der Königlichen Akademie der Künste,
Section der bildenden Künste.
Berlin den 27sten Mai 1876.
Anfang der Sitzung 6 1/2 Uhr.

1. Ministerial-Verfügung in Betreff eines Antrages des Direktors v. Werner. Der Antrag, den vorzulesen Direktor v. Werner durch den Präsidenten ersucht wird, ist auf Bewilligung eines Sekretairs und eines Kopisten für die speziellen Verwaltungsgeschäfte der seiner Leitung unterstellten Akademie der bildenden Künste gerichtet. Nach längerer Debatte, an der namentlich die Herren Geh. Räthe Lucanus und Knerk theilnehmen, wird der Antrag des Geh. R. Knerk angenommen, dahin gehend, daß für dieses Jahr eine bestimmte Summe dem Herrn Direktor v. Werner zur Beschaffung der nöthigen Arbeitshülfe behufs Erledigung der administrativen Geschäfte zugewiesen, demnächst aber bei dem Herrn Minister der Antrag gestellt werde, auf den Staatshaushalt-Etat pro 1877 für diesen Zweck eine Stelle zum Ansatz zu bringen.

2. Gesuch des Professor Bendemann betreff die photographische Vervielfältigung der in der Akademie befindlichen Gottfried Schadowschen Zeichnungen. Es wird beschlossen: es sei wünschenswerth, daß Prof. Bendemann selbst die Auswahl treffe und daß die ausgewählten Sachen in Gegenwart des Bibliothekars in der Akademie selbst photographiert würden.

3. Abänderung der bestehenden Concurrenz-Ordnung, § 21 Passus 5 des provisorischen Status. Auf Wunsch des Herrn Präsidenten übernehmen, da auch verschiedene andere, in Beziehung zu dieser Frage stehende Wünsche laut geworden sind, die Herrn Professoren Eybel und Schrader das Referat in dieser Angelegenheit.

4. Ausstellungs-Angelegenheit. Prof. Emil Wolff in Rom frägt an, ob für die Arbeiten der zur Zeit in Rom anwesenden Herren: Carl Begas, Kurfeß, Otto und Tschautsch, theils Skulpturen theils Bilder, Transportfreiheit zur Beschickung der diesjähr: Ausstellung bewilligt werden könne. Es wird beschlossen, unter der Voraussetzung daß diese Arbeiten nicht von zu großer Ausdehnung sind, nach frührem Vorgange, diese Transportfreiheit zu gewähren.

5. Unterstützungsgesuch des Fräulein Elisabeth v. Wedell. Nach Prüfung verschiedener von ihr eingereichter Arbeiten wird einstimmig beschlossen das Gesuch bei hohem Ministerium zu befürworten.

6. Unterstützungsgesuch des Malers Max Weese. Dasselbe wird Herrn Direktor v. Werner zugewiesen, der in einer spätren Sitzung darüber berichten wird.

7. Es wurde beschlossen den Lehrer Wendt zur Zeichenlehrerprüfung zuzulassen, da er das Wredowsche Institut in Brandenburg a/H besucht hat.

Schluß der Sitzung 8 1/4 Uhr.

F. Hitzig Fontane

An diesem 27. Mai 1876 glaubt der Präsident der Akademie Hitzig in Fontanes Protokollen der Senats-Sitzung Zweideutigkeiten entdeckt zu haben.

*

Brief von Theordor Fontane an Falk, Minister der geistlichen, Unterrichts- und Medicinal-Angelegenheiten; Berlin, 28. Mai 1876:

Ew. Excellenz

bitte ich hierdurch mein Entlassungsgesuch einreichen zu dürfen. Vorgänge, die in der gestrigen Senatssitzung stattfanden und über die, seitens der mitanwesenden Geheimen Räthe Knerk und Lucanus vielleicht am besten berichtet werden kann, zwingen mich dazu, Präsident Hitzig hielt den Vorwurf der Zweideutigkeit, den er mir gemacht hatte, aufrecht. Das Thatsächliche ist einfach das, daß nicht ich zweideutig bin, sondern die in ihrem Dualismus genugsam bekannten Verhältnisse, in die ich hineingestellt wurde.

Ich bitte diesem Entlassungsgesuch hinzufügen zu dürfen, daß ich, mit besonderer Rücksicht auf die augenscheinlich mehr als traurigen Bureau-Zustände unsrer Akademie, bereit bin, bis zur Ernennung eines Nachfolgers oder Stellvertreters, die mir obliegenden Geschäfte, und noch einige mehr, fortzuführen. *)

Ew. Excellenz

gehorsamster

Th. Fontane.

*

---

*) *Randbemerkung des Ministers:*
Da ist gar keine besondere Hingebung des F. H., sondern das geringste Maß der Schuldigkeit.

Entwurf eines Briefes von Theodor Fontane an Friedrich Hitzig, Präsident der Königlichen Akademie der Künste; Berlin, Ende Mai 1876:

Hochgeehrter Herr Geheimrat.

Gleichzeitig mit diesen Zeilen gebe ich mein an den Herrn Minister gerichtetes Entlassungsgesuch zur Post.

Nach dieser Einleitung mag es mir gestattet sein, noch folgendes zu sagen.

Es ist nicht möglich, daß Ihnen meine Stellung zu der Werner-Frage ein Geheimnis sein konnte; von Anfang an habe ich nach allen Seiten hin, gegen Sie, gegen andere Senatsmitglieder, gegen Herrn v. Werner selbst eine äußerste Abneigung ausgedrückt, persönlich oder dienstlich in eine Art Abhängigkeit von letzterem hineingepreßt zu werden. Es dient sich schlecht mit sechsundfünfzig unter einem jugendlichen Herrn von zweiunddreißig. – Dies immer zu wiederholen, schien mir nicht schicklich, auch im Hinblick auf die zu einem Friedensschluß bestimmte Konferenz nicht nötig. Von dem Tage dieser Konferenz ab betrachtete ich die ganze Sache als geregelt und hatte, da das drohende Unheil an mir vorübergegangen war, keinen Beruf, auch keine Anstandspflicht mehr, über Empfindungen zu berichten, denen ein Konflikt mit entgegenstehenden Anschauungen erspart geblieben war. Ich konnte über diese Dinge sprechen oder schweigen, je nachdem. Ein glücklicher Zufall, ohne den ich in Ihren Augen freilich vollends als bestgestempelter Verräter dastehen müßte, fügte es, daß es meinerseits zu einer Äußerung kam. Es war mir das sofort sehr angenehm, da mich allerdings wie in Vorahnung eines heranziehenden Gewitters Ihr stetes Zurückkommen auf das »Nicht-Stichhaltige der Wernerschen *Motivierung*« beunruhigte.

Der peinliche Inhalt des zwischen Ihnen, Herrn Prof. Daege, und mir geführten Gesprächs ist von keinem großen Belang.

Ich akzeptiere ohne weiteres Ihre Fassung, nach der ich nur etwa gesagt haben soll, »ich hätte weder Lust noch Beruf, für Herrn v. W. Skelette zu besorgen«. Das genügt mir vollständig.

In diesem halb herzhaft zugespitzten Satze soll doch offenbar ausgesprochen sein: Es gibt Dinge, die ich schlechterdings nicht tun werde.

Und nun noch eins. Es ist ein alter juristischer Grundsatz, einem Angeklagten gegenüber in Erfahrung zu bringen, ob derselbe ein *Interesse* hatte, *das* zu tun, dessen er beschuldigt wird. Können Sie nun wirklich glauben, daß ich es für gut befunden hätte, vor Herrn v. W. wie vor einer aufgehenden kronprinzlichen Sonne zu liebedienern? Ich habe mich damit überhaupt nie abgegeben; im Gefolge des Herrn von Werner aber es zu lernen, dazu bin ich zu alt, auch manches andere noch.

Aber auch wenn dies alles nie gesagt, das ganze Gespräch nie geführt worden wäre, würde der Fall in Wahrheit nicht um ein Haar anders liegen und mir nur die Parierung des gegen mich geführten Stoßes erschwert worden sein. Ich habe, nach meiner schwachen Kraft, ausgleichen, versöhnen wollen. Sie werden mir, wenn Sie meine über Herrn v. W. gemachten Äußerungen zusammenfassen, dieses Zeugnis nicht versagen können.

Verzeihen Sie diese vielen Worte. Solche Dinge sind nicht ganz kurz zu behandeln. Unter gewöhnlichen Verhältnissen hätte mir mein Selbstbewußtsein ein Zurückkommen auf die Frage verboten; die Erinnerung an alte Zeiten aber – ohne hier schließlich gar noch den Sentimentalen spielen zu wollen – machte mir diese Auseinandersetzung zu einer Pflicht.

Ich brauche wohl nicht erst hinzuzufügen, daß ich meine Geschäfte erst dann niederlegen oder zurücktreten werde, wenn der Inspektor Hertzberg genesen oder überhaupt ein passender Stellvertreter gefunden ist.

Aus dem Brief an Mathilde von Rohr; Berlin, 17. Juni 1876:

(…) Unser langes Schweigen hat darin seinen Grund, daß sich in unsrem Hause wieder große Umwälzungen vollzogen haben: Ich habe vor etwa drei Wochen meine Entlassung aus meinem Amte nachgesucht. Alle Welt verurteilt mich, hält mich für kindisch, verdreht, hochfahrend. Ich muß es mir gefallen lassen. Das Sprechen darüber hab ich aufgegeben. Es führt doch zu nichts. Ich muß durch Taten beweisen, daß ich nicht leichtsinnig gehandelt habe. Ob mir dies gelingen wird, muß abgewartet werden. Ihnen, die Sie immer so gütig und nachsichtig gegen mich gewesen sind, nur das folgende: Ich bin jetzt drei und einen halben Monat im Dienst. In dieser ganzen Zeit hab ich auch nicht eine Freude erlebt, nicht einen angenehmen Eindruck empfangen. Die Stelle ist mir, nach der persönlichen wie nach der sachlichen Seite hin, gleich sehr zuwider. Alles verdrießt mich; alles verdummt mich; alles ekelt mich an. Ich fühle deutlich, daß ich immer unglücklich sein, daß ich gemütskrank, schwermütig werden würde. Vom ersten Tage an bis zu dieser Stunde ist meine Empfindung dieselbe geblieben. Ich benutzte eine sich mir darbietende Gelegenheit, erklärte, mein Amt niederlegen zu wollen, und kam tags darauf beim Minister um meinen Abschied ein. Bis dieser erfolgt sein wird – worüber noch ein paar Monate vergehn – führe ich die Geschäfte fort. Ich habe furchtbare Zeiten durchgemacht, namentlich in meinem Hause. Meine Frau ist tief unglücklich, und von *ihrem* Standpunkt aus hat sie recht. Andererseits konnte ich ihr diese schmerzlichen Wochen nicht ersparen. Und was geschehen sollte, mußte rasch geschehen. Noch hab ich vielleicht die Kraft und die Elastizität, die Dinge wieder in so guten Gang zu bringen, wie sie bis zu dem Tage waren, wo mir diese unglückselige Stelle angeboten wurde. Die Weisheit der Menschen nutzt mir nichts. Was sie mir sagen können, hab ich mir in hundert schlaflosen Stunden längst selbst gesagt. Die Glücksarten der Menschen sind eben verschieden: »Den enen sin Uhl is den andern sin Nachtigall.« Mir ist die Freiheit Nachtigall, den andern Leuten das Gehalt. Wenn Sie es über sich vermögen, so schreiben Sie meiner Frau ein paar freundliche, trostreiche Worte; ein paar Hiebe gegen mich können immer dabei abfallen. (...)

*

Undatierte Aktennotiz des Ministers Dr. Falk:

G. b. B. Herr Fontane ist mündlich dahin verständigt worden, daß er sich an S. M. zu wenden habe und dies ist geschehn, daher

z. d. A.

*

Entlassungsgesuch Theodor Fontanes an »Seine Majestät«, Berlin, 19. Juni 1876:

Allergroßmächtigster,
Allerdurchlauchtigster Kaiser und König,
Allergnädigster Kaiser, König und Herr.

Eure Kaiserliche Majestät bitte ich allerunterthänigst das nachstehende Entlassungsgesuch in Gnaden entgegennehmen zu wollen.

Der zu Anfang d. J. erfolgte Tod des Professors O. F. Gruppe, ersten ständigen Sekretairs der K. Akademie der Künste, macht eine Neubesetzung dieser Stelle nöthig. Unter den Bewerbern um dieselbe war auch ich. Der ernste Wille, den an mich zu stellenden Anforderungen zu genügen, die Überzeugung, daß es mir gelingen werde, dies zu andrer und meiner Zufriedenheit zu können, waren so groß, daß ich – zugleich mit Rücksicht auf die

Schwierigkeit, nach Jahresfrist eine unterbrochene literarische Thätigkeit wieder aufzunehmen – die mir anfänglich nur als Provisorium angetragene Übernahme des Amtes ablehnen zu sollen glaubte. Ew. Majestät geruhten Allergnädigst von Allerhöchsten, gegen ein sofortiges Definitivum gerichteten Bedenken Abstand zu nehmen und d. d. 29. Februar cr. meine Ernennung auszusprechen.

Unterm 6. März wurde ich in meine neue Stellung eingeführt. Ich nahm leider gleich anfänglich wahr, daß ich für dieselbe weder meiner Charakter- noch meiner Geistes-Anlage nach berufen sei, dabei zugleich erkennend, daß selbst eine durch viele Jahre hin mannigfach geübte literarische Thätigkeit keineswegs die Befähigung zu rascher und gewandter Behandlung geschäftlicher Fragen verleihe. Ich mußte mich zu lebhafter Beschämung überzeugen, daß es mir beispielsweise zur Protokollführung über stattfindende Verhandlungen an Umsicht, zur Abfassung von Berichten aber an der Gabe gebräche, auf die Gedanken Andrer einzugehen. Schlimmer noch gestalteten sich die Dinge in Bezug auf alle, nach der administrativen Seite hin liegenden Aufgaben meines Amtes, die es erheischen, den Unterbeamten der Akademie ein Vorgesetzter zu sein, ihr Zuthun überwachen, ihre Streitigkeiten zu schlichten. Zur Erfüllung solcher Obliegenheiten – von deren Vorhandensein ich, bei Uebernahme der Stellung, wenn auch durch meine Schuld, keine Kenntnis hatte – versagt mir die Natur den Dienst und der Gang meines Lebens war nicht derart, daß ich mir, in nach außen hin liegenden Kämpfen, das Fehlende hätte erobern können.

Die Erkenntnis meiner Unausreichendheit, das täglich wiederkehrende Gefühl, mich nicht an meinem Platze zu befinden, ließen endlich, nach immer erneuten Versuchen, mich mit der mir Wiederstrebenden auszusöhnen, den Entschluß des Rücktritts aus meinem Amte, in mir heranreifen. Mein Ausscheiden wird der Stellung, die einer forschen Kraft bedarf, zu gute kommen, aber auch mir die Befriedigung wiedergeben, die ich in meinem früheren Lebensberufe empfand.

So wage an Ew. Majestät ich das allerunterthänigste Gesuch zu richten:

die Entlassung aus meinem Amte genehmigen, die Fortdauer Allerhöchster, bei meiner Ernennung aufs neue bethätigter Gnade aber mir nicht entziehen zu wollen.

In tiefster Ehrfurcht ersterbe Eurer Kaiserlichen Majestät

allerunterthänigster

Th. Fontane.

*

Brief von Theodor Fontane an Mathilde von Rohr; Berlin, 1. Juli 1876:

Mein gnädigstes Fräulein.

Für zwei liebe Briefe hab ich Ihnen zu danken, die mir, der eine wie der andre, eine rechte Herzstärkung gewesen sind. Sie haben so recht die Weisheit der klaren Empfindung, des guten Herzens, und keiner von allen denen, die in diesen Wochen zu mir gesprochen haben, hat es so zu treffen gewußt wie Sie. Ja, es ist so: Man kann nicht gegen seine innerste Natur, und in jedes Menschen Herz gibt es ein Etwas, das sich, wo es mal Abneigung empfindet, weder beschwichtigen noch überwinden läßt. Ich hatte mich zu entscheiden, ob ich, um der äußeren Sicherheit willen, ein stumpfes, licht- und freudeloses Leben führen oder, die alte Unsicherheit bevorzugend, mir wenigstens die *Möglichkeit* heiterer Stunden zurückerobern wollte. Ich wählte das letztere, während meine Frau das erstere von mir forderte. Ich würde diese Forderung unendlich lieblos nennen müssen, wenn ich nicht annähme, sie hätte sich in ihrem Gemüt mit dem berühmten Alltagssatze beruhigt: Der Mensch gewöhnt sich an alles. Dieser Satz ist falsch. Ich bin so unsentimental wie möglich, aber es ist ganz gewißlich wahr, daß zahllose Menschen, alten und jungen, das Herz vor Gram, Sehnsucht und Kränkung bricht. Jeder Tag führt den Beweis, daß sich der Mensch *nicht* an alles gewöhnt. Auch ich würde es nicht gekonnt haben und wäre entweder, wenn ich durchaus hätte aushalten müssen, tiefsinnig geworden oder hätte doch wenigstens eine traurige Wandlung aus dem Frischen ins Abgestandene, aus dem geistig Lebendigen ins geistig Tote durchgemacht. Das heißt dann freilich »sich gewöhnen«, aber wie! Noch jetzt empfinde ich täglich, wie wenig meine Stellung, die Dinge wie die Menschen, für mich taugt, und doch ist seit meiner eingereichten Demission, der eine große Szene im Senat zwischen Geheimrat Hitzig und mir vorausgegangen war, eine wesentliche Änderung zum Besseren eingetreten. Denn so sind die Menschen: Man flößt ihnen erst Respekt ein, wenn man ihnen den Beweis führt, daß man sich aus ihnen selbst, aus ihrem Geld und ihrer Gunst, aus ihren Ehren und Ämtern nicht das Geringste macht. Bis dahin war ich, wenn auch im ganzen wohlgelitten, doch immerhin ein »armer Teufel«, der froh sein mußte, schließlich noch unter Dach und Fach gekommen zu sein. Jetzt bin ich ein forscher Kerl, ein Charakter, dem der Ehrenpunkt über den Geldpunkt ging, und der nicht Lust hatte, nach jeder Geheimratspfeife zu tanzen. Die Epoche der Anklagen ist längst vorüber; die meisten beglückwünschen mich jetzt. Ich brauche Ihnen wohl nicht erst zu versichern, daß ich auf solche Beglückwünschungen gern verzichten und statt dessen des stillen Glücks einer gesicherten Stellung mich gern erfreuen würde (Gott weiß, *wie gern*). Aber andrerseits konnt ich, von einer ganzen Menge andrer Unleidlichkeiten abgesehn, das *Gefühl des Dedragiertseins,* das ich nach Lage der Sache durchaus haben mußte, nicht ertragen. In allen Lebensstellungen, in denen ich bisher war, auch in denen, die mich nur halb befriedigten, hatte ich immer das Gefühl, innerhalb meines kleinen Kreises etwas zu sein und zu bedeuten. Von Jugend auf bin ich daran gewöhnt, als etwas nicht ganz Alltägliches angesehen zu werden. Dieses süßen Gefühls sollte ich plötzlich entbehren, auch *mit gutem Grund* entbehren, da all meine Begabung nicht zu brauchen und alles, was gebraucht wurde, wiederum nicht im Bereiche meiner Begabung war. Ich konnte das Peinliche, was mir daraus erwuchs, nicht auf die Dauer hinnehmen. Wer das Eitelkeit oder Hochmut nennen will, der tu es. Ich beneide solchen Jammerprinzen nicht um seine Demut.

Meine Frau, die Ihnen herzlich dankt und gewiß bald von sich hören lassen wird, reist Ende der nächsten Woche. Ich denke, es soll dann alles anders werden. Ihr Auge wird sich wieder erhellen. So leid sie mir tut, so muß ich doch sagen: Sie hat sich in dieser Angelegenheit nicht so benommen, wie sie gesollt hätte. Ich bin aber weder nachtragend noch bitter und lasse alle »Naturen« bis zu einem gewissen Grade gelten. Freilich die eine vor der anderen. Nochmals besten Dank. Wie immer in herzlichster Ergebenheit

Th. Fontane

*

Ministerieller Immediatbericht an den Kaiser vom 13. Juli 1876:

Ew. K. u. K. M. haben über das Immediatgesuch des ersten Sekretärs bei der Akademie der Künste, Th. Fontane hierselbst, meinen Bericht zu fordern geruht.

Die Absicht, von seinem Amte zurückzutreten, war mir bereits durch eine an mich gerichtete Eingabe des p. Fontane bekannt geworden und ich habe Veranlassung genommen, bei ihm sowie bei dem Präsidenten der Akademie, Geh. R. Hitzig nähere Erkundigungen über die Sachlage einziehen zu lassen. Dieselben haben den Inhalt des Immediatgesuches leider lediglich bestätigt. Obgleich ein geübter Schriftsteller und des Wortes mächtig, scheint der p. Fontane sich nicht in den geschäftlichen Theil seines Amtes finden zu können, und namentlich auch denjenigen Arbeiten desselben sich nicht gewachsen zu fühlen, von denen man das am Wenigsten voraussetzt. Die mit ihm gepflogenen Verhandlungen haben mir die Ueberzeugung geben müssen, daß sein Gesuch nicht der Ausdruck einer vorübergehenden Stimmung – sondern einer immer mehr befestigten Ueberzeugung davon sei, daß es ihm nicht gelingen werde, die Stellung so wie es erforderlich ist auszufüllen.

Obgleich der Abgang des p. Fontane bei der Schwierigkeit einen Ersatz zu finden, die ich bereits in meinen alleruntertänigsten Berichten vom 17. u. 29. Februar d. Js. ehrfurchtsvoll hervorzuheben mir gestattete, sehr unwillkommen ist, so kann ich doch andererseits es nur für erwünscht ansehen, daß er, nachdem er einmal sich der Stellung als nicht gewachsen erweist, von derselben bald zurückzutreten geneigt ist, damit so rasch als möglich Schritte zu einer befriedigenderen Lösung der Aufgabe gethan werden können. Es dürfte dies auch im Interesse des p. Fontane liegen, da demselben auf diese Weise nach einer nicht zu langen Unterbrechung am Ersten möglich werden wird, seine frühere literarische Thätigkeit, auf welcher seine Existenz bisher begründet war, wieder anzuknüpfen.

Unter diesen Umständen wage Ew. M. ich allerunterthänigst zu bitten, dem Gesuche des p. Fontane Allergnädigst willfahren und demselben die erbetene Entlassung aus dem Staatsdienst huldreichst sobald bewilligen zu wollen, als entweder ein Ersatz für denselben gefunden, oder wenigstens durch ein vorläufiges Arrangement für die regelmäßige Fortführung der Verwaltung Sorge getragen werden können, auch mich zu einer entsprechenden Bescheidung des p. Fontane in Gnaden ermächtigen zu wollen. Den Entwurf zu einem entsprechenden Allerhöchsten Erlasse verfehle ich nicht ehrfurchtsvoll beizufügen.

Falk.

*

Fontane an seine Frau Emilie, Berlin, 31. Juli 1876:

(...) Über Deinen heut erhaltenen Brief hab ich mich sehr gefreut. Wenn Du doch diese selbständigen Gedanken, dieses gerechte Urteil auch im alltäglichen Leben und bei Würdigung dessen hättest, was ich tue oder lasse. Das Schlimme ist, daß Du Dich nicht daran gewöhnen kannst und auch nicht gewöhnen willst, mich für einen verständigen und auf *meine* Weise ganz praktischen Menschen anzusehn. Du läßt mir alle möglichen Vorzüge, betrachtest mich aber wie ein poetisches Kind, das jeden Augenblick auf dem Punkt steht, sich als Familien-Enfant-terrible aufzuspielen. So liegen aber die Dinge durchaus nicht; ich weiß auch, daß man Miete und Steuern bezahlen muß und daß man von der Luft nicht leben kann. Am wenigsten ich. Es ist auch nicht richtig, wenn ewig von meiner Lieblosigkeit gesprochen wird. Ich beobachte mich seit längrer Zeit auf diesen Punkt hin, und ich kann mit gutem Gewissen sagen: es trifft nicht zu. Egoistisch bin ich, aber nicht lieblos. Das ist ein großer, großer Unterschied. Ich könnte ein hohes Lied schreiben über die Erhabenheit, die Herrlichkeit, die Wonne, die Wunderkraft der Liebe, und zwar nicht Phrasen, die ich hasse, sondern Empfundenes. Aber freilich, was sich so gemeinhin Liebe nennt, diese ganze Reihe niedrigstehender, beleidigender, zugleich mit wuchtigster Prätention auftretender Bourgeois-Empfindungen, und dieses Bougeoistum ragt in alle Stände hinein, für diese Sorte Liebe hab ich nur Spott und Verachtung. Ich liebe Liebe, aber ich gucke sie mir an und prüfe sie auf ihre Echtheit; vieles, was sich in gutem Glauben dafür gibt, ist nicht weit her. Die bloße persönliche, aus leidlicher Begriffsverwirrung geborene Überzeugung: »ich liebe« ist noch lange keine Legitimation.

(...) Es hat mich bei diesem Schritt sehr meine Liebe zu Dir mitbestimmt, weil ich Dich glücklich sehn und den heißesten Wunsch Deines Lebens – den ich nicht in gleichem Grade teile, aber völlig verstehe und respektiere – Dir riesig gern erfüllen möchte. Für mich *persönlich* bleibt es im übrigen bestehn, daß die Stelle, auch in rein pekuniärem Betracht, nicht das gelobte Land ist, von dem Du träumst, und daß ich, wenn ich sie *nicht* wiedererhalte, als freier Schriftsteller gerade so gut leben kann wie als Sekretär der Akademie. Deinetwegen wünsche ich aber aufrichtig ein Wiedereinklingen. Die nächsten Wochen müssen endlich die Entscheidung bringen; ich bitte Dich schon heute, weder über »ja« noch »nein« den Kopf zu verlieren. Es wird gehen, gleichviel ob momentan die Sechs oben liegt oder unten. Jeder Tag ist ein neues Würfelspiel, und die Zahlen und Werte wechseln. Ich habe das wieder recht in diesen bitterschweren Monaten erfahren.

*

Mitteilung des Ministers an Theodor Fontane vom 2. August 1876:

aufgrund der formellen Entlassung: All. Erl. vom 17. Juni 1876

Auf Gesuch vom 19. Juni d. J. um Entlassung von Ihrer Stellung als erster ständiger Sekretär der hiesigen K. Akademie der Künste haben S. M. der Kaiser und König mittels Allerhöchsten Erlasses vom 17. v. Mts. zu genehmigen geruht, daß Ihnen die erbetene Entlassung gewährt wird, sobald die Interessen der akademischen Verwaltung es gestatten.

Der Minister

J. V. Schöne.

*

Tatsächliche Entlassung Theodor Fontanes: durch Dimissoriale vom 30. Oktober 1876.

*

Fontane wieder an seine Frau Emilie, am 15. August 1876:

(...) Meine liebe Frau, es ist im großen und kleinen das alte Lied. Du reizest mich bis aufs Blut und wunderst Dich hinterher, wenn ich heftig und bitter werden; Du machst ein böses Gesicht und wunderst Dich, wenn ich Dir aus dem Wege gehe; Du verhältst Dich ablehnend und wunderst Dich, wenn ich nicht zärtlich bin. Natürlich bin ich auch zu Zeiten unzärtlich, ohne vorher einer Nüchternheit begegnet zu sein; aber das ist nicht zu ändern, weil es ebenso in der menschlichen Natur wie ganz besonders in unsren Lebensverhältnissen liegt. Wenn ich bei einer Arbeit nicht von der Stelle kann oder das Gefühl des Mißlungenen habe, so bedrückt das mein Gemüt, und aus bedrücktem Gemüt heraus kann ich nicht nett, quick, elastisch und liebenswürdig sein. Aber das müßtest Du auch, wenn Du Dich ein bißchen auf meine Art verstündest, gar nicht von mir fordern. Daß ich Dich liebe, weißt Du, daß ich es Dir tausendfältig gezeigt habe, wirst Du nicht wohl bestreiten können. An diesem schönen Bewußtsein müßtest Du genug haben und als kluge Frau wissen, in vierundzwanzig Stunden ist das alles vorüber. Statt dessen zeigst Du Deine ganz und gar unberechtigte Verstimmung, die mich nun erst wirklich verdrießlich und aus dem tristen Tage eine triste Woche macht. Wenn Du doch all dies einsehn, wenn Du Dich doch nicht in der Vorstellung verblenden wolltest, daß Du eine arme, zurückgesetzte Kreuzträgerin wärest. Es ist ja alles bittre Torheit, Du bist eine durch Deinen Mann, Deine Kinder, Deinen Lebensgang und Deine Lebensstellung unendlich bevorzugte Frau. Es gibt wenige, die es *so* gut getroffen haben. Daß Du das Glück nach der Zahl der Goldrollen bemessen solltest, für so inferior halte ich Dich nicht, habe auch keine Ursache dazu.

(...) Ich erwarte Dich mit alter Liebe, die ich immer für Dich in meinem Herzen habe, auch wenn ich Dir die bittersten Dinge sage, Dinge, die ich leider auch heute nicht zurücknehmen kann. Denn die Zuneigung ist etwas Rätselvolles, die mit der Gutheißung dessen, was der andre tut, in keinem notwendigen Zusammenhang steht. Natürlich wird es bei gebildeten Menschen immer dahin kommen, daß die Gutheißung den natürlichen Herzenszug unterstützt und umgekehrt, wenn sie konsequent ausbleibt, diesen Herzenszug auswurzelt und tötet.

Du wirst bei Deiner Rückkehr mit gleich zeigen können, ob ich noch wieder auf friedliche, glückliche Tage rechnen kann oder nicht. Meine Angelegenheit hat sich mittlerweile entschieden. Am 2. August, am Tage vor der Akademiefeier, erhielt ich die amtliche Mitteilung, daß der Kaiser meine Entlassung genehmigt habe und daß ich nur noch die Ernennung eines Nachfolgers abzuwarten hätte. Im ersten Augenblicke war es mir *Deinetwegen* leid; ich hatte mich seit fünf, sechs Wochen derartig eingearbeitet, daß ich es für möglich hielt, die Sache auszuhalten und in der äußeren Lebenssicherheit ein Äquivalent für *das* erblickte, was ich, auch im glücklichsten Falle, hätte begraben müssen, ein Äquivalent für mein aufzugebendes Schriftstellertum. Aber was ich seit vierzehn Tagen nun wieder erlebt, zeigt mir, wie richtig meine ersten Eindrücke waren. Ich sehe ganz klar, wie es geändert werden könnte, aber zu dieser Änderung wird es so bald nicht kommen. Ich ersehne den Moment, wo ich aus diesem wichtigtuerischen Nichts, das mit Feierlichkeit begleitet wird, wieder heraus sein werde. Dinge, Personen, Zustände sind alle gleich unerquicklich. Ich passe in solche Verhältnisse nicht hinein und will mich lieber weiter quälen. Eine gute Theaterkritik, um das Kleinste herauszugreifen, ist viel, viel besser als diese Reskriptefabrikation, bei der ich noch nichts Erfreuliches habe herauskommen sehn. Übrigens spreche ich über diese Dinge zu niemand, am wenigsten in *diesem* Ton. Die Welt verlangt nun mal ihre Götzen. Meinetwegen, wenn ich sie nur nicht mit anzubeten brauche.

Akademie lebe wohl! Aber, enfin, es muß auch so gehen. Eine Fülle neuer Arbeiten ist angefangen, und mir ist nicht so zumute, als würde ich (...) in den Skat gelegt werden. Im Gegenteil. Die Unsicherheit bleibt allerdings – es wäre lächerlich, sie fortdemonstrieren zu wollen – aber sie erschreckt mich nicht. Unsicher oder nicht, *der* Satz bleibt schließlich bestehen, daß ein Mann von Talent und Wissen, der fleißig ist und zu schreiben versteht, imstande ist, sein täglich Brot zu verdienen. Hat er es mal knapper, nun, so muß es knapper gehen; aber immer werden auch wieder hellere Tage kommen, die für Ausgleich sorgen. Es ist bisher gegangen, gut gegangen, und ich sehe nicht ein, warum es nicht weitergehen soll. Die einzige Gefahr liegt bei Dir. Nimm mir die Stimmung, und ich bin verloren. Ich beschwöre Dich, daß Du dessen eingedenk bist und das Deine tust, mich schwimmfähig zu erhalten.

Dein Th. F.

*

An Mathilde von Rohr, Berlin, 22. August 1876:

Mein gnädigstes Fräulein.

Wenn diese Zeilen bei Ihnen eintreffen, wird die Handschrift Ihnen wie fremd erscheinen. Solange ist es her, daß ich nichts habe von mir hören lassen. Ob meine Frau aufmerksamer gewesen ist, weiß ich nicht (wenn ich es auch hoffe), da sie seit vollen sechs Wochen bei ihrer Freundin in Schlesien verweilt. Diese Reise war unerläßlich, um sie der tiefen Verstimmung zu entreißen, die sich ihrer, infolge meiner eingereichten Entlassung, bemächtigt hatte. Ist sie auch jetzt noch keineswegs andrer Meinung, so sieht sie doch das Geschehene *etwas* ruhiger, *etwas* billigdenkender an. Ob es vorhalten wird, muß abgewartet werden. Es ist ganz und gar eine Geldfrage. Hab ich das Glück, eine mir passende Redaktion zu finden; stürmen mir die Buchhändler das Haus, um nach Erscheinen meines ersten Romans sich eines zweiten à tout prix zu versichern, so wird alles gut gehen. Kommen umgekehrt Angst und Sorge; fällt der Roman ins Wasser, so geh ich, von der Sorge ganz abgesehn, einer streit- und kämpfereichen Zukunft entgegen. Meine Frau, die große Meriten hat und in vielen Stücken vorzüglich zu mir paßt, hat nicht die Gabe des stillen Tragens, des Trostes, der Hoffnung. In dem Moment, wo ich ertrinkend nach Hilfe schreie und ein freundlich ausgestreckter Finger mich über Wasser halten würde, hat sie eine Neigung, ihre Hand nicht rettend unterzuschieben, sondern sie wie einen Stein auf meine Schulter zu legen. Bescheiden in ihren Ansprüchen, ist sie in ruhigen Tagen eine angenehme, geist- und verständnisvolle Gefährtin, aber ebensowenig wie sie die Stürme in der Luft vertragen kann, ebensowenig verträgt sie die Stürme des Lebens. Sie wäre eine vorzügliche Prediger- oder Beamtenfrau in einer gut und sicher dotierten Stelle geworden. Auf eine Schriftstellerexistenz, die, wie ich einräume, sich immer am Abgrund hin bewegt, ist sie nicht eingerichtet. Und doch kann ich ihr nicht helfen. Sie hat mich als Schriftsteller geheiratet und muß sich schließlich darin finden, daß ich, trotz Abgrund und Gefahren, diese Art des freien Daseins den Alltagskarrieren mit ihrem Zwang, ihrer Enge und ihrer wichtigtuerischen Langenweile vorziehe. *Jetzt*, wo ich diese Karrieren allerpersönlichst kennengelernt habe, mehr denn je.

Als meine Frau abreiste, befand sich meine Angelegenheit in der Schwebe. Es hieß, ich würde im Amte *bleiben*; man würde mir in diesem und jenem Punkte entgegenkommen usw. Diese Äußerungen mehrten sich von Tag zu Tag, so daß ich, gerade damals meine Stellung, infolge von Beurlaubungen minder unerträglich findend, in einem Brief an Lucae die Erklärung gab: ich würde eventuell bleiben, wenn man mich dazu aufforderte. Lucae antwortete mir: er glaube *nicht*, daß die Gerüchte, von denen ich spräche, ein Fundament hätten. Und so war es auch. Alles war eitel Schmuck und Redensart gewesen, und am 2. August erhielt ich vom Ministerium aus die Anzeige, daß der Kaiser meine Entlassung angenommen habe. Es war mir, um meiner Frau willen, einen Augenblick schmerzhaft. Eine Stellung zu behalten, die ich *unerträglich* fand, dies konnte sie nach meinen Ermessen nicht von mir fordern. Von dem Augenblick an jedoch, wo mir das Sekretärsamt zwar immer noch trist, aber doch *ertragbar* erschien, glaubte ich, ihr ein Opfer meiner persönlichen Neigungen schuldig zu sein. Dies hatte mich den entgegenkommenden Schritt tun lassen, der sich nun als vergeblich erwies. Wie ich jetzt hinzusetzten darf, *glücklicherweise*. Denn es wäre doch nichts geworden. Die paar Wochen im Juli, wo ich ganz allein war und alles nach meiner Weise einrichten konnte, waren Ausnahmewochen. Längst habe ich mich wieder überzeugen müssen, daß alles verlodert und verfahren ist und daß es, was das Allerschlimmste ist, auch an der Einsicht und dem guten Willen fehlt, diese unsagbar miserable Wirtschaft zu ändern. Ich bin also schließlich von Herzen froh, daß es so gekommen ist, wie es kam. In meinem bunten Leben eine Episode mehr. Ich kehre dahin zurück, wohin ich nach Neigung und Beruf gehöre.

Mein Roman, nach einem neuerdings getroffenen Abkommen, wird im »Daheim« zuerst erscheinen, später als Buch bei W. Hertz. Ich erhalte vom »Daheim« tausend Taler, von Hertz dieselbe Summe. Bis zum Juli 1877 hoffe ich fertig zu sein. Bei der »Vossin« trete ich wahrscheinlich am 1. Oktober wieder ein. Zerschlägt sich dies aber, so hoffe ich über kurz oder lang eine Feuilletonredaktion übernehmen zu können. Erhält mich Gott gesund, so werde ich bald wieder fest im Sattel sein. Aber auch selbst Entbehrungen, wenn sie meiner harren sollten, sind mir nicht so schrecklich wie äußere und innere Unfreiheit. *Sich* angehören ist der einzig begehrenswerte Lebensluxus. Die moderne Menschheit ist so herunter, daß sie ein Plüschameublement vorzieht. Ich habe mit solchen Jammerprinzen nichts zu schaffen.

Ihr Theodor Fontane

*

Ministerium
der geistlichen, Unterrichts- und Medicinal-
Angelegenheiten
Berlin, den 31. October 1876.

Dem Senat der Königlichen Akademie eröffne ich hierdurch, daß Seine Majestät der Kaiser und König Allergnädigst geruht haben, dem ersten ständigen Secretair der Königlichen Akademie der Künste, Herrn Theodor Fontane hierselbst auf sein Ansuchen die Entlassung aus dem Staatsdienst unter dem 30. d. Mts. Allergnädigst zu bewilligen.

Mit Wahrnehmung der hierdurch erledigten Stelle

habe ich vom 1. November d. Jr. ab den Stadtgerichtsrath Dr: Zöllner hierselbst beauftragt.

Falk.

*

Berlin, den 31. Oktober 1876
An den ersten ständ. Sekr. der K. Akad. d. K.
Herrn Fontane, Hochwohlgeboren

im Verfolg meines Erlasses vom 2. August d. Js. (...) benachrichtige ich Ew. Tit., daß, nachdem es gelungen ist, für die Wahrnehmung Ihrer Geschäfte bei der K. Akademie der Künste Sorge zu tragen, S. M. der Kaiser und König auf meinen Antrag geruht haben, Ihnen die erbetene Entlassung aus dem Staatsdienste zu bewilligen. Indem ich Ihnen das von Allerhöchstdemselbem vollzogene Dimissoriale anbei übersende, spreche ich Ihnen meinen Dank und zugleich mein Bedauern aus, daß Sie sich veranlaßt gefunden haben, aus Ihrer amtlichen Stellung auszuscheiden.

Das von Ihnen für die Monate November und Dezember d. Js. bereits erhobene Gehalt wollen Sie an die Generalkasse meines Ministeriums zurückzahlen.

Der Minister

Falk.

*

Aus dem Brief von Theodor Fontane an Mathilde von Rohr; Berlin, 1. November 1876:

(...) Seit gestern habe ich nun meinen Abschied. In diesem Augenblick (Mittwochabend) wird Zöllner als mein Nachfolger eingeführt. Ich freue mich, daß er die Stelle erhalten hat. Er ist der rechte Mann am rechten Platz. Die Stelle paßt für ihn und er für die Stelle. Zu übersehen ist nicht, daß – ganz abgesehen von dem Unterschied, der in unsern Personen liegt – er auch unter unendlich günstigern Verhältnissen in seine Stelle eintritt. Mir gegenüber glaubten Ministerium und Präsident Hitzig das Gefühl haben zu dürfen: »*Der* kann Gott danken, dieses Amt erhalten zu haben.« Zöllner gegenüber haben sie das Gefühl: »Danken wir Gott, daß wir diesen Mann haben.« Das macht einen ungeheuren Unterschied. Ich bin nur auf Kühle, Ablehnung, Zweifel gestoßen. Mein Nachfolger wird überall einem artigen Entgegenkommen begegnen. Er steht nicht unter dem Senat, am wenigsten unter seinem Präsidenten (dies hat er sich klugerweise vorher ausbedungen) und wird binnen kürzester Frist Rang und Titel eines Geheimen Regierungsrats erhalten. Es wird ihm also freundlicher gesungen als mir, der ich bis zuletzt einem ganz aparten Rigorismus begegnet bin. Noch mein Entlassungsschreiben selbst – im übrigen verbindlich genug abgefaßt – gab den Beweis davon. Die letzten Zeilen lauteten ohngefähr: »Was das für das letzte Quartal 1876 empfangene Gehalt angeht, so bitten wir Sie, die den Monaten November und Dezember entsprechende Summe an unsre Generalkasse zurückzuzahlen.« Ich werde also beinahe vierhundert Taler morgen wieder abliefern. Solche Rückzahlungen kommen, glaub ich, überhaupt nur selten vor. Man trifft andre Auswege, die sich ja immer bieten, wenn man sie nur finden *will*. Es scheint mir dies Verfahren also überhaupt so streng wie möglich. Es kommt aber hinzu, daß ich meine kurze Beamtenlaufbahn gleich mit »zwei Monaten ohne Gehalt« (März und April d. J.) eröffnet und, wie ich wohl sagen darf, mich bis zum letzten Augenblick gentlemännisch betragen habe. Eine Verdächtigung meines Charakters, also eine offenbare Beleidigung, veranlaßte mich, meine Entlassung einzureichen. Die ganze wüste Wirtschaft kam als Motiv hinzu. Auf Wunsch des Ministeriums ließ ich in meinem Schreiben an den Kaiser dies aber fallen und stellte mich wohlgemut als einen halben Imbézille dar, der weder seinem Charakter noch seiner Begabung nach der Stelle gewachsen sei. Dies war denn doch höchstens die halbe Wahrheit, und unter ein bißchen angenehmeren Verhältnissen hätt ich ruhig bleiben und mein Leben als Akademiesekretär beschließen können. All das weiß das Ministerium. Es weiß, daß man mir nicht allzufreundlich mitgespielt hat. Es weiß, daß ich zwei Monate umsonst gearbeitet habe. Es weiß, daß ich unbemittelt bin und nun in meinen alten Tagen abermals von vorn anfangen muß. Trotz alledem hat man die schöne Seelenruhe, das Gehalt pro November und Dezember von mir zurückzufordern. Ich find es einfach empörend. Kommt man mir mit »Gesetzlichkeit« der Maßregel, die ich natürlich nicht bestreite, so kann ich bloß die Achseln zucken. Seit sechsundzwanzig Jahren hab ich mit den verschiedensten Ministerien, Auswärtes, Inneres, Kultus- und Staatsministerium, zu tun gehabt, und ich weiß nachgerade, *was möglich ist, wenn man will.* Wenn Sie die Freundlichkeit haben, mir zu antworten, so berühren Sie diesen Punkt *nicht.* Meine Frau weiß nämlich nichts davon und soll auch nichts davon erfahren. Es würde sie nur aufs neue beunruhigen, neue Sorgen und, wenn ich Glück habe, auch neue Vorwürfe schaffen. (...)

*

An Mathilde von Rohr, am 30. November 1876:

(...) In meinem Hause sieht es etwas besser aus. Die Stimmung meiner Frau klärt sich auf; das Gewölk verzieht sich. Ich habe so eine Vorahnung, daß, wenn nicht neue Schläge kommen, das Schlimmste überstanden ist. Sie trinkt seit Anfang dieser Woche Karlsbader, wovon ich mir, da der Trübsinn zum großen Teil eine Folge von Leberaffektionen ist, viel verspreche. Aber sie scheint sich endlich auch in ihrem Urteil anders zu dieser unglückseligen Sekretärfrage stellen zu wollen. Sie hört jetzt von den verschiedensten Seiten her, daß es mit alleiniger Ausnahme des Gehalts nicht bloß eine untergeordnete, unerquickliche Stellung sei, sondern daß man sich auch nicht im geringsten beflissen gezeigt hat, mir diese Unerquicklichkeit minder fühlbar zu machen. *Dies konnte ich aber verlangen.* Einem jungen Assessor, der sich eben verheiraten möchte, oder einem armen Teufel mit vielen Kindern und wenig Brot kann man schließlich alles Mögliche zumuten. Ich war aber weder das eine noch das andre, sondern ein Mann, der aus einer freien, ihn vollkommen glücklich machenden Tätigkeit heraustrat, um nunmehr durch Übernahme eines leichten, ehrenhaften und gut dotierten Amtes bequemer und im Hinblick auf die Zukunft sorgenloser leben zu können. Danach ist man mir aber nie begegnet. Ohne daß man unartig oder beleidigend gegen mich gewesen wäre, was ich mir einfach verbeten hätte, hat man mich doch nie wie einen etablierten deutschen Schriftsteller, sondern immer wie einen »matten Pilger« behandelt, der froh sein könne, schließlich untergekrochen zu sein. Immer die unsinnige Vorstellung, daß das Mitwirtschaften in der großen, langweiligen und, soweit ich sie kennengelernt habe, total kofusen Maschinerie, die sich Staat nennt, eine ungeheure Ehre sei. Das »Frühlingslied« von Uhland oder eine Strophe von Paul Gerhard ist mehr wert als dreitausend Ministerialreskripte. Nur die ungeheure Eitelkeit der Menschen, der kindische Hang nach Glanz und falscher Ehre, das brennende Verlangen, den alten Wrangel einladen zu dürfen, oder eine Frau zu haben, die Brüsseler Spitze an der Nachtjacke trägt; nur die ganze Summe dieser Miserabilitäten verschließt die modernen Herzen gegen die einfachsten Wahrheiten und macht sie gleichgültig gegen das, was allein ein echtes Glück verleiht: Friede und Freiheit. Je älter ich werde, je mehr empfinde ich den Wert dieser beiden. Alles andre ist nichts. Jedenfalls bin ich froh, meinen Kopf auf dieser dreimal geknoteten Sekretärschlinge herausgezogen zu haben. Ich passe nicht für dergleichen, am wenigsten aber passe ich zum Bücherüberreichen und zum Antichambrieren und Petitionieren in Geheimratszimmern, bloß um eine goldene Medaille oder ähnliches Zeug zu erreichen. Ich habe nun einen Strich darunter gemacht. Eh mich nicht die bittre Not dazu treibt, laß ich mich, in kindlicher Nachgiebigkeit und meiner eigensten Natur zum Trotz, auf solche Torheiten nicht ein. Ich habe diese Kränkungen satt. Die letzte war die größte.

Nur in aller Kürze will ich Ihnen davon erzählen. Ich gebe dabei, dem Inhalte nach, die Worte des Herrn v. Bülow wieder, der mir, wie ich nur wiederholen kann, seinerseits mit Freundlichkeit und Wohlwollen begegnet ist. Das Endresultat ist das folgende: Herr v. Wilmowski hat den Kaiser gefragt, ob er (der Kaiser) einen Grund habe, mir besonders wohlzuwollen. Diese etwas sonderbare Frage hat S. M. einfach verneint, wohl aber seine Mißstimmung über meine Amtsniederlegung zu erkennen gegeben. C'est tout! Am andern Tage stand in der Zeitung, daß der Witwe des Schauspielers Pohl (siebenten Ranges) seitens Sr. M. eine Pension von jährlich fünfhundert Taler bewilligt worden sei. Zwölf Jahre habe ich an diesen Kriegsbüchern Tag und Nacht gearbeitet. Sie feiern nicht in großen, aber in empfundenen Worten unser Volk, unser Heer, unsren König und Kaiser. Ich bereiste 1864 das gegen uns fanatisierte Dänemark, war 1866 in dem von Banden und Cholera überzogenen Böhmen und entging in Frankreich nur wie durch ein Wunder dem Tode. Unabgeschreckt, weil meine Arbeit das Wagnis erheischte, kehrte ich an die bedrohlichen Punkte zurück. Dann begann meine Arbeit. Da steht sie, wenn auch weiter nichts als das Produkt großen Fleißes, ihrem *Gegenstande* nach aber das einzige repräsentierend, demgegenüber man eine Art *Recht* hat, das Interesse des Kaisers, als des persönlichen Mittelpunkts, des Helden dieser großen Epopöe (ich spreche nur vom Stoff) zu erwarten. Und eben dieser Held und Kaiser, gefragt, »ob er einen Grund habe, dem Verfasser dieses umfangreichen Werkes wohlzuwollen oder gnädig zu sein«, verneint diese Frage. Firdusi, als er dem Schah Mohamed sein Heldenepos brachte, erhielt zweihunderttausend *Silber*münzen zum Geschenk und schenkte, in bittrem Unmut, die ganze Summe einem Badeknecht zu Gasna; denn er hatte geglaubt, zweihunderttausend *Gold*münzen erwarten zu dürfen. Ich bin kein Firdusi. Aber der Unterschied zwischen Firdusi und mir ist doch nicht so groß, daß Herr v. Wilmowski sagen dürfte: »Herr Fontane hat durch meinen Amtsvorgänger die Summe von vierhundert Talern erhalten. Nach einem so ›exorbitanten‹ Geschenk ist es mir nicht möglich, für dies neue, größere, sieben Jahre später erscheinende Werk abermals eine Auszeichnung zu beantragen. Ich will indessen S. M. fragen.« Und nun erfolgte jene berühmte Frage. Wie ich selber zum Beamten verdorben bin, so hab ich auch kein Gefühl für solche dürre Beamtenhaftigkeit. Sie ist lähmend und erscheint mir einfach als Philisterei. Wenn man mir von »Witwen und Waisen« und von dem ganzen Ernst des Staatshaushalts sprechen will, der weder für die poetischen Quisquilien eines Firdusi noch am allerwenigsten für die Prosakapitel eines Fontane Geld übrig hat, so lache ich dazu. Für ein einziges niederländisches Genrebild sind hundertvierzigtausend Franken gezahlt worden, und wenn man will, so fliegt das Geld nur so. Mir gegenüber wollte man einfach nicht. Eh bien, es muß auch *so* gehn. Aber freilich hat es mehr zu meiner Erbitterung als zu meiner Erbauung gedient. –

Bewahren Sie mir Ihre wohlwollenden Gesinnungen. Wie immer

Ihr Th. Fontane

Sebastian Haffner

THEODOR FONTANE

(...) Fontane, das ist das Erstaunliche, wird von Jahrzehnt zu Jahrzehnt vernehmlicher. Seine Gestalt wird immer lebendiger und interessanter; es ist, als würde er erst heute entdeckt. Und die großen Romane seiner Spätperiode finden mehr Leser denn je. Sein Briefwerk wird erst jetzt wirklich entdeckt, genossen und verstanden als das Kompendium ironischer Lebenskritik und Lebensweisheit, das es ist. Und auch seine Alterslyrik gewinnt von Jahr zu Jahr mehr Leben. Während seine Zeitgenossen absterben, wird Fontane zum Klassiker – nein, besser gesagt: er wird aktuell.

Hier setzt sich etwas fort, das schon Fontanes Leben seine Eigentümlichkeit gab: eine Lebenskurve, die erst sehr spät, dann aber unaufhaltsam ansteigt. Fontane fing an in einem Alter, in dem andere aufhören. Er veröffentlichte seinen ersten Roman mit 58 Jahren und schrieb seine größten Werke als Mittsiebziger. (...)

Fontane war 30 Jahre lang Journalist, was sein Zeitgenosse Bismarck bekanntlich »den Beruf der gescheiterten Existenzen« nannte. Und er war nicht etwa ein großer Journalist, nicht einmal ein bürgerlich erfolgreicher, geachteter Chefredakteur, sondern wirklich ein ganz kleiner, ganz armseliger Lohnschreiber, ein »Schmock« – um eine zeitgenössische Figur zu zitieren, mit der der 40- und 50jährige Fontane eine fatale äußere Ähnlichkeit aufweist. Denn wie Schmock schrieb er nicht, wie er wollte, sondern wie er mußte, oft gegen seine Überzeugung. Zehn Jahre lang, von 1861 bis 1870, verfaßte er in einer Berliner Redaktionsstube der Kreuz-Zeitung tagtäglich den »Englischen Artikel«, das heißt: er bastelte aus englischen Zeitungsausschnitten schlecht und recht etwas zusammen, was dann als

Beitrag eines – nicht existierenden – Londoner Korrespondenten ausgegeben wurde. Und das im Dienste einer frömmlerisch-reaktionären Zeitung, mit der er innerlich durchaus nichts zu tun hatte. Es ist jammervoll; und man kann dem strengen Georg Lukász durchaus zustimmen: Es grenzt ans Wunderbare, daß Fontane bei dieser jahrzehntelangen Selbstverleugnung und Selbsterniedrigung nicht moralisch verkommen ist. (...)

In Fontanes äußerlich so gleichmäßigem und glanzlosem Leben gibt es doch zwei große dramatische Wendepunkte: einen, der hinab ins Trübe und Dunkle, und einen, der hinauf und hinaus ins Freie führt. Die Daten sind 1850 und 1876. Beide sind nicht nur biographisch interessant, sondern auch zeitgeschichtlich. Beide symbolisieren etwas: der erste das Scheitern der deutschen bürgerlichen Revolution von 1848; der andere die Emanzipation der deutschen Intellektuellen von der etablierten Macht. (...)

1848, die Berliner Märztage, die Barrikadenkämpfe, der kurze Triumph der Revolution und dann ihr trübes Versacken – dieses große und traurige Kapitel deutscher Geschichte hat eine größere Rolle im Leben des jungen Fontane gespielt, als er selber nachher lange Zeit wahrhaben wollte. Der junge Hilfsapotheker Fontane stand am 18. März hinter einer Barrikade, einer der Tausende unbekannter Berliner Straßenkämpfer – freilich mit einer Flinte, die aus dem Theaterfundus stammte und zu der er zwar Pulver, aber keine Munition besaß; und ziemlich bald ging er mit großem Katzenjammer nach Hause, mit einem »Elendsgefühl«, bedrückt von einer »großen Gesamtmiserabilität«. Immerhin, er ließ sich im Sommer noch in einer Berliner Bürgerversammlung zum Wahlmann aufstellen, (...) und noch zwei Jahre später, 1850, pilgerte er kurzentschlossen nordwärts, um sich, nach der verlorenen Schlacht in Idstedt, den schleswig-holsteinischen Freischaren anzuschließen.

Es war auf diesem Wege, in Altona, daß sich die erste große Lebenswende vollzog – die traurige, die falsche. Ein nachgesandter amtlicher Brief erreichte ihn da mit dem Angebot einer Stelle in einem ministeriellen »literarischen Büro« – heute würde man sagen: einer Propaganda-Abteilung – mit ganzen vierzig Talern Salär monatlich. Und das Ministerium, das ihn so billig einkaufen wollte, war das reaktionäre Ministerium Manteuffel, gegen das er eben noch hatte zur Waffe greifen wollen. Er nahm es als Schicksalsentscheidung, die er »dankbarst akzeptierte«. An seine Braut, die bereits jahrelang auf ihn wartete, schrieb er lakonisch: »Schleswig-Holstein aufgegeben. Wenn Dir's paßt, im Oktober Hochzeit.« Es paßte ihr, und es kam zur Ehe, die zwar dauerhaft, aber nicht gerade glücklich wurde. Jedenfalls: Braut Emilie dürfte bei Fontanes Entscheidung eine stille Hauptrolle gespielt haben, hatte er doch, mit seinem Entschluß ringend, geschrieben: »Ich hätte nicht den Mut, in die weite Welt zu gehen, während das Mädchen, daß ich zu lieben vorgebe, das vierte Jahr schwinden sieht.«

Was nun folgte, war ein Vierteljahrhundert loyale Fron, erst in Unsicherheit und halbem Elend – das »literarische Büro« wurde bald wieder aufgelöst – später in beengter, aber leidlich behaglicher Kleinbürgerlichkeit. Dazwischen gab es ein paar Aufenthalte in London und eine gefährliche Episode im siebziger Krieg: Er geriet als Kriegsberichterstatter ohne Uniform in Gefangenschaft und wäre fast als vermeintlicher Spion erschossen worden. Man sorgte für seine Verschonung – Bismarck setzte sich persönlich für ihn ein –, aber nachher ging es so trübselig-mittelmäßig weiter wie zuvor.

Endlich, 1876 kam der Mühe Lohn. Freunde und Gönner machten den braven, in Ehren ergrauenden gouvernementalen Journalisten und patriotischen Sonntagsdichter zum Sekretär der Preußischen Akademie: ein Posten, ehrenvoll, nicht ganz einflußlos im Personalbereich, vor allem materielle einigermaßen anständig dotiert, mit der Aussicht auf einen sorgenfreien Lebensabend: das preußische Äquivalent der Stifterschen Hofratsexistenz.

Und gerade da, nun es »geschafft« ist, explodiert Fontane! Ganze dreieinhalb Monate hält er es aus. Dann wirft er die Stelle hin: »Alles verdrießt mich, alles verdummt mich; alles ekelt mich an. Ich fühle deutlich, daß ich immer unglücklich sein, daß ich gemütskrank, schwermütig werden würde«, und springt über Bond in die ungewisse Freiheit einer reinen Schriftstellerexistenz, vor der er 26 Jahre früher geflohen war. Jetzt ist er 56. Es ist für ihn der wirkliche Anfang. (...)

Fontane ist nur noch einmal in die Welt von »Vor dem Sturm« zurückgekehrt: in der schon viel distanzierteren, viel kritischeren Meisternovelle »Schach von Wuthenow«, einer eigentümlich kalt-zärtlichen Studie preußischer Dekadenz. Fontanes Blick für die Schwächen und falschen Töne des Spätpreußentums schärfte sich in seinen letzten Lebensjahrzehnten. Was eine seiner Figuren im »Schach« dem Preußen von 1806 vorwirft – »statt der Ehre hat es nur noch den Dünkel und statt der Seele nur noch ein Uhrwerk – ein Uhrwerk, das bald genug abgelaufen sein wird«: das zielt auch auf das Spätpreußen seiner eigenen Zeit, das ja Bismarck auf eine doppeldeutige Weise schon halb im bürgerlichen neuen Deutschland hatte aufgehen lassen. (...)

In seinen letzten 20 Lebensjahren wurde er eine Art lebendes Monument. In diese Zeit schrieb er nicht nur sein gesamtes gewaltiges Romanwerk. Er wurde auch als Kritiker eine Stimme, auf die man hörte: der erste Entdecker und Förderer Gerhart Hauptmanns, der unerschrockene Vorkämpfer von Otto Brahms neuem Theater, der deutsche Verteidiger Ibsens und Zolas, der Schutzheilige einer ganzen neuen literarischen Generation. Nach so langer Verkanntheit und Demütigung war er endlich berühmt. Freilich, der rechte Ruhm, der, den er eigentlich gesucht hatte, war es nicht, und die rechte Befriedigung wollte sich nicht einstellen. »Man hat mich kolossal gefeiert – und auch wieder gar nicht« schrieb er nach seinem 75. Geburtstag. »Das moderne Berlin hat einen Götzen aus mir gemacht, aber das alte Preußen hat sich kaum gerührt.«

Das alte Preußen, das er doch längst durchschaut, längst mit kühlen oder bitteren Worten abgeschrieben hatte! Aber daß es sich zu seinem 75. Geburtstag kaum gerührt hatte, das schmerzte ihn. Und er nahm seine Rache – die nobelste, großmütigste Rache, die man sich ausdenken kann: In seinem letzten Buch, in Vorahnung des nahen Todes geschrieben, dem »Stechlin«, schuf er ein Preußen, das es wohl nie gegeben hatte, ein verklärtes Märchen-Preußen, und einen Junker, »nicht wie er ist, sondern wie er sein sollte« – nicht nur nobel, schlicht, gütig, sondern sogar, unglaubwürdigerweise, geistreich. Dieser alte Dubslav von Stechlin ist in Wahrheit der alte Fontane. Der verschämte Liebende hatte zum Abschied die Maske seiner Liebe aufgesetzt.

Es gibt in der Literaturgeschichte keine rührendere Abschiedsgeste; und keine wirksamere. Fontane selbst hat ein schönes Gedicht geschrieben von dem Herrn von Ribbeck auf Ribbeck im Havelland, der sich eine Birne ins Grab legen ließ, damit die Dorfkinder noch viele Jahre nach seinem Tode die Früchte des Birnbaums über seinem Grab genießen konnten:

So spendet Segen noch immer die Hand
Des von Ribbeck auf Ribbeck im Havelland.

Das ist ein unbewußtes Gleichnis dessen, was Fontane selbst mit dem »Stechlin« für Preußen getan hat. Auch seine

Hand spendet immer noch Segen. Dank Theodor Fontane ist heute das versunkene Preußen vielerorts, was das wirkliche Preußen kaum war: geliebt.

Weltstadt Berlin:
OH, WIE WEIT AB BIST DU VON
EINER WIRKLICHEN HAUPTSTADT

Alles zum Lachen, wenn es nicht
zum Weinen wäre.

Th. F.

HOFFNUNG

Mag nicht krakeln und nicht brämmeln,
Aber die Berliner Semmeln
Werden mählich zum Skandal,
Ihre knusprig braunen Backen
Schwinden – denn die Bäcker backen
Ohne Glauben und Moral.

Alles ist in Rückwärtsschreitung,
Feuerwehr und Wasserleitung
Sind noch letztes Ideal,
Alles sieht man sich verschofeln,
Die Kartoffeln selbst verskrofeln
Ohne Glauben und Moral.

Aber, Herze, woll nicht trauern,
Aus den trüben Regenschauern
Ragt uns, nah schon, ein Fanal,
Denn es sorgen unsre Kleber
Und die lieben alten Streber
Frisch für Glauben und Moral.

BERLIN WIRD WELTSTADT

Die Milliarden. Meine Wohnung. Gekündigt. Die Spiegelscheiben. Herbst 72 in die Potsdamer Straße. Da bin ich noch. In 25 Jahren ist nun Berlin Weltstadt geworden. Wenigstens wird ihm das beständig versichert. Ist es Weltstadt? Ja und nein. Nun das große Leben und das daneben fortexistierende Klein- und Spießbürgerleben. Es gibt noch Frauen, die in die Landsberger Straße fahren, um eine Sache für 5 Pfennige billiger zu kaufen, und die, wenn sie ein Rezept in die Apotheke schicken, immer eine krumme und schiefe Flasche mitschicken. Wenn sie eine Seltersflasche öffnen, halten sie die Hand darüber, damit von der kostbaren Kohlensäure nichts entweicht.

BERLINER TON

Der Grundzug ist ein krasser Egoismus (...), ein naives, vollkommen aufrichtiges Durchdrungensein von der Überlegenheit und besonderen Berechtigung der eignen Person und des Orts, an dem die Person das Glück hatte geboren zu werden. Um diese beiden Eitelkeiten dreht sich alles.

(...) Ich bin viel gereist. Der Berliner Ton hat etwas Spezifisches, wodurch er sich von jedem andern unterscheidet, auch von dem nahe gelegener Städte. Dresden, Weimar, Hannover. Und dann Berlin! Zu sagen, daß dieser Ton einen guten Ruf hätte, wäre nicht in der Wahrheit. Er ist aber doch besser als sein Ruf. Es heißt auch hier, tout comprendre c'est tout pardonner. (...)

Was einem Fremden zunächst auffällt (...), ist das Lautsprechen und das Vielsprechen. Warum nicht laut? ich bin ja ich, und warum nicht viel, ich weiß ja Bescheid, ich habe ja alles gesehn, gehört, gelesen. Dies hängt mit dem Persönlichen zusammen.

GENESIS

Die *Geschichte* des Berliner Tons zu schreiben, den Nachweis, wie er sich gebildet, das wäre ein Kapitel für sich und wäre ziemlich gleichbedeutend mit einer Kulturgeschichte unsrer Stadt. Ich muß auf ein eigentliches Eingehen auf diese Materie an dieser Stelle verzichten, nur ein paar Andeutungen mögen gestattet sein. Wir sprechen nicht umsonst von »Urbanität«, die urbs ist Schöpferin und Trägerin der feinen Sitte, der Politesse. Berlin war aber nie eine urbs, es war nie eine Bürger-Republik. All das war es nur dem Namen nach. Bis in neuere Zeiten hinein war es ein mit Bureaus und Kasernen reich ausgestattetes Dorf großen Stils, und eines Tages (...) erwachte es und war eine Residenz geworden. Eine Residenz mit einem Hof, einem Reichstag und einem Heuschrecken-Proletariat. Bürger hatte es nie und hat es noch nicht. Unter dem beständigen Zufluten neuen Rohstoffs, immer bevormundet, den Behörden überliefert; (...) und vor allem in seiner ungeheuren Mehrzahl bis in die »hohen Stände« hinauf von einer nur an dieser Stelle vorkommenden Bettelarmut haben sich die Tugenden der Politesse, der Teilnahme, der Menschenfreundlichkeit, des Wohltuns nicht ausbilden können In unglaublichem Grade tritt das Ich für sich ein, jeden als Feind ansehend, der auf den Moment wartet, wo ich »austrete«, um sofort in die Lücke einzuspringen. Alles ist Existenzfrage. Mit einer Art von infernaler Heiterkeit stößt einer den andern von der Beresina-Brücke, um sich das nackte Leben und drüben am andern Ufer eine »Stellung« zu retten. Amt und Stellung ist noch immer alles. Eine Zeitlang auch Orden. Aber diese sind nun ganz außer Kredit und bedeuten in ihren niedrigen

Graden gar nichts mehr. Es gibt ganze Ordensklassen, die noch nicht den Wert einer Badereise nach Warnemünde haben. Bei solchen Zuständen konnte das und das (...) nicht geboren werden. Die Grazien hatten nicht Lust und nicht Zeit, ihren Einzug zu halten. Zwei relativ nebensächlich erscheinende Leistungen der Franzosen haben ihren Reichtum und ihre Weltherrschaft aufgebaut: der *Geschmack* (wie er sich in Leben und Kunst betätigt) und die Politesse. Von beiden haben wir nichts. Und deshalb sind wir so verhaßt. Auch noch ein Drittes fehlt uns: Generosität. Aber das alles ist Exkurs. Zurück zu unsrem Thema: Der Berliner Ton. Wie ist er, wie sieht er aus? was charakterisiert ihn. Wie ist der »Berliner Ton«. Ich habe vor, eh ich zu einer versöhnlichen Schlußbetrachtung schreite, ihn in drei Haupterscheinungsformen zu besprechen: im *Haus*, in der *Gesellschaft* und im Verkehr mit *Fremden* (Nicht-Berlinern).

BERLINER HAUS-TON

Der Ton im *Hause* entbehrt der *Pietät* ganz gewiß. Es zeigt sich dies in bekannten scherzhaften Redewendungen, die der Berliner Geist gezeitigt hat. Das Verhältnis zwischen Eltern und Kindern gipfelt in dem bekannten Satze: »Man kann nicht ...« Entferntere Verwandtschaftsgrade müssen sich mit einem: »Wir sind jetzt mit einem Onkel behaftet«, begnügen. In ähnlicher Weise hat auch das eheliche Verhältnis längst seinen mustergültigen Ausdruck gefunden. »Oft denk ich, wenn doch Gott einen von uns beiden zu sich nähme! Ich ziehe dann nach Potsdam.« Das sind Witzworte. Gewiß. Aber man sage nicht, daß sie für die hier zu behandelnde Frage nichts bedeuten. Sie sind der Strohhalm, an dem sich erkennen läßt, wie der Wind weht.

Noch mehr als an Pietät fehlt es an Form. Es gibt viele Häuser, in denen die Begrüßungsformen ganz fortfallen. »Es ist so langweilig« oder »wozu?« Und damit wird das heitre und immer wieder wohltuende, freundliche »Guten Morgen« einfach gestrichen. Am meisten tritt aber das Fehlen der Form bei unsren Mittagsmahlzeiten hervor. Wer nicht im Auslande gelebt hat, wird sich dessen nicht bewußt (...). In wachsender Progression haben wir jetzt Berliner Häuser, in denen die Pflege schöner Formen zu beginnen (?) beginnt, aber diese Berliner Häuser sind nicht Repräsentanten des »Berliner Tons«. Wo dieser noch blüht, und er reicht unter Umständen bis hoch hinauf – da hat er sich seine Formlosigkeit, seine Auseinandergefallenheit bewahrt, und diese gedenk ich zu schildern. Ich greife in die Mitte hinein und schildre ein Predigerhaus, an dessen Tisch ich gelegentlich als Gast gesessen habe.

Ein Junge, achtjährig, läuft durch alle Stuben und ruft: »Rasch! essen!« Alle Stubentüren offen lassend, ist er der erste in dem bekannten »Berliner Saal«, und das mit einigen Besingsflecken ausgestattete Tischtuch zurückschlagend, versteckt er sich unter dem Tisch. Im Laufe der nächsten fünf Minuten, von einigen Nachzüglern abgesehn, erscheinen nun die Mitglieder der Familie und nehmen an einer Ovaltafel Platz, auf der der Suppenrauch wie Opferrauch emporsteigt. Das »Mundrechte« ist noch nicht Mode. »Wo ist Paul?« fragt die Mutter, und im wirren Durcheinander werden von drei Schwestern und zwei halberwachsenen Brüdern wirre Vermutungen ausgesprochen, bis es unter dem Tisch leise zu »miauen« anfängt und Paul, am untren Ende des Tisches, aus seiner Versenkung hervortritt. Bei guter Laune durch allgemeine Heiterkeit belohnt, bei schlechter Laune durche eine Ohrfeige gestraft. Letzteres führt zu Weinen. Worauf sich ein Disput zwischen den Eltern entsprinnt, ob es nicht zu streng war. Die Kinder nehmen, wie ein in Majorität und Minorität geteilter parlamentarischer Körper, an dieser Debatte teil und beschließen, daß der »arme Paul« ein Schmerzensgeld erhalten soll, einen Apfel oder drei Pflaumen. Er stürzt auch sofort auf die Kommode zu, wo der Obstteller steht, und beißt in seinen Apfel hinein, während die andern noch bei der Suppe sind. Der älteste Sohn läßt sie von dem hocherhobenen Löffel in einem dünnen Strahl niederträufeln, angeblich um sie zu kühlen, in Wahrheit, um zu zeigen, wie dünn sie ist. Es kommt nun Fleisch mit Sauce, und die zweite Tochter erzählt etwas, was der zweite Bruder im Laufe des Vormittags gesagt haben soll. Es ist das Gleichgültigste von der Welt. Nichtsdestoweniger entspinnt sich ein Streit über die Fassung dieses Zitates, und ehe noch geschlichtet werden kann, ist nicht nur die Wendung »Das ist nicht wahr« dreimal gefallen, sondern der empörte Bruder erhebt sich auch ohne weitres von der Tafel, und mit der Versicherung: »Alles gelogen; Martha lügt immer«, verläßt er das Zimmer. Denn alles ist Lebensfrage, und alles wird mit einer Leidenschaftlichkeit verhandelt, als ob das Schicksal ganzer Völkerschaften auf dem Spiele stünde. Am häufigsten, wenn nicht Streitszenen ausbrechen, sind die wissenschaftlichen und am liebsten die politischen Debatten, an denen teilzunehmen, bis zu Paul hinunter, jedem Mitgliede der Familie freisteht. Auch Paul. Denn in die »Kammer kommen« hat jetzt eine ganz andre Bedeutung als früher und ist ebenso durchgängiges Ehrgeiz-Ziel wie früher der Feldmarschall in adligen Familien. Dieser Debattier-Eifer über Tisch führt, bei der Gründlichkeit aller Familienmitglieder, zu beständigem Nachschlagen in Büchern und Zeitungen, am liebsten in Tagesblättern, wobei dann die großformatige, das Haus beherrschende »Norddeutsche Allg. Ztg.« in der ganzen Fülle ihres Großformats aufgeschlagen und mit ihren Spitzen in die Kompottschüsseln getaucht wird. Fast immer Preißelbeeren. Allmählich verlaufen sich die Mitglieder der Tafel, die nicht aufgehoben wird, sondern sich auflöst und heute eine Stunde lang unabgedeckt bleibt, da das Mädchen in der Waschküche zu tun hat und die Fräuleins in den Zoologischen müssen. Es ist ein heißer Tag. Die Fliegen werfen sich über die Teller her, und wer den Berliner Saal um diese Stunde passiert, erschrickt.

IN DER GESELLSCHAFT

(...) Sie wissen alles, sie lassen niemanden zu Worte kommen und unterbrechen jeden. Alles kritisiert. Man kann füglich sagen, ganze Klassen leben nur, um zu kritisieren. Es ist ihr täglich Brot. Aber sonderbarerweise, wie Küstenvölker, die beständig mit dem Wasser zu tun haben, meist nicht schwimmen können, so können die Berliner, die an den Wassern der Kritik wohnen, nicht kritisieren. Sie sind sehr witzig und haben bis zu einem hohen Grade die Fähigkeit ausgebildet, die lächerlichen Seiten einer Sache herauszufühlen, aber eigentliches Urteil haben sie nicht. Über nichts. Weder über Menschen, noch Politik, noch Kirche. Am wenigsten über Kunst. Die Witzigen begnügen sich mit einem Witz, die große Masse wartet ihre Zeitung ab und schmückt sich offenkundig mit fremden Federn, wie Damen falsches Haar als einen Schmuck tragen. So hört man oft: wir wollen das bis morgen lassen; (...) die große Masse aber, ohne die Dinge zu kennen, hat eine Wonne am Nachbeten und schmückt sich ungeniert mit fremden Federn. Sie geben auch ihre Quelle an und sagen voller Naivetät: lassen Sie uns morgen drüber sprechen, (...) man beobachte einen Disput. Die Damen gehen bis an die äußerste Grenze, sie lügen und prunken mit einem Wissen, das gar nicht da ist, aber die jungen Männer gehen noch weiter; fühlen sie den Sieg entschwinden, so werfen sie noch das Steingewicht der Ungezogenheit in die Waage, um den Gegner in die Luft zu schnellen. Von Ritterlichkeit keine Spur, nur Durst nach Sieg, nach Bewußtsein geistiger Überlegenheit.

(...) Diese Abwesenheit aller Kavalierschaft zeigt sich auch bei den *Ballunterhaltungen*. Ja hier vielleicht am schlimmsten. *Dame*: »Aber Herr W., Sie sind ja heute gar nicht zu brauchen.« *Herr:* »Gott, meine Gnädigste, wo soll es herkommen? Seit sieben Tagen nich aus 'm Geschirre.« Andres Paar beim Cotillon. *Herr:* »Ängstigen Sie sich nicht, Sie kriegen's; ich lasse Sie nur noch zappeln.«

Bei näherer Bekanntschaft beginnen die *Bekenntnisse*: Diskretion existiert nicht. Es bedarf deshalb auch kaum einer näheren Bekanntschaft, um zu den »Bekenntnissen einer schönen Seele« überzugehn. Diese schöne Seele ist natürlich die eigne, Abstammung, Ehe, Gebrechen werden mit einer Offenheit behandelt, die vom Standpunkt der Wahrhaftigkeit nichts zu wünschen übrigläßt. Überhaupt offen sein, wahr sein ist das dritte Wort, dahinter verbirgt sich aber viel Schlauheit. Diese fließen keineswegs aus einer beichtebedürftigen Seele: Beichte! Was heißt Beichte? Beichte hat Reue zur Voraussetzung, und diese zählt zu dem Letzten, womit man sich abgibt. »Ein unglaublicher Grad, mit sich zufrieden zu sein«, ist ein hervorstechender Zug. Nein, alles ist nur diktiert von dem Wunsche, geistreich zu sein., überhaupt gehört Reue nicht zu den landläufigen Artikeln. Nein, der Wunsch, sich interessant zu machen, sich überlegen und großstädtisch vorurteilsfrei zu zeigen, diktiert sie. Da werden dann die delikatesten Dinge desto lebhafter und eindringlicher erzählt, je mehr der Hörende staunt. Abstammung, legitim oder illegitim, Ehe, glücklich oder unglücklich, Kinder, dumm oder klug und mit Rücksicht darauf, ob sie wenigstens ein »Fall« sind, werden mit Behagen durchgesprochen, erzählt, und je mehr, je mehr der Hörende staunt. Es wird auch noch hinzugelogen.

MIT FREMDEN

Mit der Ortseitelkeit (hängt) zusammen, daß auf den Fremden gar keine Rücksicht genommen wird. Überall in der Welt kommt man dem Fremden entgegen und macht seine Interessen zu den seinigen oder gibt sich wenigstens das Ansehen davon, man erkundigt sich nach Einrichtungen seiner Stadt, seines Landes, fragt nach seiner Kunst, nach seiner Beschäftigung. Man sucht sich zu belehren und vor allem den Fremden dadurch wohltätig zu berühren. Das kennt der Berliner nicht. Er fordert sofort ein Eingehn auf seine Stadt und das Leben und die Interessen derselben.

(...)

Und doch! Es wohnt allem diesem ein Reiz inne, auch eine Berechtigung, ohne welche die ganze Erscheinung entweder nie entstanden wäre oder sich nicht gehalten hätte. Jeder wird die Wahrnehmung selber gemacht haben. (...)

Und was ist das Resultat? Über die Kultivierung dessen, was pikant und witzig und anregend und apart ist, ist uns die Kultivierung des Schönen verlorengegangen. Das Geistreiche hat sich auf Kosten des Schönen, der Esprit auf Kosten der Form als ein »rocher de bronce« stabiliert. Behalten wir das Gute, aber geben wir ihm ein andres Fundament, fügen wir zu der Bildung des Geistes auch die Bildung des Herzens (die freilich eine Revolution unsrer gesamten Anschauung zur Voraussetzung hat), und der Berliner Ton wird der erste sein, wie er jetzt, Pardon, der letzte ist.

BERLINER SPRECHANISMUS

Überall gibt es plauderhafte Menschen, aber jene Form der Plauderhaftigkeit, die »Sprechanismus« heißt, gibt es nur in Berlin. Eigentlich ist es gar keine Plauderhaftigkeit. Plaudern ist etwas Gemütliches, es läßt die Möglichkeit einer Unterbrechung zu, ja wenn es echt ist, ist es etwas auf Gegenseitigkeit Begründetes, jedenfalls ist es etwas Harmloses, Gemütliches, was man vom Sprechanismus nicht sagen kann. Der Sprechanismus ist hart und unerbittlich, und sein charakteristisches Zeichen ist nicht das einfache, gewandte Sprechenkönnen, sondern die verzweifelte Ordnung darin, die Dialektik, der Doktrinarismus, der fanatische Belehrungstrieb, das fanatische Verlangen, dem andern zu einem richtigeren oder, richtiger ausgedrückt, zu dem einzig richtigen Standpunkt zu verhelfen. Der Sprechanismus hat immer ein Müssen, er ist nicht zum Spaß da, er arbeitet beständig an Aufklärung, an Prinzipiensieg. Woraus sich dann von selbst ergibt, daß der Sprechanismus immer nur bei beschränkten und halbgebildeten Menschen zu Hause ist, bei solchen, die in einem fort Parteizeitungen lesen. Welcher Richtung, ist gleichgültig: Denn der Sprechanismus entfaltet sein Panier auf jedem Gebiet, uneingeengt durch Parteigrenzen. Er hat nach dieser Seite hin etwas Großes, Weltumfassendes A. hat dies Gebiet, B. das entgegengesetzte. Aber das, worauf es ankommt, der Sprechanismus, bleibt derselbe. Unter allen Tugenden steht ihm eine am fernsten: Bescheidenheit.

(...)

Das sind so Proben vom Berliner Sprechanismus. Aus Antiberlinismus hab ich sie nicht mitgeteilt, bin ich doch selber einer, wenigstens beinah und insoweit Heinrich Heines Satz gilt, der einmal sagte: »Er war aus Charlottenburg, wo man das Berlinische noch reiner spricht als in Berlin.«

WIE MAN IN BERLIN SO LEBT

1. Berliner Zimmer. (...) Mein Bett steht in einem sogenannten Berliner Zimmer (manche sagen auch »Saal«),

und da ich einen gesegneten Schlaf habe, so komme ich über die Nacht gut weg. Selbst wenn ich mal aufwache, ist alles so dunkel, daß die merkwürdigen architektonischen Linien mich nicht stören können. So geht es bis sieben. Um diese Zeit weckt mich ein Nachbargeräusch mit einer geradezu brutalen Gewalt. Es trifft sich nämlich so unglücklich – und unglücklich ist noch ein mildes Wort –, daß gerade am Kopfende meines Endes der Closet-Zug des Nachbarhauses läuft, ein in gräßlichen Gurgeltönen arbeitendes Instrument, das mit einer erstaunlichen Pünktlichkeit und angenehm nur für den, auf den diese Pünktlichkeit zurückzuführen ist, um sieben Uhr sein Tagwerk beginnt. Für Menschen ohne Phantasie mag das gehn, aber wer alles mit durchlebt, der ist doch beklagenswert. In der Regel schlafe ich trotzdem wieder ein.

2. Eine halbe Stunde später bin ich beim Frühstück oder was man so Kaffe nennt. Dazu Semmeln von meinem berühmten Bäcker; auch alle Brote sind berühmt. (...)

3. Dann Toilette: Die Zeitung. Wenn der Druck nicht zu schlecht oder der Nebel nicht zu dicht ist — einer der ersten Genüsse. Dann heißt es, sich anziehn. Rasieren. Ich habe die Tugend oder Untugend, mich selber zu rasieren. Marterstunde. (...) Es ist mir nicht mehr möglich, ein Rasiermesser zu erstehn, das Schneid hat. In Preußen und nicht mal Schneid! Ich bin in allen möglichen Läden gewesen, in großen berühmten Messerhandlungen, in renommierten Schleifanstalten, alles umsonst. Es bleibt, wie's ist. »Man kann drauf nach Rom reiten.« Es ist der Prozeß des Mähens mit der ungedengelten Sense, keine Mahd, das Gras bleibt stehn. »Hier steh ich, ich kann nicht anders.«

4. Weiter in der Toilette. Die Seifenfrage beginnt. In englischen Zeitungen steht immer Pears Soap und dann eine lange Beschreibung und ein Bild, wie ein Mohr weißgewaschen wird. Dies Letztre ist das einzige, das ich

unsrer Seife auch zutraue, denn sie ist so alkalireich, daß sie die Haut mit wegnimmt, da muß dann zuletzt der natürliche Fleischton zur Geltung kommen. Aber – die Haut ist weg.

5. Nun weiter. Die Hose bammelt und schlägt überall Falten, wo sie keine schlagen soll; zieht man die Träger an, so schneidet sie ein, läßt man die Träger los, so tritt man drauf. Die Weste ist wie für einen Bierbrauer, und ich habe kaum mittlere Brust- und Bauchweite. Dann der Rock. (...) Ich lasse mir dabei helfen, weil es sonst gar nicht geht, und nun endlich sitz ich drin und stecke wie in einem Futteral. Alles zu eng, und die Manschetten samt einem Stück Hemdärmel wachsen aus dem Ärmel heraus, alles in allem steh ich da wie eine Jammerfigur. Es ist überhaupt nur ein Halbärmel. (...) Ich bin ein alter Herr, aber wenn man mir ein Tuch über den Kopf deckt, wird mich jeder für einen Konfirmanden halten. Und dies ist das Produkt eines sogenannten guten Schneiders, eines ersten gewissenhaften Künstlers. Denn als unter beständiger genauester Zahlennennung Maß genommen wurde, war es, als ob die Firthof-Forth-Brücke neu gebaut werden sollte, so minutiös die Berechnung.

Dann Hut und Stock und Handschuh. Ach die Handschuh. Ich bin kein Handschuhmann, aber so viel weiß ich doch, daß ich einen guten von einem schlechten unterscheiden kann. »Ich kaufe neue Handschuh«, und nun wird eine Fabrik in einer wilden Stadtgegend genannt. Was ich von da bezogen habe, hatte immer mehr oder weniger die Gestalt des ehemaligen Fausthandschuhs (...).

Und nun in die Stadt. Da fährt die Pferdebahn vorüber. Gott sei Dank etwas Gutes, was einen wieder an Berlin glauben läßt. Aber ich (nehme) doch lieber eine Droschke. Auch was Gutes. Manche lassen zu wünschen übrig, und wer zu Rheumatismus oder Zahnweh neigt, soll lieber draußen bleiben, aber was kann man für 60

Pfg. verlangen! Und dann diese wunderbaren Leute. Jeder ein Original, die vermickerten, die wie Kranke aussehen, ebenso wie die forschen und stattlichen.

Und so geht es in die Stadt und in den Tag hinein. (...) Eine gute Tasse Kaffe gehört in Berlin zu den Seltenheiten (...). Wer in Berlin einen guten und verhältnismäßig billigen Bucheinband haben will, wendet sich nach Leipzig. Gute Sättel kommen aus England. In guten Restaurants kriegt man unglaubliche Beefsteaks, mit einem starken Stich oder einem Beigeschmack von Hauklotz, und wenn man sie stehenläßt, ist der Wirt beleidigt. Er fordert Selbsttötung als Anstandspflicht. Und welche Flaschenbiere! Ob die Pantscher schuld sind, ich weiß es nicht, ich weiß nur, daß einem schofles Zeug ins Haus geschickt wird. Und dann wechselt man, und dann ist es noch schlechter. Daß man in Berlin auch wundervolles Bier trinken kann, weiß ich. Wenn man Glück hat oder alle besten Plätze kennt, ist alles wundervoll, aber ich spreche vom Durchschnitt, aber ich will hier auf die Mängel hinweisen nicht aus kindischer Tadelsucht, sondern aus einem patriotischen Gefühl. Ich bin ein guter Berliner, Preuße, Deutscher, und einige halten mich für geeicht in diesem Punkte; nichts ist mir widriger als ewiges Mäkeln und Besserwissenwollen, alles bloß aus Überheblichkeit und Wichtigtuerei. Berlin ist eine propre Stadt, und es gibt viele Fremde – die, weil unbefangen, immer das beßre Urteil haben –, die das Berliner Leben dem Leben in andren Großstädten vorziehn.

BERLINER WESEN

(...) Glauben Sie mir, es ist nicht so kreuzerbärmlich hier, wie unsre Gegner in Süd und Nord gewöhnlich glauben. Das »Berliner Wesen«, das einem auf der Straße und in der Kneipe, überhaupt im alltäglichen Leben entgegentritt, ist anfangs ungenießbar. Schärfe, Unverschämtheit, Lieblosigkeit bringen den Fremden um. Aber hinter diesen trostlosen Erscheinungen, die sich aufdrängen, gibt es wohltuende, die sich verbergen, und die man kennenlernen muß, um nicht voll ungerechter Vorurteile uns wieder zu verlassen. Auch unser Bestes, was wir bieten können – ich weiß es wohl! –, hat etwas von jener Schärfe, die seit den Tagen des Alten Fritz hier in der Luft zu liegen scheint, aber in gehöriger Verdünnung hat diese Schärfe ihren Reiz und söhnt uns zuletzt auch mit den starken Dosen aus, die schließlich (wenn wir dahinterkommen, daß es Senf und kein Sublimat ist) zur Quelle unsres Vergnügens und herzlichsten Gelächters werden. Die Süddeutschen und wir verhalten uns zueinander wie die »Fliegenden Blätter« zum »Kladderadatsch«. Ich glaube, wir sind ihnen um eine ganze Pferdelänge vor. (...)

(Aus einem Brief an Theodor Storm, 1853.)

EINE HAUPTSTADT?

(...) Oh, Berlin, wie weit ab bist du von einer *wirklichen* Hauptstadt des deutschen Reiches! Du bist durch politische Verhältnisse über Nacht dazu geworden, *aber nicht durch dich selbst.* Wirst es, nach dieser Seite hin, auch noch lange nicht werden. Vielleicht fehlen die Mittel, gewiß die Gesinnung. »Denn aus Gemeinem ist der Mensch gemacht«, sagt Schiller; er soll dabei speziell an den Berliner Spießbürger, der inzwischen zum »Bourgeois« sich abwärts entwickelt hat, gedacht haben. Überhaupt will es mir nicht glücken, es im Auslande zu irgendeiner patriotischen Erhebung zu bringen. Nicht nur, daß man Schritt um Schritt empfindet, wie sehr uns diese alten und reichen Kulturlande voraus sind, nein, man *taxiert uns auch in diesem Sinne.* Man will von uns nichts wissen. Weder das »ewige Gesiege« noch die 5 Milliarden haben unsre Situation gebessert. Es hieß zwar unmittelbar nach dem Kriege: »Wir seien nun ein für allemal etabliert, der so lange vermißte Respekt sei da«. Aber ich merke nichts davon. Alles dreht sich nach wie vor um England und Frankreich; man versteht kein Deutsch oder will es nicht verstehen; englische und französische Bücher im Schaufenster jedes Buchladens, aber kein einziges deutsches Buch. Nicht einmal die »Wanderungen«. Im Grunde genommen ist es recht so, denn das, was wirkliche Superiorität schafft, fehlt uns, trotz Schulen und Kasernen, nach wie vor. Freilich haben Athen und Sparta einst *politisch* rivalisiert, aber Sparta ist längst nur noch Name u. Begriff, während die beglücktere Rivalin eine *Wirklichkeit* ist bis auf diesen Tag. (...)

(Aus einem Brief an seine Frau, 1875.)

BERLIN, HAUS FONTANE

(...) Berlin selbst hat sich ganz außerordentlich verändert und ist jetzt eine schöne und vornehme Stadt. Wir verdanken das allem möglichen, aber doch weitaus am meisten dem Asphalt und den Pferdebahnen. Nicht nur ist der Verkehr in einem ganz unglaublichen Grade gewachsen, er hat vor allem auch sein Ansehen geändert. Die Droschken sind wohl noch da, aber man bemerkt sie wenig, weil oft in einer einzigen Minute 6 oder auch wohl 10 elegante Pferdebahnwagen an einem vorüberfahren. Alles ist Leben, Frische, Wohlgekleidetheit. Ich freue mich, diese vernobelte Zeit, an die ich kaum geglaubt, noch erlebt zu haben.

Was endlich Haus Fontane selbst angeht, so hat sich nicht viel verändert. Der älteste Sohn, nun schon 30, ist Kadettenlehrer in Lichterfelde, der zweite Kammergerichtsreferendar, der dritte soll zum Herbst als Buchhändler eintreten. Am liebsten in London. Oder es könnte auch Rom sein. Können Sie mir darin einen Rat oder Wink geben? Die Tochter ist Erzieherin in einem adligen Hause nicht weit von der schlesischen Grenze. Allen geht es gut. Meine Frau kränkelt, aber doch weniger als in den letzten Jahren, und ich selber sitze wie immer an meinem Schreibtisch, sehe wenige Menschen und schreibe Kritiken, Novellen, Wanderungen. (...)

(Aus einem Brief an Hermann Wichmann, 1881.)

KARRIERE MACHEN

Sie schreiben selbst, »bei weniger ›Carrière‹ hätten wir mehr Wahrheit in der Welt.« Gewiß. Und nicht bloß mehr Wahrheit, auch mehr Einfachheit und Natürlichkeit, mehr Ehre, mehr Menschenliebe, ja auch mehr Wissen, Gründlichkeit, Tüchtigkeit überhaupt. Und was heißt Carrière machen anders als in Berlin leben, und was heißt in Berlin leben anders als Carrière machen. Einige wenige Personen brauchen ihrem Berufe nach die große Stadt, das ist zuzugeben, aber sie sind *doch* verloren, speziell für ihren Beruf verloren, wenn sie nicht die schwere Kunst verstehn, in der großen Stadt zu leben und wiederum auch *nicht* zu leben. Ad. Menzel ist beispielsweise ein Meister in *dieser* wie in seiner eigentlichen Kunst. Gewiß war ihm Berlin eine Notwendigkeit (Menzel 50 Jahre lang in Filehne wäre nicht Menzel mehr), aber wie hat er auch in Berlin gelebt? Von 9 bis 9 ein Einsiedler in seinem Atelier, und dann erst, wenn andre zu Bette gehn, geht er mit seinem Ordensband zu Hof oder mit seinem Klapphut zu Huth. Er war zeitlebens ein Meister in der Kunst der *Konzentration* und hat deshalb eine Kunst-Carrière gemacht, ohne je ein Carrièremacher gewesen zu sein. Aber das alles ist Ausnahmefall. Als Regel steht es mir fest, die große Stadt macht quick, flink, gewandt, aber sie verflacht und nimmt jedem, der nicht in Zurückgezogenheit in ihr lebt, jede höhere Produktionsfähigkeit. (...) Die große Stadt hat nicht Zeit zum Denken, und was noch schlimmer ist, sie hat auch nicht Zeit zum Glück. Was sie hunderttausendfältig schafft, ist nur die »Jagd nach dem Glück«, die gleichbedeutend ist mit dem Unglück. Unter meinen nächsten Bekannten sind ein paar solche Jäger, alte Herren, ihre Ehegesponse natürlich an der Spitze. Es ist ein Jammeranblick. Natürlich sind es Geheimräte, die nun also längst das sind, was sie werden konnten. Aber die Jagd geht *gewohnheitsmäßig* weiter; Titel und Orden können es nicht mehr sein, und so ist denn aus der Jagd eine ganz triviale »Rennerei« geworden, eine Rennerei nach Quartettkonzerten, nach Premieren, nach Bazaren, wo die Kronpinzeß *vielleicht* erscheint, nach Prinzessinnen-Trousseaus, nach Cumberland, nach Stanley, nach einer Kögelschen Trauung. Alles zum Lachen, wenn es nicht zum Weinen wäre.

(Aus einem Brief an Georg Friedlaender, 1884.)

Sommerfrischen. Kulturreisen. Kuren:
DIE ZUSTÄNDE SIND FURCHTBAR

An der Küste hin schmeckt alles nach England und Skandinavien. In der Mark Brandenburg schmeckt alles nach Kiefer und Kaserne.

Th. F.

DIE SOMMERFRISCHEN

Sie fingen en famille mit dem Jahr 70 an und haben sich durch zwanzig Jahre forgesetzt. Ich blieb immer in Norddeutschland: Mecklenburg, Norderney, Harz, Thüringen, Schlesien. In Schlesien war ich mit besonderer Vorliebe. Überall herum im Hirschberger und Schmiedeberger Tal: Hermsdorf, Schreiberhau, Krummhübel, Erdmannsdorf, Buchwald, am häufigsten in Krummhübel. In diesen Sommerfrischen habe ich viele meiner Romane geschrieben und überhaupt sehr glückliche Tage gelebt. Aber zuletzt ging es nicht mehr. Diese ländlichen Gebirgsaufenthalte, gleichviel wo, sind entzückend, solange man jung ist, oder sich jung fühlt, was dasselbe bedeutet. Aber es ist vorbei damit, sowie die Kräfte nicht mehr ausreichen, in die Berge zu steigen und sich an dem Ozon der Berge für all das schadlos zu halten, was die Aufenthalte als solche an einem verbrechen. Diese Verbrechen sind groß: die Verpflegung ist miserabel, der Komfort null, die Wohnung noch miserabler. Entweder man wohnt in einer Laterne, darin man sich vor Morgen- und Mittagssonne nicht lassen kann, oder man wohnt sonnenlos, so wachsen die Pilze aus der Erde, und alles riecht nach Multer und Schimmel. Die Mäuse laufen einem über das Bett; wenn man einschlafen will, blaffen die Hunde, worauf die Nachbardörfer antworten, und wenn man endlich eingeschlafen ist, krähen die Hähne, und die pralle Morgensonne fällt einem aufs Bett. Daß man trotzdem in leidlicher Verfassung bleibt, ist eine Frage der Luft, die die Nerven überanspannt und es zuwege bringt, daß man sich eines hohen Gesundheitsgefühls rühmt, das aber eigentlich nur eine Nervenüberreizung ist. Von dem Augenblick an, wo einem dies klar wird, ist dieser ganze Himmel entgöttert, und man macht, daß man ihn verläßt, mit dem festen Entschluß, ihn nicht wieder aufzusuchen. Sommerfrischen für den, der jung ist oder es sein will. Aber erhebt man diesen Anspruch nicht mehr und sehnt man sich nicht nur nach Luftfrische, sondern auch nach Behagen, so findet man diese Vereinigung von Luft und Licht und Frische und von Komfort und Behagen nur in den großen Bädern, deren Deutschland, Gott sei Dank, so viele hat: Interlaken, Ragaz, Baden-Baden, Wiesbaden, Kissingen, Karlsbad, die man aufsuchen kann, auch ohne Kurgast zu sein. Ich habe mich schließlich ganz zu diesen bekehrt.

BERLINER SOMMER

»Ein Berliner Sommer (...) ist und bleibt etwas Schreckliches«, schreibt Fontane 1886 an Friedrich Stephany.

Freilich wo wäre es im Sommer nicht schrecklich! Es könnte schön sein, wenn die Welt und besonders der Teil derselben, der auf den Namen »Bad« oder »klimatischer Kurort« getauft ist, nicht aus lauter Gesindel bestünde, das in erster Reihe dem Grundsatz huldigt: »Für den Berliner ist alles gut genug.« Mit Genugtuung habe ich die verschiedenen Schmerzensschreie gelesen, die die geschindluderte Menschheit in den Spalten der Vossin losgelassen hat. Ich würde mit einstimmen, wenn ich nicht längst resigniert wäre. Wie man Bismarck oder seiner Frau gegenüber jeden Widerstand aufgibt, weil es einem doch nichts hilft, so klage ich auch über sogenannten Kurörter und Sommerfrischen nicht mehr, aber daß es so ist, ist schrecklich. Daß man im günstigsten Falle für ein mäßiges, aber aber auch für ein exorbitantes Geld schandmäßig und geradezu lebensgefährlich verpflegt wird, kann wohl als unbestrittene Tatsache gelten, jeder weiß es, jeder fügt sich darin und tröstet sich mit dem Satze, daß er (...) um der »Luft« willen an seinen klimatischen Kurort gegangen ist. Nicht Bouillon, aber Ozon. Gut. Aber wo gedeiht dies Ozon? Nirgends. So sehr nirgends, daß mich seit diesem Sommer ernsthaft die Frage beschäftigt, ob nicht der Berliner Kanal an der Potsdamer Brücke (wo die Äpfel und alten Bierpfropfen auf grünschäumender Flut tanzen) einer jeden beliebigen Gebirgsdorfgasse weit vorzuziehen sei. (...) Denn man bilde sich doch nicht ein, daß der Sauerstoff, der einfache oder der doppelte, wie er in Gebirgsdörfern verzapft wird, ein Element, ein einheitlicher Stoff sei. Es läßt sich umgekehrt behaupten, daß es nichts Komplizierteres gäbe. Die Hühner sorgen dafür, daß der Hühnerstall mit seinen eigentümlichen Vorzügen einen ambulanten, namentlich der Frückstückslaube zugute kommenden Charakter annimmt, schräg neben dem Schlafstubenfenster türmen sich mehr der Agrikultur als der Ästhetik dienende Stallhaufen auf, und um das ganze Haus her zieht sich ein tiefgesättigter Styx (Graben), der aus drei benachbarten Ställen einen unter Gras und Blumen versteckten, aber desto konzentierteren Zufluß erfährt. All das ist Übels genug, kann aber bei Wind, der alles wegfegt, oder bei herrlichem Wetter, das höher hinauf in die Berge lockt, ertragen werden. Der Schlaf, der einem 10stündigen Marsche folgt, ist unkritisch. Aber ach, dies Jahr 86, das in einen durch Regen oder Stichsonne konstant in die Stube bannt, dies Jahr 86 ist furchtbar, besonders an den vielen, vielen Tagen, wo statt Regen und Sonne tiefziehende Wolken die Schreckensrolle übernehmen. (...) Ich glaube, daß das ganze moderne Reisewesen sehr reparaturbedürftig ist; auszuhalten ist die ganze Geschichte nur von denen, die so gesund und kreuzfidel sind, daß sie füglich auch zu Hause bleiben konnten.

In einem Brief im Sommer 1887 an Emilie Fontane heißt es übers Reisen:

(...) Den Nachmittag habe ich in Rüdersdorf verbracht.

(...) Der Ort wirkt so wie Plaue, Wilsnack etc. Alle diese Jammernester haben irgendwo einen Charme, eine relative Bedeutung: in Plaue das Schloß samt seinen historischen Erinnerungen, in Wilsnack die Wunderblutkriche mit ihrer immerhin interessanten Geschichte, in Rüdersdorf das Bergwerkswesen und die Wichtigkeit desselben für Berlin. Trotzdem – Du siehst, daß ich gelten lasse, was nur irgend Geltung beanspruchen kann – empfinde ich diesen märkischen Nestern gegenüber immer wieder den niedrigen Stand unsrer Provinz und seiner Bevölkerung. Berlin ist ein Ding für sich, und auch in vielen kleinen Städten mögen sich gelegentlich Erfreulichkeiten finden, im ganzen steht alles nach wie vor auf einer traurigen Tiefstufe, so daß die schlesischen Gebirgsdörfer wahre Pradiese daneben sind. Die Leute dort (in Schlesien) haben einen natürlichen Schönheitssinn, auch die ärmsten sind beflissen, alles niedlich, anheimelnd erscheinen zu lassen; dieser Sinn fehlt unsrer Provinz, alles ist arm, häßlich, trist, und mit der Wohlhabenheit fängt nicht der feine Sinn, sondern die Protzigkeit an. Es ist ein zuverlässiger, verständiger, intelligenter Menschenschlag, aber ohne jede Spur von dem, was gefällig wirkt. (...)

*

Die Mecklenburger haben vor dem Märker mehr breites Behagen voraus, aber sie sind ... ledern und philiströs.

Überschlage ich meine eigene Reiserei: Ich habe von Spritzfahrten in die Nähe mehr gehabt als von grossen Reisen. In Teupitz und Wusterhausen und nun gar in der Prignitz und im Havelland bin ich immer glücklich gewesen. Man passt mehr zum »Gasthof zum alten Zieten« in Wildberg als zum »Clareudou-Hotel in London. Schmerzlich, aber wahr.

PREUSSEN VERGESSEN!

Am Mittwoch will ich mit Frau und Tochter nach »Nijen Brannenburg« abdampfen, um Preußen zu vergessen, wozu Fritz Reuters Heimat – als eine Art Gegensatz – die beste Gelegenheit bietet. Ich stelle Rothspon und Onkel Bräsig höher als den ganzen Borussismus, diese niedrigste Kulturform, die je da war. (...)

Ich bin gern in Mecklenburg, wie in allen Ländern und Städten, die man in dem öden und dämlichen Berlinertum unsrer Jugend für Plätze zweiten Ranges hielt, während sie unsrem elenden Nest – *damals* gewiß »elendes Nest« – immer überlegen waren.

(1897)

*

Ein merkwürdiges Geschlecht, diese Mecklenburger. Alle begabt, aber doch meist nur Mittelsorte, und trotzdem alle von dem Glauben durchdrungen, daß es mit ihnen was Besonderes sei. Mich hat das immer schon geärgert, ich nahm's früher aber hin; jetzt in meinen ganz alten Tagen zeige ich ziemlich deutlich, daß ich's lächerlich finde. Dabei sind alle langweilig. Das nennen sie dann Humor, wenn sie plötzlich, mit einem ziemlich unverschämten Gesicht, aus ihrem Mustopf herausgucken.

(1895)

*

Die Mecklenburger haben unbestreitbar eine Durchschnittsbegabung, werden aber ungenießbar dadurch, daß sie einem dies Durchschnittsmäßige, dies schließlich doch immer furchtbar Enge und Kleinstädtische, als etwas »Höheres« als das eigentlich Wahre aufdrängen möchten. Ein Mecklenburger kann wie die »Jungfrau von Orleans« oder »die natürliche Tochter schreiben«, er bringt die Vornehmheit, den großen Stil, nicht raus. Er bleibt Linningen und Minningen oder bei Bräsig oder bei Leberecht Hühnchen. Das sind nun allerliebste Figuren, aber sie rechtfertigen dadurch nicht die Dickschnäuzigkeit, womit sie einmal präsentiert werden.

(1895)

*

Waren (...) Neubrandenburg (...) Beide Städte sind mecklenburgisch, jene dem Lande Schwerin, diese dem Lande Strelitz zugehörig, aber beide mit denselben Vorzügen und einem patriarchalischen Regiment. Dies Regiment, eine Adelsherrschaft, wird nun zwar im ganzen übrigen Deutschland und speziell in Preußen verspottet, zeigt aber so recht, daß es auf Verfassungen und Freiheitsparagraphen (die *wirkliche* Freiheit hat keine Paragraphen) gar nicht ankommt, sondern auf die Lebensformen, die hier beglückender sind als anderswo. Man freut sich seines Daseins, trinkt Rotwein und liest kleine Blätter. Die Leute sind infolgedessen weniger »gebildet«, aber auch weniger »verbildet«, was sich darin zeigt, daß aus kaum einem andern deutschen Landesteile so viele Talente hervorgehen. In Berlin sind die Menschen infolge des ewigen Lernens und Examiniertwerdens am talentlosesten – eine Beamtendrillmaschine. Anknüpfend möchte ich noch sagen dürfen, daß der Zug nach dem Norden, der sich dann oft bis nach Skandinavien hin ausdehnt, immer größer wird. Italien ist halb entzaubert (mit Ausnahme Riviera), weil man die Hitze, die Moskitos, die Malaria und die Bettelei nicht mehr aushalten mag und weil sich der »Bourgeois« – und der wirklich Gebildete erst recht – nachgerade eingesteht, daß er von Kunst *doch* nichts versteht, auch wenn er dreitausend Bilder noch so beharrlich angeglotzt hat. Der Norden ist klimatisch angenehmer, dabei sauberer und appetitlicher, und die Bevölkerung weniger Räuberbande …

(1897)

*

Die ganze Reiserei hat für mich nur den Zweck: mich auf sechs Wochen aus der Berliner Malarialuft herauszuheben. Sind Luft und Temperatur aber nur einigermaßen erträglich geworden, so bin ich froh, dem Riffpiratentum, das hinter jeder Thüringer oder Harzer Felsnase lauert, entfliehen zu können.

Die Zustände sind furchtbar und werden es von Jahr zu Jahr mehr. Daß man betrogen wird, ist selbstverständlich, daß man Nummer oder Gepäckstück ist, auch, die Mienen der unausstehlichen Menschen aber, die sich Hoteliers oder Oberkellner oder sonstwie nennen, sind eine Geduldsprobe und mir ein neuer Beweis, was sich der moderne Mensch, der so viel auf »Freiheit« gibt, alles gefallen läßt.

(1889)

DIE REISEN NACH ITALIEN

In die lange Epoche meiner primitiven Gebirgsaufenthalte fielen aber doch Ausnahme-Sommer: die, wo ich größere Reisen machte, 1874 eine erste und 1875 eine zweite italienische Reise.

Von beiden erzähle ich hier nur ganz in der Kürze, denn ich werde nicht der Wagehals sein, noch eine italienische Reisebeschreibung wagen zu wollen.

Verona, Venedig, Florenz lassen aus (wenn mir nicht, was unwahrscheinlich, noch eine besondere Szene einfällt), und ich beginne mit Rom:

a) Hotel du Sud. Piazza Barberini, Il Contratto, der entsetzliche Marineleutnant.

b) zurück nach Hotel du Sud. Piazza d'Espagna. Spanische Treppe. Die Bäckerei, Via Condotti, Café Greco.

Was mir am besten in Rom gefiel. Das meiste ließ mich sehr ruhig, zum Beispiel der Palatin. Ich glaube, daß die meisten Besucher sich bloß einbilden, er sei schön. Er ist gewiß schön, aber es gehört unendlich viel dazu, dies fühlen zu können, neunundneunzig von hundert sprechen bloß nach.

Schön ist der Blick von Trastevere, von der Tasso-Eiche, vom Capitol, der Pincio, wenn er sich belebt, der Blick von den Loggien des Vatikan. Und schön ist der Moses des Michelangelo, die Kapelle in Sao Paolo fuori le mura, die Thermen des Caracalla, des Titus, des Diokletian. Aber es ist doch nicht möglich, daß ein Laie das jüngste Gericht von Michelangelo in der Sixtinischen Kapelle bewundern kann.

c) Was mir Eindrücke hinterlassen hat, das ist alles was anderes: der bambino, die Wölfe, das Gefängnis, wo Jugurtha erdrosselt wurde, die Katakomben, das Grabmal der Cäcilia Metella, der Albaner- und der Nemisee.

d) Aufenthalt in Neapel, Pompeji, die Wandbilder, Capri, Bootfahrt von Capri nach Sorrent. Von Sorrent nach Salerno und Paestum.

e) Rückreise. Schönes Wetter. Rom im Regen. Florenz im Schnee. Irrfahrt bis Piacenza, Verona. Das Feuer im Kamin.

1875. Zweite Reise nach Italien. Über Ragaz, den Bernhardin, an den Lago Maggiore, Mailand, Genua, Pisa, Florenz, Bologna, Ravenna, Modena, Parma, Bergamo, Gardasee, Riva, Verona, Innsbruck, München, Wien. Ich denke mit einer Art Trauer daran zurück. So was kann sehr schön sein, aber es war es nicht. Einsam, allein, im wesentlichen gelangweilt, so sehr, daß nur ganz besondere Dinge mich herausreißen konnten, Ravenna, der Campo Santo in Pisa, einzelnes in Parma, der Gardasee. Als ich zurück war, hatte ich das Gefühl: »Nun ist es genug.« Es gibt Reise-Genies, die immer was

Interessantes erleben, weil sie sich zu introduzieren und zu insinuieren verstehen. Im ganzen, glaube ich, reist man in den jetzt modern gewordenen Vergesellschaftungen am besten. Wer überall Freunde trifft, empfohlen ist an Geld- oder Kunstfürsten, reich ist, sich jeden Komfort verschaffen kann, der reist freilich besser allein. Denn dies Zusammengepferchtsein mit möglicherweise doch fragwürdigen Gestalten ist auch kein Ideal. Aber wenn man es auch noch so schlecht trifft, so ist es doch immer noch besser als das Verdrossensein. Nur wer ein tiefstes Kunstverständnis hat, nur der, zu dem die Steine reden und der in dieser Zwiesprache nicht gestört sein will, nur der mag allein gehen und genießen, für den Durchschnittsmenschen und Laien ist es nichts. (...)

BAYREUTH

Im Juli 1889 reist Fontane nach Kissingen. Moritz Lazarus teilt er seine Reiseerlebnisse mit:

(...) Wie gewöhnlich kam alles anders als geplant: wir sind einzeln gereist, ich 8 Tage früher als meine Frau (...). Nur eine Woche Unterschied, und doch waren unsre Reiseschicksale sehr verschieden: ich aß wundervoll, zwischen Groß-Heringen und Dietendorf, im Speisewagen, meine Frau, die sich auf eben diese Wagen verlassen hatte, mußte 10 Stunden hungern, weil der Menschenandrang so groß war, daß der Speisewagen nicht für die Hälfte der Futtersuchenden Platz hatte. Natürlich auch die Coupés überfüllt. Ich ärgre mich schwer darüber, nicht kleinlich persönlich (...), aber in meiner Eigenschaft als geeichter preußisch-deutscher Patriot. Ewig nehmen wir das Maul voll, ewig bilden wir uns ein, »daß alles bei uns am besten sei«, und in Wahrheit ist alles am schlechtesten. (...)

An Emilie Fontane schreibt er aus dem Gasthaus »Zur Post«:

Es wäre hier alles ganz gut, aber die Gerüche sind fürchterlich. Wenn ich sie in ihrer Zusammensetzung erkennen könnte, möchte es gehn, aber in dem Undefinierbaren liegt etwas Schreckliches. Mir zur Seite, wenn auch zwei Etagen tiefer, ist eine Gänsehürde, diese habe ich im Verdacht, die Hauptsünderin zu sein; allgemein Sonnabendsches – es wird alles gescheuert – mischt sich ein. Der Bahnhofsportier schickte mich hier herüber, und ich bin ein bißchen das Opfer der Kleinen-Leut- und Unter-der-Hand-Verschwörung. Jetzt habe ich es: es sind die gewaschenen Wolldecken, die meinen alten Ingrimm gegen blankets usw. nur noch steigern.

Die Stadt und das Leben hier sind hochinteressant: vergorene Residenz, malerisches Drecknest und dazwischen das denkbar feinste und intelligenteste Publikum. Engländer aller Arten und Grade, sehr vornehme und daneben kolossale Karikaturen. Bierkneipen und Hotels ersten Ranges, in deren einem »Zum Reichsadler« (mit einem alten, malerischen Brunnen in Front) ich eben gegessen habe. Nach den Anstrengungen des heutigen Tages mußte ich mir etwas gönnen, und die Gerüche hier verlangen Balancierung, sonst werde ich krank.

Ich freue mich, daß ich hier bin, sehe aber ein, daß die ganze Geschichte doch nur für Lords und Bankiers inszeniert ist. So daß man eigentlich nicht hineingehört. Wer mit keinem Tonnengewölbekoffer ankommt, ist von vornherein unten durch. (...)

Eben habe ich die letzten drei Fremdenlisten gekauft und durchgesehen: Zwei Drittel sind Engländer und Amerikaner; Amerikaner noch mehr als Engländer, viele aus Denver (...).

Karl Zöllner schreibt er am 19. August 1889 einen Brief über den Besuch zweier Richard-Wagner-Aufführungen.

(...) Von Kissingen aus war ich auf drei Tage in Bayreuth, um »Parsifal« und »Tristan und Isolde« zu hören. Sonnabendnachmittag kam ich an und fiel aus einem Hotel und Kaffeehaus in das andre, was sehr interessant war. So international, daß die Promenade von Kissingen bloß wie Zoologischer Garten daneben wirkte. Sonntag »Parsifal«, Anfang vier Uhr. Zwischen drei und vier natürlich Wolkenbruch; für zwei Mark, trotzdem ich ganz nahe wohnte, hinausgefahren. Mit aufgekrempelten Hosen hinein. Alles naß, klamm, kalt. Geruch von aufgehängter Wäsche. Fünfzehnhundert Menschen darin, jeder Platz besetzt. Mir wird so sonderbar. Alle Türen geschlossen. In diesem Augenblicke wird es stockduster. Nur noch durch die Gardinen fällt ein schwacher Lichtschimmer, genau wie in »Macbeth«, wenn König Duncan ermordet wird. Und nun geht ein Tubablasen los, als wären es die Posaunen des letzten Gerichts. Mir wird immer sonderbarer, und als die Ouvertüre zu Ende geht, fühle ich deutlich: »Noch drei Minuten her, und du fällst ohnmächtig oder tot vom Sitz.« Also wieder raus. Ich war der letzte gewesen, der sich an vierzig Personen vorbei bis auf seinen Platz, natürlich neben der »Strippe«, durchgedrängt hatte, und das war jetzt kaum zehn Minuten. Und nun wieder ebenso zurück. Ich war halb ohnmächtig; aber ich tat so, als ob ich's ganz wäre, denn die Sache genierte mich aufs äußerste. Gott sei Dank wurde mir auf mein Pochen die Tür geöffnet, und als ich draußen war, erfüllte mich Preis und Dank. Nur das Dankgefühl des Türhüters konnte mit dem meinigen vielleicht rivalisieren. Denn er kriegte nun mein Billet, das er sofort für fünfzehn Mark oder auch noch teurer (denn es wurden ganz unsinnige Preise bezahlt) an draußen Wartende verkaufen konnte. Mein »Tristan«-Billet schickte ich am andern Morgen zurück und vermachte den Betrag einer »frommen Stiftung«. Ich hätte diese lächerliche Großmuts- oder Anstandskomödie nicht aufgeführt, wenn ich nicht ein drittes von mir bestelltes Billet gleich beim Einkauf am Tage vorher zurückgegeben hätte, worauf der Kassenbeamte sehr liebenswürdig einging. Diese Szene nun zu wiederholen war mir doch gegen die Ehre. Ich hebe dies eigens hervor, damit ich nicht alberner erscheine als nötig. Die ganze Geschichte – außerdem eine Strapaze – hatte gerade hundert Mark gekostet, und doch bedaure ich nichts. Bayreuth inmitten seiner Wagnersaison und seines Wagnerkultus gesehen zu haben, ist mir so viel wert. (...)

Noch drastischer drückt sich Fontane am folgenden Tag in einem Brief an Friedlaender aus:

(...) Das große Ereignis für mich (...) war (...) eine Reise nach Bayreuth: strapaziös und sehr teuer (jedes Theater-Billet 20 Mark), und das alles – um nichts zu sehn und zu hören. Ich konnte es in dem geschlossenen, mit 1500 nassen Menschen (vorher Wolkenbruch) angefüllten Raume nicht aushalten, wartete nicht einmal den Schluß der »Parsifal«-Ouvertüre ab und machte, daß ich wieder rauskam, froh, daß ich überhaupt herauskommen konnte. Ich bedarf durchaus des Gefühls einer gesicherten Rückzugslinie – in dem geschlossenen Scheunentempel aber saß ich wie als Kind in einer zugeschlagenen Apfelkiste. Hundert Mark waren futsch. Trotzdem tut mir die Reise nicht leid; die Beobachtung dieses Welttreibens – es war ein Hochgenuß, die Fremdenliste zu lesen – hat mich aufs höchste interessiert; aus New York oder Boston war gar nichts; Siam, Shanghai, Bombay, Colorado, Nebraska, Minnesota, *das* waren die Namen, die wirkten.

KURENFAZIT

»Mit einer Art Grauen sehe ich auf fast alle meine Reisen zurück.« Dieses Resümee zieht Fontane im Sommer 1895 in einem Brief an seinen Sohn Theodor.

(...) Daß Deine Frau durch das eigentümlich Aufregende, das die Seeluft hat, erst überreizt und dann abgespannt worden ist, beweist mir aufs neue, wie mißlich es mit den Sommerfrischen ist. So recht etwas haben eigentlich nur die davon, die's nicht brauchen. Wer auf den Großglockner raufklettert oder drei Stunden in Sonnenglut auf dem Wasser ist, um Seehunde zu schießen, der kommt sehr vergnügt von einer Sommerfrische zurück, deren Frische für ihn überhaupt nicht nötig war; die aber, die einer Erholung bedürfen, für die sich's wirklich um eine Luftkur handelt, die kriegen furchtbar oft einen Knacks davon weg, weil die ganze Wissenschaft von diesen Dingen noch in den Kinderschuhen steckt. Viele können im Gebirge nicht schlafen, andere an der See; die meisten kriegen an der See Cholerine-Zustände und brauchen im Gebirge Strahlsche Pillen. Dabei das furchtbare Gasthofselend. Um 12 Uhr kommt der letzte Zug: Trampeln, Stiefelschmeißen; um 4 Uhr geht der erste Zug: Klingeln, Wecken, Türenschmeißen. Man hat ein Beefstaek und eine Kulmbacher genossen und am Morgen eine Portion Tee, und für diese Leistung sind mindestens sechs Hände da, die sich nach einem Trinkgeld ausstrecken. Entsetzliche Table d'hôte-Gesellschaft, betrügerische Kutscher, ein Zimmer, drin es nach Schwamm oder, wenn hinten raus, nach Pferdestall riecht! Es ist mir ganz lieb, daß ich mich trotz aller dieser Dinge in der Welt umhergetrieben habe; denn man braucht das alles als Studium und Lebensmaterial. Aber wer mir sagt, daß das schön sei, mit dem breche ich die Unterhaltung ab. Schön ist es für die Engländer, die eine Jacht haben und mit dieser die Mittelmeerküsten anlaufen, die grundsätzlich keine Trinkgelder bezahlen und einen Kammerdiener haben, der alles besorgt. Und letzte Rückzugslinie ist immer die eigene Kabine. Mit einer Art Grauen sehe ich auf fast alle meine Reisen zurück; am besten ist es mir in der Gefangenschaft ergangen. (...)

ABATTUSEIN

Viele Briefe Fontanes beschäftigen sich notgedrungen mit Krankheitszuständen von Frau und Tochter oder mit eigenem »Abattusein«. Solange es geht, sucht er Wehleidigkeiten und Trübsinn – seinem ganzen Wesen nach – durch phrasenlose, besonnene Ratschläge zu bekämpfen; nüchtern und heiter appelliert er an den Lebenswillen des Kranken. Ein Brief an seine Frau vom 21. Oktober 1868 ist das Muster eines solchen Trostbriefes:

(...) Du tätest gut, wenn Du in allen Gesundheitsfragen mehr auf Deinen Mann hörtest. Ich darf wirklich sagen: Ich habe diese Fragen gründlich studiert, und da unsre nervösen Organismen sich sehr ähnlich sehen, so weiß ich auch immer ziemlich genau, was Du tun mußt, weil ich eben genau weiß, was *ich* zu tun habe. Ich habe die geheimnisvolle Kraft des Luft-, Orts- und Umgebungswechsels zu oft erprobt, seinen Segen zu oft erfahren, als daß ich mich in diesen Dingen irren könnte. Ich kann natürlich nicht Pocken oder Cholera oder Magenkrebs durch Luftwechsel kurieren; aber solche Zufälle, an denen wir zu leiden pflegen, heil ich unter neun Fällen von zehn durch bloßen change of air (Luftwechsel). Kommt dann noch so viel Liebes und Gutes hinzu, (...) so ist die Kur gemacht. Erwäge: man hat gegen sich selbst die *Pflicht*, nicht mehr und nicht länger krank zu sein, als eben unvermeidlich ist; man kürzt sich und andern dadurch die frohen Lebensstunden ab und gibt gar nichts dafür. Daß es an Bangen und Sorgen im Leben nicht fehlt, dafür ist ja ohnehin gesorgt; aber nun mache man auch dies Trübsalmaß nicht voller, als nötig ist. Leicht zu leben ohne Leichtsinn, heiter zu sein ohne Ausgelassenheit, Mut zu haben ohne Übermut, Vetrauen und freudige Ergebenheit zu zeigen ohne türkischen Fatalismus – das ist die Kunst des Lebens. In vielen Stücken ordne ich mich unter, aber in diesem Punkt bin ich Autorität. (...)

An seinen kranken Sohn Theodor schreibt er 1895:

Mit Pillen und Mixturen ist gar nichts zu machen und mit dem Genfer See womöglich noch weniger. Alle diese Aufenthalte (deshalb ging ich zuletzt in kleine ärmliche Bauden im schlesischen Gebirge) sind tödlich langweilig und steigern mit ihrem unvermeidlichen Ärger nur das Unbehagen. Könntest Du Dienstag und Freitag eine Kegelpartie mit drei sehr klugen, sehr witzigen und sehr liebenswürdigen Menschen haben, so wärst Du in drei Monaten so gesund wie der Fisch im Wasser. Das Wichtigste für den Menschen ist der Mensch, da liegt nicht bloß sein Glück, da liegt auch seine Gesundheit. Ich theoretisiere hier nicht, ich bin Praktiker.

1887 erkrankt Sohn George schwer an einer Blinddarmentzündung, Rettung war nicht mehr möglich, und nach Tagen und Nächten voller Schmerzen stirbt er, erst 36jährig, am 24. September. Am gleichen Tag schreibt Fontane an seinen Sohn Theodor:

Meinem Telegramm an Soldmann lasse ich noch diese Zeilen folgen, damit Du, wenn Du vielleicht morgen nach Münster zurückkehrst, doch einiges Nähere erfährst. Die Krankheit, Blinddarmentzündung, trat mit ungeheurer Vehemenz auf; er schrie vor Schmerz, und als ich ihn am Mittwoch zuerst sah – der Dienstag war der schlimme Tag gewesen –, sah er mich bereits mit Todesaugen an. Ich hatte gleich das Gefühl: er ist hin. Trotz alledem schien es besser zu gehn, und alle drei Ärzte waren nicht ohne Hoffnung. Die letzte Nacht aber setzte wieder furchtbar ein, und nach vielstündigem schwerem Kampfe schloß heute früh neun Uhr sein Leben. Ich trat in demselben Augenblick an sein Bett, als sein Puls stillstand; der Eisenbahnzug hatte mir nicht den Gefallen getan, sich um eine Minute zu verfrühen. Mete hatte ihn während der letzten vier Nächte mit heroischem Mute gepflegt, gemeinschaftlich mit einer grauen Schwester. Die Liebesbeweise Metes und die Tapferkeit und Umsicht, womit sie ihn gepflegt, waren ihm das einzige Licht dieser schweren Tage, und er gab der Freude darüber auch Ausdruck bis zuletzt.

Es ist nicht nötig, daß Du kommst. Richte alles so ein, wie Dir's am besten erscheint. Daß Du ihm von Herzen zugetan warst, wissen ja alle.

Wie immer Dein alter

Papa

Am 27. September wurde George Fontane zu Grabe getragen. »Das Begräbnis war herrlich, 4 Uhr Nachmittag, schönster Herbsttag, Exzellenzen und Generäle in Fülle, Kränze über Kränze, und die Gardeschützen gaben die drei Salven, die ihm als ›alten Krieger‹ zukamen. Er liegt nun auf dem Lichterfelder Kirchhof, einem umzäunten Stück Ackerland, und ich wünsche mir die gleiche Stelle.«

DAS THEATER IST TOT, SAGEN

die Propheten der Gehässigkeit. Aber heilig, sagen die Regisseure. Also die Hölle, sagen die Zuschauer. Denn Theater ist ihnen wie die Welt: Schlechtes Licht, schlechter Ton, mieses Bühnenbild. Und die Kritiker, diese gefallenen Engel, schreiben das hohnlachend auf. Während die Schauspieler in den Kantinen sitzen und meutern und meckern. Wider die Propheten, wider die Regisseure, wider die Zuschauer. Und natürlich wider die Kritiker. Bis sie vom Inspizienten zur Arbeit gerufen werden und entdecken dürfen: Das Theater unterscheidet sich in einer sehr lebensrettenden, freilich auch lebensfressenden Wesentlichkeit doch von der Welt. Es gilt auf der Bühne, zumindest auf Proben, noch der beruhigende Satz: Alles noch mal von vorn.

Wenigstens bis zur Premiere, sagt der Schauspieler.

Ja, aber auch dann wird irgendwann der letzte Satz gesprochen, der letzte Bühnentod gestorben. Das leise Rauschen des fallenden Vorhangs ist - wie zu Beginn, als er sich hob - das einzige Geräusch in einem Moment der Stille. Doch die lauernde Aufmerksamkeit des Publikums ist nun nicht mehr nach vorn gerichtet. Es lauert auf sich selbst. Auf und hinter der Bühne herrscht atemloses Schweigen. Nun gilt es. Jetzt urteilen Betrachter, die nicht die Scheuklappen einer wochenlangen Probenarbeit voller Frustrationen und beglückender Findungen, voller unteilbarer Erfahrungen tragen. Was hat sich vermittelt von dem, das einem selbst so klar und logisch erscheint? Ein Quentchen Zweifel bleibt; dieses Quentchen, das jede Premiere für alle Beteiligten immer wieder zu einem neuen Abenteuer werden läßt. Und dieses Quentchen Zweifel hat seinen gewichtigen Ausdruck in eben diesem Augenblick des Schweigens vor der Reaktion der Kritiker und des Publikums.

Ein guterzogenes Publikum, sagt Böwe, ist oft unehrlich. Ein ehrliches Publikum gnadenlos. Und wenn ein guterzogenes Publikum gnadenlos wird, na dann, gute Nacht. Applaus ist das unmittelbare Leistungsbarometer für den

Theatermenschen, in dem er, im Doppelsinn des Wortes, baden oder baden gehen kann.

Daß ein Schauspieler ein gespaltenes Verhältnis zum Kritiker hat, liegt in der Natur der Sache. Des Rezensenten Wunsch, Gesetze zu entdecken oder zu errichten, und dies ausgerechnet für die schöne Anarchie der Künste - dieser Wunsch wird nie gestillt. Die Maßstäbe bleiben unverbindlich, die Meßinstrumente und die zu Messenden unzulänglich. Und doch hört dieser Wunsch nie auf, im Kopf des Kritikers zu toben. Was in dieser höchst zweifelhaften Situation entscheidet, das hat Theodor Fontane in zwei schlichte Sätze gebracht: »Nicht meine Paragraphen, sondern meine Empfindungen haben zu Gericht zu sitzen. Sie können irren, aber selbst in ihrem Irrtum fördern sie mehr als das tote Gesetz.«

Der Rezensent Fontane. Im Juni des Jahres 1870 schließt er mit der »Königlich privilegierten Berlinischen Zeitung von Staats- und gelehrten Sachen«, landläufiger als »Vossische Zeitung« bekannt, einen Vertrag als Theaterkritiker. Zwei Jahrzehnte lang, bis Ende 1889, sitzt er auf Parkettplatz 23 im Königlichen Schauspielhaus. Die Stelle schafft eine gewisse verläßliche finanzielle Sicherheit, die es Fontane erleichtert, in der »Hoffnung auf einen kleinen Schriftstellerladen«, an seinen Romanen zu arbeiten. Es gehört zum unvergänglichen Ruhm Fontanes, daß er als siebzigjähriger Theaterkritiker die ungewöhnliche Begabung des siebenundzwanzigjährigen unbekannten Gerhart Hauptmann erkennt und sein Stück »Vor Sonnenaufgang« zur Uraufführung empfiehlt. Fontane schildert nicht ohne Genugtuung den Auftritt des jungen Dichters. »Statt eines bärtigen, gebräunten, breitschulterigen Mannes mit Schlapphut und Jägerschem Klapprock erschien ein schlank aufgeschossener, junger, blonder Herr von untadeligstem Rockschnitt und untadeligsten Manieren, verbeugte sich mit einer graziösen Anspruchslosigkeit, der wohl auch die meisten seiner Gegner nicht widerstanden haben.« Sogar Fontane hält Rockschnitt und Manieren, beide »untadeligst«, für Argumente. Die guten Sitten schienen noch intakt, als am 20. Oktober 1889, an einem herbstlichen Sonntagmittag, durch den »Verein Freie Bühne« in Berlin dieses Stück »Vor Sonnenaufgang« zum ersten Mal gespielt wird. Das »soziale Drama« lag längst gedruckt vor, man hatte es gelesen, man war nun ins Theater gekommen, um sich zu entrüsten.

Adalbert von Hanstein, ein Augenzeuge, berichtet: »Von Akt zu Akt wuchs der Lärm ... In dem Stück ward nach einer Hebamme gerufen, und dabei erhob sich ein durch seine Bissigkeit bekannter Arzt und Journalist und schwang ein chirurgisches Instrument diskretester Art, das er auf die Bühne werfen zu wollen schien. Rasender Tumult erhob sich.« Das diskrete chirurgische Instrument ist eine Geburtszange. Mit diesem Skandal beginnt die Bühnengeschichte des deutschen Naturalismus.

Theaterkritiker, sagt der Schauspieler plötzlich sehr verständnisvoll, leiden am äußerst menschlichen Zwang, ein wenig Gott zu sein. Aber man kann so schlecht Gott sein in Welten, die andere geschaffen haben. Der unglückliche Zustand läßt sich wahrscheinlich nur ändern, wenn der Kritiker – und da sind wir wieder bei Fontane – ein Erzähler ist.

Parkettplatz 23:
»DA SITZT DAS SCHEUSAL WIEDER«

Ich habe mich nie für einen großen Kritiker gehalten und weiß, daß ich an Wissen und Schärfe hinter einem Manne wie Brahm weit zurückstehe, habe das auch immer ausgesprochen, aber doch muß ich, für natürliche Menschen mit meinen Schreibereien ein wahres Labsal gewesen sein, weil jeder die Antwort auf die Frage »weiß oder schwarz«, »Gold oder Blech« daraus ersehen konnte; ich hatte eine klare, bestimmte Meinung und sprach sie mutig aus. Diesen Mut habe ich wenigstens immer gehabt.

Th. F.

PUBLIKUM

Das Publikum ist eine einfache Frau,
Bourgeoishaft, eitel und wichtig,
Und folgt man, wenn sie spricht, genau,
So spricht sie nicht mal richtig.

Eine einfache Frau, doch rosig und frisch,
Und ihre Juwelen blitzen,
Und sie lacht und führt einen guten Tisch,
Und es möchte sie jeder besitzen.

PARKETTPLATZ 23

(…) Meine Lebensjahre von 50 bis 70 waren meine Kritikerjahre. Zwanzig Jahre lang, von 1870 bis 90, hatte ich für die »Vossische« das Referat über die Königlichen Schauspiele (Hülsens letzte und Graf Hochbergs erste Jahre). Und was ich in diesen zwanzig Jahren auf meinem Parkettplatz Nr. 23 erlebt habe, will ich auf den nachstehenden Seiten erzählen, über Stücke, Premieren, Schauspieler, Dichter, ein paar mal auch von mir selbst. Es war keine uninteressante Zeit, die Zeit von der Aufrichtung des Reiches an bis zum Sturze dessen, der es aufgerichtet hatte. Das war der große Hintergrund. Auf der K(öniglichen) Bühne spiegelte sich wenig davon ab. Aber doch auch hier bereitete sich ein Neues vor, es klopfte an, ohne eingelassen zu werden. Aber man kapitulierte. (…)

1870 starb der alte Gubitz; die »Vossische Zeitung« sah sich nach einem Ersatzmann für ihn um, und ich rückte an seine Stelle. Mit Beginn der Spielzeit (15. August) sollte ich eintreten. (…)

Nr. 23, eine merkwürdige Zahl. In überfüllten Hotels bin ich fast immer in Nummer 23 untergebracht worden und habe da Schreckliches erlebt. Das kann ich nun von Nummer 23 im Schauspielhaus nicht eigentlich sagen, ich habe da viel angenehme Stunden zugebracht, aber ein merkwürdiger Platz war es doch auch. Es war nämlich kein eigentlicher Parkettplatz, sondern nur ein Annex, ein Vorposten, ein ausgebautes Fort, man könnte auch sagen ein Sperrfort, und wuchs, ganz in die scharfe Ecke zwischen Proszeniums- und Parkettlogen hineingebracht, von dieser Ecke her in den Parkettumgang vor. Knierempeleien waren also was ganz Alltägliches. Das Häßlichste war die Abgesondertheit. Wer eine hohe Meinung von sich hatte, der konnte sich beglückt fühlen, hier ein Gegenstand der Aufmerksamkeit zu sein. Wer dieses Gefühls entbehrte, für den war es peinlich.

Für den Eitlen war Nummer 23 ein kurulischer Stuhl, für den weniger Eitlen ein Armesünderbänkchen. Denn man bilde sich nur nicht ein, daß ein Theaterkritiker ein Richter ist, viel öfter ist er ein Angeklagter. »Da sitzt das Scheusal wieder«, habe ich sehr oft auf den Gesichtern gelesen.

Mein Kritiker-Debüt fiel auf den 15. oder 25. August. Es wurde »Wilhelm Tell« gegeben, wohl mit Rücksicht auf die Zeitlage ... Der und der gab den Tell, Friedmann den Geßler. Ich fand die Vorstellung ziemlich langweilig, Friedmann aber sehr gut. Ich sprach das Lob auch aus, und zwar ganz ohne Einschränkung. Am zweiten Tag (damals ging es noch nicht so flink wie jetzt) stand es im Blatt, und schon gegen Mittag hatte ich einen Brief von Friedmann, stilistisches und kalligraphisches Meisterstück und wundervoll in einer Art Königshandschrift unterzeichnet: Siegwart Friedmann. Er schrieb mir, er müsse mir danken; er sei nun schon eine ganze Weile Schauspieler, aber das sei ihm noch nicht vorgekommen, daß ein Kritiker uneingeschränkt und bedingungslos gelobt habe. Dieser Brief hat damals einen großen Eindruck auf mich gemacht und ist nicht ohne Einfluß auf meine Schreibweise geblieben; ich habe vermieden, mit der Linken wieder zu nehmen, was ich mit der Rechten eben gegeben hatte. Natürlich ist dies nur möglich, wenn man, sei's durch das Stück, sei's durch den einen oder andern Darsteller, hingerissen worden ist. Ist dies der Fall, so muß man sich die Freude des herzlichen Lobenkönnens nicht durch Hervorhebung mißglückter Kleinigkeiten selber verderben. Man schädigt sich dadurch in seinem eigenen Genuß. Anders liegt es natürlich da, wo man einer Leistung ruhig gegenübersteht oder wo sich Gutes und Nichtgutes balanzieren, da muß man dann freilich seine Gewichte in beide Schalen werfen.

DER SCHAUSPIELER ZWISCHEN 1870 UND 1890

Döring, Fr. Haase, Klein, G. Hiltl, Dessoir, Berndal, Rossi, Walvini. Die noch lebenden (Liedtcke, Ludwig), an denen ich vorübergehe – ich darf aber keine Namen nennen –, weil sie »keinen Spaß verstehen« oder, die darauf erwidern möchten, »dazu seien sie auch nicht (da), weil mit ihnen schlecht Kirschen pflücken ist«.

Mit zweien will ich es aber versuchen, weil sie von größerer Bedeutung sind, die für mich bestehen bleibt, wenn ich auch dies und das bemängele. (…)

Döring. »Er« hätte mich gern vergiftet. Es ging aber nicht recht. Dabei gutmütig. Ganz Schauspieler. Grenzenlos verwöhnt. Tyrann. Wer ihn tadelte, war sein Feind. 1842 lernte ich ihn in Dresden kennen. Hingerissen. Für Lustspiel groß: »Liebesprotokoll« etc. Auch in Charakterrollen: Pirrho, Kammerdiener. Für die Tragödie durchschnittsmäßig, fast störend. Es ging nur da, wo sich – was oft der Fall – etwas von Humor, von infernalem Humor in den Tragödienstil mit einmischt: Shylock, Lear etc. Ich versah es mit ihm von Anfang an, trotzdem ich ihn, meines Wissens, immer nur über den weißen Klee gelobt, aufrichtig bewundert habe. Aber der Ton, glaube ich, paßte ihm nicht; es klang, so vermute ich, etwas darin, was andeutete: »Ja, das war ausgezeichnet, aber daß ich dich bewundere, das ist das Resultat eines Urteils. Und weil ich urteile, kann ich auch morgen zu einem andern Resultat kommen.« Das war ihm schon störend oder, um in seiner Sprache zu sprechen, eine »Frechheit«. Wie ein orientalischer Despot verlangte er Unterwerfung, Aufschauen zu seiner Herrlichkeit. Indessen die Dinge gingen Jahr und Tag. Als ich dann schrieb, daß ich mit seinem Malvolio nicht einverstanden sein könne, weil er die Rolle mit einem Döringschen Darüberstehen spiele, weil er sich über den Malvolio selber mokiere und ins Publikum hineinspräche: »Ja, dieser Malvolio, ist er nicht ein Narr?«, so käme etwas ganz Falsches hinein, der Ernst der Figur, auf den so viel ankomme, darin eine gewisse Tragik liege, ginge ganz verloren, als ich mich so geäußert hatte, war es vorbei. Seitdem war ich, wie so viele andere, eine Kanaille, und sein Blick, wenn ich ihm begegnete, hätte mich vernichten mögen. Und dabei war ich nach wie vor ein Döring-Schwärmer. Aber man konnte ihm nicht genug tun.

Es wurde dann auch Rats gepflogen, wie man mir am besten beikommen könne. Da sich bei Durchsiebung meines Lebensganges ergab: »bisher unbestraft«, so konnte moralisch nicht gut eingesetzt werden, aber er heckte mit seinem Freunde Glaßbrenner, der damals die »Montagspost« redigierte, doch einen kleinen Vernichtungsplan aus. Und der war nicht übel, wie ich selber zugeben muß. Glaßbrenner bemächtigte sich der Chiffre »Th. F.«, unter der ich meine Theaterberichte schrieb, und in der nächsten Nummer der »Montagspost« erschien ein Aufsatz, der sich mit der Referentenbefähigung Th. F.s beschäftigte und worin ich beständig, immer im Fettdruck von Th. F., nicht Theodor Fontane, sondern Theater-Fremdling genannt wurde. Dies war nun wirklich sehr witzig gemacht, und weil mir außer meiner Theaterfremdlingschaft sonst nichts Schlimmes nachgesagt wurde, so war ich in der angenehmen Lage, über den guten Witz mitlachen zu können. Denn, offen gestanden, ich hatte nicht den Ehrgeiz, ein Theater-Habitué zu sein, und betrachtete das Wort, das mich in der Theaterwelt entwerten sollte, eigentlich als ein Lob, eine Ehrenerklärung. Daß es besser ist, man weiß in seinem Berufe was, als man weiß nichts oder wenig, das soll auch in bezug auf Theaterkritik nicht bestritten sein, aber wenn ich in die eine Schale die Vorzüge, in die andere die Nachteile des Nichteingeweihtseins lege, so möchte ich, wenn nur eine gewisse literarische Bildung und eine gewisse künstlerische Generalveranlagung da ist, die mit leidlich feinfühligen Fingerspitzen gut von schlecht, echt von unecht unterscheiden kann, auch der Meinung sein, daß das Nichteingeweihtsein mehr Vorzüge wie Nachteile hat. Im einzelnen – weil einem die Vergleichsobjekte fehlen – wird man Schnitzer machen, aber im ganzen wird man freier und unbefangener sein. Es ist jetzt Mode, von der Unbefangenheit des Nichtwissens zu sprechen. Es gibt einen Satz: »Die Geschichte des gesunden Menschenverstandes ist zugleich die Geschichte seiner Niederlagen«, und dementsprechend wird auch spöttisch von der »Unbefangenheit des Nichtwissens« gesprochen. Und zweifellos ist dieser Spott oft am Platz. Im ganzen aber – bei allem höchsten Respekt vor dem Wissen – kommt es doch im Leben mehr auf den angeborenen als auf den anstudierten Beruf an. Erfahrung ist besser als Studium, aber auch Erfahrung steht hinter dem von Anfang an Gegebenen zurück.

Aber nach dieser Abschweifung zurück zu Döring. In seiner Kollegenschaft war er gefürchtet und geliebt, von allen aber bewundert. Ich bin niemals einem andern Urteil begegnet und möchte fast annehmen, daß man in dieser Huldigung weiter ging als nötig, ja als zulässig. Es ist aber doch erstaunlich, diesen schönen Zug allgemeiner Zustimmung verzeichnen zu können, die vielleicht weniger in der Bewunderung der einzelnen Leistungen als in der Bewunderung der ganzen künstlerischen Persönlichkeit ihren Grund hatte. Er galt allen als glänzender Typus ihres Berufs, als der geborene Schauspieler. Und das war er wohl auch. Er war (worin ich ihm aber nicht beistimme) voll Verachtung gegen die, die sich den darzustellenden Charakter erst einstudieren müßten; er betonte mit Stolz: wenn ich eine Rolle gelesen habe, so steht die Figur im ganzen und im einzelnen leibhaftig vor mir, ich brauche kein weiteres Studium, und von Aufgaben bleibt mir nur die: dem geschauten Bilde nach Möglichkeit nahezukommen. Natürlich ist dies das

Wahre; wer es gleich weghat wie und wo, das ist immer der wahre Künstler. Durch ein paar Ausnahmen, die Fälle also, wo statt des richtigen Bildes ein unrichtiges vor seiner Seele aufstieg, wird die Regel nur bestätigt. Der Witz und die Überlegenheit liegt nicht in der Frage, ob das aufsteigende Bild richtig oder falsch ist, sondern darin, daß überhaupt was aufsteigt. Vor das Auge des Talentlosen, wenn eine Aufgabe an ihn herantritt, stellt sich gar nichts.

Döring, wie jede bedeutende Künstlererscheinung, hatte natürlich Schule gemacht, Schüler herangebildet. (...)

Im ganzen – er (Döring) soll sich durch große Mildtätigkeit und Hilfebereitschaft jederzeit ausgezeichnet haben – war er außerordentlich beliebt, im Leben wie unter seinen Genossen auf der Bühne.

Natürlich gab es auch Gegnerschaften. Ich vermeide das Wort »Feindschaft«, weil jemand ernsthaft »feind sein« wohl überhaupt nicht in seinem Charakter lag. Er ließ sich nur gehen, und, von Jugend auf verwöhnt, fiel er sich nie in den Zügel und gab sich rückhaltlos seinen Sympathien und Antipathien hin. Ein Hauptgegenstand seiner Antipathien war Dessoir. Wer beide noch gekannt hat, wird sich darüber nicht wundern. Dessoir war die tiefere Natur und wohl auch als Künstler tiefer angelegt, wennschon ihm der Geniezug fehlte, den Döring offenbar hatte. Ja, tiefer angelegt. Aber Döring, ganz Lebemann aus der Lutter-&-Wegner-Schule, ganz skeptischer und spottsüchtiger Berliner, glaubte nicht recht an dies tiefere Angelegtsein, oder – was mir wahrscheinlicher – er »wollte« nicht daran glauben. Ihm war das alles bloß Manier, Überhebung eines bestimmten *funèbren* Tons von der Bühne her ins Leben, und das widerstand ihm. Ich glaube, daß er dabei im Unrecht war und dem armen Dessoir das Leben schwer gemacht hat. Aber dieser, bevor ihn Krankheit niederdrückte, war kein verächtlicher Gegner und seinem Gegner an Charakter und

Mut, wenn auch nicht an Witz und Schlagfertigkeit gewachsen. Dafür aber ... (erweckt) er wohl das Gefühl, alles in allem doch der Mann der »höheren Ordnung« zu sein. Natürlich verdarb er es dadurch vollends. Es gibt zahllose ambitiöse Wendungen, in denen Döring seinem Unmut Ausdruck gab, aber sie sind nicht wiederzugeben, es sind Herrenwitze bei Kognak und Zigarre. Nur eine Geschichte von harmloserem Gepräge sei hier erzählt. Die gegenseitige Gereiztheit war wieder sehr hochgradig, als sich Dessoir entschloß, seiner Rache dadurch Ausdruck zu geben, daß er das Stichwort absichtlich versäumte, so daß Döring eine halbe Minute lang (was schon sehr lang ist) in einem ernsten Shakespearestück in die Lage kam, die Pause durch allerhand Mätzchen in Wort und Gesten ausfüllen zu müssen. Das führte dann im Zwischenakt zu einer heftigen Auseinandersetzung: »Was soll das heißen, Herr Dessoir, Sie lassen mich stehen. Sie wollen mich vor dem Publikum blamieren. Und wenn es ein anderes Stück wäre. Aber im ›Lear‹. Ich habe improvisieren müssen. Ein Mann wie Sie muß sich doch vorstellen können, was das heißt, eine halbe Minute lang im Geiste Shakespeares weiterzusprechen. Können Sie's? Ich glaube nicht. Nun ist es, Gott sei Dank, gelungen. Das Publikum hat nichts gemerkt.« Und in seinem bezauberndsten Tone antwortete Dessoir: »Herr Döring, das Publikum merkt nie etwas.«

Ein anderer, mit dem Döring immer was vorhatte, war Richard Kahle. Ich wähle den milden Ausdruck »immer was vorhatte«, denn von Gegnerschaft war keine Rede, konnte keine Rede sein. Kahle, grade als diese Dinge spielten, war noch sehr jung und voll aufrichtiger Döring-Bewunderung. Er bezeugte sie auch und so aufrichtig, daß Döring dadurch entwaffnet werden mußte. Von Animosität Dörings gegen ihn konnte keine Rede sein, er war nur einfach ärgerlich darüber, daß das Publikum so viel als Kahle machte und Kahles Lear oder Richard III. beinah mehr bewunderte, als seine Darstellungen dieser Rollen je bewundert worden waren. Er fand das zu viel, *viel* zu viel, und seinen Ärger über diese übertriebene Haltung des Publikums ließ er den ganz unschuldigen Kahle entgelten. Er war nicht eigentlich unliebenswürdig gegen ihn, aber er nörgelte und mäkelte, beständig hervorhebend, daß Kahle wohl zu deklamieren verstehe, aber keinen überzeugenden Naturton habe. Mal entspann sich folgender Dialog:

»Lieber Kahle, Sie sind kein Schauspieler, Sie sind ein Rhetor.«

»Aber, Herr Döring, ich habe doch ...«

»Ja, Sie haben Ihre Erfolge. Zugegeben. Es war ja wieder frenetischer Beifall. Aber das Herz haben Sie nicht getroffen, nur das Ohr. Sie sind ein Rhetor.«

»Aber, Herr Döring ...«

»Machen Sie selber den Versuch. Sie haben keinen überzeugenden Naturton! Sie sind ein Rhetor. Gehen Sie, wenn wir hier fertig sind, rüber zu Lutter und Wegner, und bestellen Sie sich eine halbe Flasche Rotwein. Ich versichere Ihnen, Sie können lange warten – der Kellner bringt Ihnen keine.«

»Aber, Herr Döring ... Wenn ich mir Rotwein bestelle ... Warum soll er ihn mir nicht bringen?«

»Weil er's Ihnen nicht glaubt!«

Eine letzte Döring-Anekdote. Ich sagte schon, daß, wenn er solche Gespräche führte, Döring mehr ärgerlich auf das Publikum als auf Kahle war. Und dieser Ärger über das Publikum war ein hervorstechender Zug an ihm. Als echter Berliner war er in ewiger Fehde mit dem Berlinertum, und vor allem mit dem Berliner Theaterpublikum, das ihn dennoch bis an sein Lebensende und mit Fug und Recht verhätschelte. Aber trotzdem, es genügte ihm nicht. »Je mehr er hat, je mehr er will.«

»Oh, dies Berliner Publikum! Sehen Sie, in der ganzen Welt geht der Mensch ins Theater, um seine Freude daran zu haben. Nur der Berliner geht ins Theater, um diese Freude nicht zu haben, und diese Nichtfreude ist seine einzige Freude. Auf diese Freude wartet er, und deshalb setzt er sich ins Parkett, nicht als ein dankbarer Zuschauer, sondern wie ein Sonntagsschütze, der sich in eine Sandkuhle legt, um einen armen Hasen abzuwarten. Der Hase aber, auf den er wartet, ist der Fehler oder auch bloß der anscheinende Fehler, den der arme Schauspieler da oben machen soll. Weh ihm, wenn er ihn nicht macht, dann ist er vollends verloren. Aber, Gott sei Dank, der Fall tritt nicht ein. Jetzt steckt der Hase den Kopf raus, der Fehler ist da, und nun knallt er los. Das ist das, was der Berliner sein Theatervergnügen nennt.«

Man hat Wrangel-Anekdoten gesammelt, die mir immer wie ein Schatz vorgekommen sind, nicht unserer Literatur, aber unseres eigenartigen preußisch-militärischen Lebens und somit richtige wundervolle documents humains. Es würde sich verlohnen, auch Döring-Anekdoten zu sammeln. Aber es müßte bald sein. Über ein kleines, und es ist zu spät.

George Hiltl. Seiner Abstammung nach Wiener, aber er selbst Urberliner. Er war freilich an die beste Quelle gegangen: Louis Schneider. Es hieß immer, er kopiere ihn. Dies war nicht richtig. Und wenn er ihn kopierte, so war das einer jener Fälle, wo die Kopie besser als das Original ist. Schneider war zwar ausgesprochener und war der »Erste« seiner Art, der Pionier. Schneider, worin seine Stärke, aber doch auch seine Schwäche bestand, war ganz *er*. Bei Hiltl ging es in drei Teile, er war er, er war Schneider und er war drittens auch Künstler. (...)

Als Schauspieler war er in einzelnen Rollen sehr gut. Er war nicht so geschwollen, wie Schneider war, der einem auf die Nerven fiel. Glänzend war sein Fähnrich Pistol. Ich habe seinesgleichen nie wieder gesehen. Wie er ein guter Schriftsteller und Schauspieler war, so war er auch ein sehr guter Plauderer. Immer von einem kolossalen bon sens:

1. »Ich lebe ganz für meine Kunst«, hieß: ich lebe für Beifall und hohe Gage.

2. Dabei trat er aber auch wieder für die Schauspieler ein: »Es heißt immer: neidisch. Das ist nicht so toll. Wie's bei den Musikern vorkommt, daß sie die Geigen fortlegen und begeistert mitklatschen, wenn sie durch die Leistungen eines Fachgenossen hingerissen werden, so kommt das auch bei uns vor. Wir stehen mitunter hinter der Szene und möchten mit einstimmen in den Jubel des Publikums. Oder womöglich noch darüber hinausgehen. Natürlich sind solche Fälle selten. Aber das liegt nicht daran, daß wir alle bloß Neidhammel wären, sondern daran, daß wir Bescheid wissen, daß wir echt und unecht unterscheiden können und die Begeisterung des Publikums da unten oft sehr unmotiviert finden.«

Von der Kritik hielt er nicht viel. Daß sie nichts helfe, nun, das sei nun schon ganz gewiß. Aber auch hinter ihre Zutreffendheit machte er ein großes Fragezeichen. Das einzige, was sie tun könne, sei, daß sie ehrlich sei, und fühle man das heraus, so sei man auch schon zufrieden. Der Kritiker sei nur dazu da, dem Gesellschaftspublikum für die am nächsten Abend zu besuchenden Gesellschaften den Gesprächsstoff zuzurichten, wobei es ganz gleichgültig sei, ob schwarz oder weiß.

DARSTELLENDE KÜNSTLER UND DIE KRITIK

Die Bevorzugung, die Eitelkeit und die Empfindelei der Künstler – darstellender Künstler – und die Kritik! Eigentlich müßte es heißen: »Königlicher Hofschauspieler und die Kritik«. Und zwar unsre königlichen Hofschauspieler. Aber diese Überschrift meiden, ist mein lebhafter Wunsch.

Es ist ein Thema, zu dessen Behandlung seit lange guter Grund vorliegt; die unmittelbare Veranlassung gibt mir die »Struensee«-Aufführung der vorigen Woche, die wieder einmal zu vielerlei Klagen, zu schriftlichen und mündlichen, führte. Diesen Klagen all und jede Berechtigung absprechen zu wollen, fällt mir nicht ein; Kritik üben ist ein schweres Ding, und von heut auf morgen über die Mängel eines Stückes und die vielleicht größeren einer Aufführung aburteilen zu sollen, einer Aufführung, an der an die dreißig Personen und zehn davon in hervorragenden Rollen teilnehmen, all das ist ein so schweres Stück Arbeit, daß das Mitunterlaufen (kleiner Fehler) einiger Härten im Ausdruck kaum vermieden werden kann. Und so mag denn noch einmal zugestanden werden, daß einige Härten im Ausdruck hätten beseitigt werden und, was immer das Angreiflichste bleibt, einige »pointierte Sätze« besser hätten unterbleiben können. Wer wird dergleichen billigen wollen?

Seit anderthalb Menschenalter besuche ich Gesellschaften und habe vielleicht eine kleine Virtuosität auf diesem Gebiet ausgebildet, dennoch bin ich bis diesen Tag noch nie nach Hause gekommen, ohne von dem Gefühl gequält zu sein: ein halbes Dutzend Dinge gesagt zu haben, die *nicht* gesagt zu haben, viel, viel besser gewesen wäre. Der verstorbene Geheimrat Bormann, dem ich dies kurz vor seinem Hinscheiden einmal klagte, erwiderte mir lächelnd: »Ich bin jetzt beinah Achtzig, und es passiert mir *noch*; Sie werden es aufgeben müssen, auf diesem Punkt das Ideal zu erreichen. Unter allen Künsten ist diese Kunst des Lebens vielleicht die schwerste.« So denn noch einmal: es mögen in der Weißglühhitze mehr Funken fliegen als nötig und namentlich weiter fliegen als nötig, aber es fragt sich nur, wie groß und wie klein dabei die Verschuldung des Kritikers ist und ob die Klagen, die laut werden, nicht ihrer Hauptsache nach in Empfindlichkeit oder ganz besonders in einer exzeptionellen, um nicht zu sagen, in einer sakrosankten Stellung zu suchen sind, die die darstellenden Künstler und ganz besonders die darstellenden

Künstler einer Hofbühne für sich in Anspruch nehmen. Hört man sie, so sollte man glauben, sie seien die unglücklichsten Menschen von der Welt. Und doch, meine ich, liegt es entgegengesetzt. Sie zählen zu den glücklichsten und bevorzugtesten. Sehen wir uns doch solch Künstlerleben, wie's die Hofbühne schafft, einmal etwas näher an.

Wie beginnt es? Wie verläuft es?

Wie steht es denn eigentlich mit diesen königlichen Schauspielern?

In einem Lebensalter, in dem der durch eine Anzahl schwieriger Examina gegangene preußische Normalmensch, also in seiner höchsten Form der Assessor, auf dem Punkt steht, ins Berufsleben einzutreten, und hin und her erwägt, weil er sich gern verheiraten möchte:

In Schrimm
Ist's schlimm,
In Rogasen
Zum Rasen,
Und nun gerate du nach Samter,
Verdammter,

in eben diesem Lebensalter, sag ich, erscheint ein junger Liebhaber oder Charakterspieler von Wien oder Petersburg her und gefällt. Er gefällt, wird engagiert, und eh er dreimal genullt hat, ist ein Kontrakt auf Lebenszeit da. Nun verheiratet er sich mit einer meist sehr hübschen, sehr liebenswürdigen und sehr gescheiten Kollegin …

Also Geld als *Lebensfundament*. Aber damit schließt die bevorzugte Position eines Bühnenkünstlers nicht ab. Er ist gekannt, gefeiert, berühmt, und ist es eine Dame, so empfängt sie Liebesbriefe, Gedichte, Besuche, Kränze, wird unter dem Beifall vieler Hunderte herausgerufen und liest am andern Tage, daß sie »göttlich« gespielt habe, zugleich empfängt sie Gedichte, Besuche, Blumen. Unter Umständen auch Dauerbares. An diesen Triumphen nimmt der männliche Schauspieler teil; er ist der Abgott der Pensionate, viele tragen sein Bild auf dem

Herzen, der Held der Intrigant, der Charakterspieler aber ist der Held der Sekundant und Primaner, die nichts Schöneres kennen, als den Mephisto im Kahle-Ton rezitieren zu können. In Gesellschaften sind sie Mittelpunkt, alles will mit ihnen gesprochen haben, die Jugend schwärmt, die Mütter sprechen von charmant, von hinreißend.

Und sind fünfundzwanzig Jahre ins Land gegangen, so haben wir Jubiläen, und sterben sie, so haben wir Feierlichkeiten, als sei der Landesfürst gestorben. Eine gefeierte Künstlerin, die vor kurzem zu früh starb, war wieder ein Beweis dafür. »Ihr Grab füllte sich mit Kränzen«, so stand in den Berichten, und mir fiel das Begräbnis F. B. Kleins ein, vor fünf, sechs Jahren, dem ich beiwohnte. Zehn oder zwölf Menschen standen auf dem Kirchhof, ein paar Neugierige mit eingerechnet, und *zwei* Kränze wurden ihm nachgeworfen. In diesem Augenblick aber bemerkte man, daß diese zwei Kränze die einzigen seien und daß von Blumen nichts übrigbleibe, was schließlich auf das zugeschüttete Grab gelegt werden könne. Da schaffte der Leichenträger eine Leiter herbei, stieg in das Grab nieder und holte einen der Kränze wieder herauf, damit doch etwas von einer Blumenspende, die nun freilich schon halb mit Erde überschüttet war, auf das Grab gelegt werden könne. Und so geschah es denn auch. Da haben wir den Unterschied, wie Dichter und wie Schauspieler begraben werden. Klein war kein sehr liebenswürdiger Mann, aber er war ein bedeutender Mensch, und was er geschaffen hat, wird eine ganze Generation von Schauspielern überleben.

Ja, es sind bevorzugte Existenzen, diese königlichen Hofschauspieler, und wenn man es ihnen sagt, so lächeln sie (weil sie's nicht ganz bestreiten können), sie lächeln und setzen dann hinzu: »aber die Kritik!«

(...) Was Schauspieler-Empfindlichkeit – und ich muß hinzusetzen – auch Schauspieler-Überheblichkeit war, ließ sich an ihm (Döring) als einem Musterbeispiele studieren. Es werden nicht hundert Male reichen, daß ich niedergeschrieben: er sei der größte lebende Bühnenkünstler. Aber dies konnte mich vor seinem Zorn nicht retten; ich beging das Verbrechen, seinen Malvolio (in »Was ihr wollt«) als nicht ganz korrekt zu bezeichnen und in bezug auf sein Wesen anzudeuten, daß mir *der* des alten Klaß um einen Grad lieber gewesen sei, was über mich entschied. Ein Ozean von Lob wurde durch diese zwei Tropfen leisesten Tadels vergiftet, und er sprach von mir unter Verwendung jenes ihm geläufigen Epitheton ornans, das aus der französischen Sprache herübergenommen worden ist und mit einem C anfängt.

So Döring. Und ähnlich verfahren die meisten. Ein berühmter Ausspruch Walter Scotts: »Es ist ein Unglück: Lob freut mich nicht oder schwindet hin, aber Tadel ärgert mich und bleibt« – dieser Ausspruch Scotts scheint eigens für die Schauspieler erfunden zu sein. Sind sie bei guter Laune, so geben sie's selber zu und setzen dann entschuldigend hinzu: »aber Sie dürfen nicht vergessen, daß wir ein Recht haben, empfindlicher zu sein, weil wir mit unsrer *Person* eintreten.« (...)

»VOR SONNENAUFGANG«

Im September 1889 sandte Paul Ackermann, der Verleger Gerhart Hauptmanns, dessen Drama »Vor Sonnenaufgang« mit der Bitte an Theodor Fontane, es zu lesen und wenn möglich, seine Aufführung zu unterstützen. Fontane schreibt zurück:

Durch einen Zufall wurde auf meinem Riesenschreibtisch (ein altes Erbstück von einem längst verstorbenen Sammler) das G. Hauptmannsche Stück verpackt u. verschoben, so daß ich es am Freitag Abend erst wieder entdeckte. Ich machte mich gleich an die Lektüre, las an demselben Abend auch den 1. Akt u. gestern (Sonnabend) den Rest. Ich war ganz benommen u. ich kann Ihnen nur gratulieren, etwas so Hervorragendes ediert zu haben. Von »erfreulich« ist freilich keine Rede, auch erschrecke ich, wenn ich mir vorstelle »das soll nun die Literatur der nächsten Epoche sein«; die Literatur hat im letzten andre Aufgaben. Aber um zu diesen andren Aufgaben zu kommen u. doch nicht in Melchthals Apostrophe an das Auge u. das Licht zu verfallen, dazu sind Durchgangsstufen nötig. Und dies ist eine davon. Der Herr Verf. ist an eine Aufgabe herangetreten, die er – was die Wenigsten, die Berühmtheiten mit eingerechnet, von sich sagen können – vollständig beherrschte, der er gewachsen war. Er kennt das, was er schildern wollte, u. auf gleicher Höhe wie seine Beobachtungsgabe steht seine Kraft der Darstellung. Vor allem der kurze 2. Akt ist ganz Nummer eins. All dies erschöpft aber mein Lob noch keineswegs. Das Leben scharf beobachten u. das Beobachtete kraftvoll darstellen, das können zwar nicht sehr viele, aber doch eine ganze Menge; was aber diese glücklichen Beobachter u. Darsteller *nicht* können, oder doch nur ganz selten können, das ist ein Kunstwerk herstellen. Meist nicht mal einen Roman, noch seltener natürlich ein Drama. Dies ist nur ganz Wenigen geglückt. Und die *Kunst* mit der G. Hauptmann vorgegangen ist, die Komposition, die Konsequenz in Durchführung des Gedankens, die Knappheit des Ausdrucks, die Klarheit so daß kein nebuloser Rest bleibt, das ist *das,* was ich an dieser Arbeit am höchsten stelle. Halte ich Umschau, so steht das Stück Ibsens »Wildente« am nächsten; es geht aber alles klarer auf, man weiß mehr, woran man ist, u. kommt dadurch unter eine stärkere Wirkung. Überhaupt mit dem ganzen Ibsen verglichen, den ich übrigens sehr hoch stelle, hat das Stück eine *Natürlichkeit* voraus, die der norwegische Dichter zwar anstrebt, aber unter Raffiniertheiten, Pußlichkeiten u. siebenfach auszulegenden Orakelsprüchen oft einbüßt.

Was dem Dichter vielleicht das Angenehmste zu hören sein wird: ich halte es nicht für möglich, daß sein Stück, wie es da ist, mit Haut und Haaren aufgeführt werden kann, u. möchte mich, wenn sich solche Aufführung ermöglichen sollte, für einen großen Erfolg verbürgen.

Ihr Dichter wird vielleicht ein Leben lang warten können, eh ihm – u. noch dazu von einem auf dem Aussterbe-Etat stehenden alten Herrn – je wieder so viel u. so unbedingt Anerkennendes (was zu tadeln ist verschwindet) gesagt werden wird. Denn nichts ist seltener als eine Kritik, die nicht mit der Linken wieder nimmt, was sie mit der Rechten gab. G. Hauptmann kann auch im weiteren auf mich zählen, u. ich will, wenn er es wünscht, sein Stück an Brahm empfehlen. Hilft es vielleicht oder wahrscheinlich auch nichts, so kommt es doch in einem tonangebenden Kreise ernsthaft zur Sprache. – Nur eins noch: Wenn G. Hauptmann, was ich nicht wissen kann, nach diesem meinem Briefe Lust haben sollte, sich mit mir persönlich in Verbindung zu setzen, so bitte ich Sie dringend, dies zu hindern. Ich verfolge aus meinem hochgelegenen Turmnest alles sehr aufmerksam u. sehr liebevoll, u. gedenke, so lange es irgend geht u. die Kräfte reichen, dabei zu verharren, aber ich kann aus meinem Turmnest nicht in die Arena niedersteigen u. mich an den Streitigkeiten, Verherrlichungen u. Todtmachungen des Tages beteiligen. Und dies ist unausbleiblich, sobald ich zu jenen, denen jetzt der Kampf obliegt in *irgendwelche persönliche Beziehung* trete. Ein gelegentlicher Brief, das allenfalls geht. (...)

Die Uraufführung von Gerhart Hauptmanns sozialem Drama »Vor Sonnenaufgang« fand in einer Veranstaltung des Vereins »Freie Bühne« am 20. Oktober 1889 im Berliner Lessingtheater statt. Fontane besprach Aufführung und Stück begeistert; die Rezension – seine läng-

ste Theaterkritik überhaupt – erschien in zwei Teilen am 21. und 22. Oktober 1889 in der »Vossischen Zeitung«.
An Friedrich Stephany schreibt er begeistert:

Gestern abend, nachdem ich die zweite Hälfte meiner Kritik abgeliefert hatte, habe ich mir noch den Genuß gemacht, in einer Zeitungsbude die sämtlichen Abendzeitungen zu kaufen, um mich dann daheim in die Meinungen der Kollegenschaft zu vertiefen. Es war mir sehr genußreich. Mir steckt von dem »alten Berliner« (aus den dreißiger Jahren her) gerade noch genug im Geblüt, um mich über gute Witze, selbst wenn ich sie verwerfen muß, zu amüsieren, und so habe ich mich über Lindau und Landau und über den Unbekannten im »Kleinen Journal« herzlich amüsiert; ja selbst über Frenzel, der, wenn er wütend ist, mitunter auch einen sehr guten, schneidigen Witz hat. Aber – und das ist der Grund, warum ich schreibe – alle diese Kritiken, die mit Ausnahme der Frenzelschen, gar keine Kritiken sind, sind so gewiß auf dem Holzwege, wie ich hier sitze und eine Feder mit breitem Spalt in der Hand halte. Das alles sind Schimpfereien und Ulkereien, als Ulke zum Teil sehr gut, aber auf das Eigentlichste hin angesehn oberflächlich und böswillig, entweder ohne jedes wahre Kunstverständnis geschrieben oder unter Zurückdrängen aller besseren Einsicht. Es ist lächerlich, diesen jungen Kerl so mit der landläufigen Phrase, daß er auch ein bißchen Talent habe, abspeisen zu wollen. Das ist gar nichts. »Ein bißchen Talent« hat jeder. Das kann man von jedem dritten Menschen sagen. Hauptmann hat ein sehr großes, ein seltenes Talent. Vor allem aber, und das muß ich immer wieder betonen – und *darf* es betonen, weil ich von den Dingen, die hier in Frage kommen, wirklich mehr verstehe als die andern –, vor allem spricht sich in seinem Stück ein stupendes Maß von *Kunst* aus, von Urteil und Einsicht in alles, was zur Technik und zum Aufbau eines Dramas gehört. Möglich, daß er die blinde Henne war, die das Korn zufällig fand und aufpickte, möglich, aber nicht wahrscheinlich. Bezwingen Sie nach Möglichkeit Ihre persönliche Abneigung gegen die Richtung (Gefühle respektiere ich durchaus), aber lassen Sie mich als »alten Knopp« die festeste Überzeugung aussprechen, daß hinter einem Manne, der so was schreiben kann, mehr steckt als hinter der andern Blase, die alle bloß nach der »Tantieme« schielen.

Die Rezension Fontanes: Vor Sonnenaufgang (21./22. Oktober 1889)

Es ist (so wenigstens stehe ich zu der Sache) nie ganz leicht, zu kritisieren, und mitunter ist es schwer. Ein solcher Fall war gestern gegeben. Nur wer den Mut hat, frisch, fromm, fröhlich und frei rundweg zu verabscheuen oder rundweg in den Himmel zu heben, dem wird auch dies Hauptmannsche soziale Drama kein großes Kopfzerbrechen machen; wer diesen Mut aber nicht hat, vielmehr sich mit jeder neuen Szene vor immer neue Fragen gestellt sieht, der wird einen schweren Schreibetag haben.

Es sind keine zwei Monate, daß mir das Stück zu Händen kam. »Gerhart Hauptmann«. Wer war er? Und dann weiter: »Vor Sonnenaufgang. Soziales Drama«. Mit dem Mut einer eben überstandenen Sommerfrische beschloß ich, ans Werk zu gehn. Das Büchelchen verkroch sich aber eine Woche lang unter den Papieren, bis es wieder in die Höhe kam, und nun las ich es, las es von Anfang bis Ende in einem Zuge durch.

Eine sonderbare, eine gruselige Geschichte. Überall im Lande haben wir jetzt Gegenden, wo Bauern und mitunter bloße Kätner über Nacht reich geworden sind, und in eine solche Gegend führt uns das Stück. Es ist ein schlesisches Dorf in der Nähe von Jauer, und das Haus, in das wir eintreten, ist nicht nur städtisch tapeziert und mit Bildern ausgestattet, es hat auch elektrische Klingeln und Telefon. Durchs Telefon wird sogar gesprochen. Ja, Klingeln und Telefon sind da, Pferd' und Wagen auch, sogar ein »Eduard«, Livreediener aus Berlin; in Wahrheit aber ist dies auf den Vornehmheitsschein gestellte Haus ein furchtbares Haus, ein Haus mit einem Gespenst in jedem Winkel.

Der alte Bauer Krause lebt als hochgradiger Säufer eigentlich nur noch in der Schenke; die viel jüngere Frau zweiter Ehe, eine Kuhmagd von vordem oder doch nicht viel was andres, spielt sich, wenn's ihr paßt, auf die »gnädige Frau« hin aus, die mit dem Ingenieur Hoffmann verheiratete ältere Tochter aus erster Ehe hat vom Vater her das Fuselbedürfnis geerbt, und ihr Gatte, Hoffmann, der Dirigens des Hauses, ist Phraseur und rücksichtsloser Genußmensch, der nur sich kennt und seinem Vergnügen alles unterordnet. Ehe sich uns diese Schnaps- und Sündensippe vollzählig vorstellt, machen wir die Bekanntschaft Alfred Loths, eines ehemaligen Schul- und Studiengenossen Ingenieur Hoffmanns. Alfred Loth kam hierher, um die Arbeiterfrage, besonders die der Kohlengrubenarbeiter, an Ort und Stelle studieren zu können. Er ist idealer, sozialdemokratisch angeflogener Politiker und lebt von Artikel- und Bücherschreiben, ein anständiger Kerl, etwas verrannt, starker Doktrinär und Prinzipienreiter, aber durchaus ehrlich und zuverlässig. Unter seinen Prinzipien steht Bekämpfung des Alkoholismus obenan. Er gehört zu denen, die kraft ihrer Kraft wieder eine tüchtigere Menschensorte herstellen wollen, um dann von der verbesserten Rasse zur Menschenbeglückung fortzuschreiten. Gesundheit natürlich erste Bedingung, Grundlage. Dieser mit Menschheit-Erhebungsgedanken gesättigte Alfred Loth, den man kurz als einen Abstinenzfanatiker charakterisieren kann, steckt nun also in einer Schnapshöhle. Scharfe Beobachtung scheint nicht seine Spezialität; er merkt nichts. Vielleicht deshalb nicht, weil er sich, wie so oft die Doktrinäre, sofort für die jüngere Tochter Helene zu interessieren beginnt. Und sie für ihn. Mit dieser Helene steht es übrigens anders als mit den andern Mitgliedern des Hauses. Ein letzter Wille ihrer verstorbenen Mutter hatte sie vor etlichen Jahren erziehungshalber nach Herrnhut geführt, und das Eintreten Alfred Loths in ihres Vaters Haus ist ihr gleichbedeutend mit einer Wiederanknüpfung an Zeiten, da sie noch Menschen sah und Menschen hörte. Mit einer von Augenblick zu Augenblick wachsenden Macht drängt sich ihr die Überzeugung auf, daß ihre Rettung aus dem Sumpf, in dem sie steckt, nur durch diesen wie durch eine göttliche Fügung in ihr Haus gekommenen einfachen Mann bewirkt werden kann, der nicht blendet und besticht, der aber ehrlich ist und Grundsätze hat. Und was das beste ist: der sie liebt. Es kommt zu keiner feierlichen Verlobung, aber sie sind verlobt, und Helene zählt die Stunden, die sie freimachen und in andere Verhältnisse hinüberführen sollen. Wenn nötig durch Flucht. Da führt das Schicksal zu Heil oder Unheil den Arzt des Dorfes ins Haus, den Dr. Schimmelpfennig, in dem Alfred Loth, wie tags zuvor in Hoffmann, abermals einen Genossen aus alten Verbindungszeiten wiedererkennt, einen Genossen, der aber den Grundsätzen von damals treugeblieben ist. In einer wundervollen Szene, der dramatisch bedeutendsten des Stücks, entrollt der pessimistische, zugleich wie Loth von Idealen getragene Schimmelpfennig ein Bild des Krauseschen Hauses und Familienlebens vor dem entsetzt aufhorchenden Freunde, der sich nun vor die Wahl gestellt sieht, entweder mit seinen Prinzipien oder mit seinem Liebesversprechen zu brechen. Er wählt das letztere, schreibt ein Abschiedswort und verläßt das Haus. Als Helene wenige Minuten später, von furchtbaren Ahnungen erfaßt, nach ihm sucht und nichts findet als das Abschiedswort, reißt sie verzweifelnd und rasch entschlossen einen Hirschfänger von der Wand und stürzt auf die Nebenstube zu. Gleich danach kommt eine Magd, um Helenen eine Bestellung zu machen, und als sie, sie suchend, zuletzt in das angrenzende Zimmer getreten ist, stürzt sie mit einem Schrei des Entsetzens wieder hinaus, und durch das öde Haus hin klingt die Kunde von dem blutig Geschehenen. Die Szene bleibt leer, während der Vorhang niedergeht.

Dies ist der Inhalt des Stücks, den ich in dieser Skizze seinem Kern und Wesen nach glaube richtig wiedergegeben zu haben. Aber was ich nicht richtig wiedergegeben habe, weil es sich nicht wiedergeben läßt, das ist der Ton, in dem das Ganze gehalten ist. Und deshalb ist jede Wiedergabe derart immer unvollkommen und meist auch schädigend. Der Ton ist bei Arbeiten wie diesen, die viel von der Ballade haben, nahezu alles, denn er ist gleichbedeutend mit der Frage von Wahrheit oder Nicht-Wahrheit. Ergreift er mich, ist er so mächtig, daß er mich über Schwächen und Unvollkommenheiten, ja selbst über Ridikülismen hinwegsehen läßt, so hat ein Dichter zu mir gesprochen, ein wirklicher, der ohne Reinheit der Anschauung nicht bestehen kann und diese dadurch am besten bekundet, daß er den Wirklichkeiten ihr Recht und zugleich auch ihren rechten Namen gibt. Bleibt diese Wirkung aus, übt der Ton nicht seine heiligende, seine rettende Macht aus, verklärt er nicht das Häßliche, so hat der Dichter verspielt, entweder weil seine Gründe doch nicht rein genug waren und ihm die Lüge oder zum mindesten die Phrase im Herzen saß oder weil ihn die Kraft im Stich ließ und ihn sein Werk in einem unglücklichen Momente beginnen ließ. Ist das letztere der Fall, so wird er's beim nächsten Male besser machen, ist es das erstere, so tut er gut, sich »andren Sphären reiner Tätigkeit« zuzuwenden. Gerhart Hauptmann darf aber aushalten auf dem Felde, das er gewählt hat, und er wird aushalten, denn er hat nicht bloß den rechten Ton, er hat auch den rechten Mut und zu dem rechten Mute die rechte Kunst. Es ist töricht, in naturalistischen Derbheiten immer Kunstlosigkeit zu vermuten. Im Gegenteil, richtig angewandt (worüber dann freilich zu streiten bleibt), sind sie ein Beweis höchster Kunst.

Das ungefähr waren meine Betrachtungen, als ich das Stück Gerhart Hauptmanns gelesen hatte. Er erschien mir einfach als die Erfüllung *Ibsens.* Alles, was ich an *Ibsen* seit Jahr und Tag bewundert hatte – das »Greift nur hinein ins volle Menschenleben«, die Neuheit und Kühnheit der Probleme, die kunstvolle Schlichtheit der Sprache, die Gabe der Charakterisierung, dabei konsequenteste Durchführung der Handlung und Ausscheidung des nicht zur Sache Gehörigen –, alles das fand ich bei Hauptmann wieder; und alles das, was ich seit Jahr und Tag an *Ibsen* bekämpft hatte – die Spintisiererei, das Mückenseigen, das Bestreben, das Zugespitzte noch immer spitzer zu machen, bis dann die Spitze zuletzt abbricht, dazu das Verlaufen ins Unbestimmte, das Orakeln und Rätselstellen, Rätsel, die zu lösen niemand trachtet, weil sie vorher schon langweilig geworden sind –, alle diese Fehler fand ich bei Gerhart Hauptmann nicht. Kein von philosophisch-romantischen Marotten gelegentlich angekränkelter Realist, sondern ein stilvoller Realist, d. h. von Anfang bis Ende derselbe.

So stand ich zu dem jungen Dichter und seinem Stück, und so gewappnet und gefeit (wie ich glaubte) trat ich ins Theater. Und ich bin auch in meinen Grundanschauungen unerschüttert geblieben, kann aber anderseits nicht in Abrede stellen, daß die Wirkung der Aufführung von der der Lektüre sehr verschieden war. Sie war nicht geringer, sie war nur ganz anders. Szenen, wie beispielsweise die, wo Loth seinem Freunde Hoffmann und der Tochter des Hauses sein politisches Programm entwickelt, die Liebesszene zwischen Loth und Helene, die Streitszene zwischen Loth und Hoffmann und endlich die große, den halben vierten Akt füllende Szene zwischen Loth und Dr. Schimmelpfennig, alle diese vergleichsweise herkömmlichen Szenen – herkömmlich in dem Sinne, daß in ihnen nichts geschieht oder gesagt wird, was nicht in jedem anderen guten Stück auch hätte getan oder gesagt werden können –, alle diese Szenen waren von großer und von niemandem im Publikum beanstandeter Wirkung, während alle die Vorkommnisse, die dem Drama wohl oder übel seine bestimmte Physiognomie geben und so recht eigentlich das waren, wovon ich mir eine mächtige, sozusagen eine kunstrevolutionäre Wirkung versprochen hatte, ziemlich spurlos vorübergingen. Im Publikum wurden dabei je nach der Parteistellung mehr oder weniger heftige Beifalls- oder Mißfallszeichen laut, ein zustimmendes oder verhöhnendes Lachen, auch wohl eines jener kritischen Impromptus, darin die Berliner exzellieren; von einer großen Wirkung war aber nichts wahrzunehmen, weder bei Freund noch Feind. Und befrage ich mich, welchen Eindruck ich persönlich von den Szenen empfing, auf die ich, wenn ich sportsman wäre, gewettet hätte, so war es vorwiegend der der Langenweile. Zumeist zeigt sich das im zweiten Akt, den ich nach der Lektüre für den besten und genialsten des ganzen Stückes erklärt hatte. Jetzt bei der Aufführung schuf er mir eine große Enttäuschung, und der Grusel, der hier durch eine Häufung von Entsetzlichkeiten hervorgebracht werden soll und auf den das Werk und sein tragischer Ausgang zu gutem Teile gestellt ist, blieb aus. Man sah einen schwer Betrunkenen und einige Imbéciles. Durch stärkeres Betonen der Brutalitätselemente, die der Dichter in vollem künstlerischem Bewußtsein hier vorgeschrieben hat, wäre diese Nichtwirkung freilich leicht in eine starke Wirkung umzusetzen gewesen, aber es ist mir nachträglich doch ganz sicher, daß das dem Grusel auch nicht aufgeholfen, sondern nur einfach das Widerliche (mit vielleicht sehr bedenklichen Folgen für den Ausgang des Stücks) an die Stelle des prosaisch Indifferenten gesetzt hätte. Und so hatten denn Oberleitung und Regie von zwei Übeln das kleinere gewählt. Das aber nahm ich als Resultat dieser Aufführung für mich persönlich mit heim, daß der Realismus, auch der künstlerischste, wenn er aus dem Buch auf die Bretter tritt, doch gewissen Bühnengesetzen unterworfen bleibt und daß Züge lebendigen Lebens, die dem realistischen Roman, auch wenn sie häßlich sind, zur Zierde gereichen, auf der Bühne prosaisch wirken, wenn man ihnen die Locken ihrer Kraft nimmt, oder abstoßend, wenn man ihnen ihre Echtheit beläßt. ...

Über Hauptmanns Drama wird noch viel gestritten und manche vieljährige Freundschaft ernster oder leichter gefährdet werden, aber über *eines* wird nicht gestritten werden können, über den Dichter selbst und über den Eindruck, den sein Erscheinen machte. Statt eines bärtigen, gebräunten, breitschultrigen Mannes mit Schlapphut und *Jäger*schem Klapprock erschien ein schlank aufgeschossener junger blonder Herr von untadligstem Rockschnitt und untadligsten Manieren und verbeugte sich mit einer graziösen Anspruchslosigkeit, der wohl auch die meisten seiner Gegner nicht widerstanden haben. Einige freilich werden aus dieser Erscheinung, indem sie sie für höllische Täuschung ausgeben, neue Waffen gegen ihn entnehmen und sich gern entsinnen, daß der verstorbene Geheime Medizinalrat *Casper* ein berühmtes Buch über seine Physikats- und gerichtsärztliche Erfahrungen mit den Worten anfing: »Meine Mörder sahen alle aus wie junge Mädchen.«

»DIE WEBER«

Ende September 1894 fand die erste öffentliche Aufführung von »Die Weber« von Gerhart Hauptmann in dem von Otto Brahm geleiteten Deutschen Theater in Berlin statt. Darauf wurde dem Theater die kaiserliche Loge gekündigt. Fontane schrieb seine letzte Theaterkritik, die aber nicht in der »Vossischen Zeitung«, sondern anonym im »Salon Feuilleton« erschien: »... nicht ein berechnender Politiker schrieb das Stück, sondern ein echter Dichter, den das einzig Elementare, das Bild von Druck und Gegendruck reizte ...« Theodor Fontane an Otto Brahm, am 27. September 1894:

Teuerster Doktor und Direktor.

Allerherzlichste Glückwünsche zu dem großen Erfolg. Ich hätte Ihnen dies schon gestern ausgesprochen, dokterte aber an einem Artikelchen herum, zu dem mich meine Erregung und der Wunsch, doch auch noch mit dabei zu sein (»letztes Aufgebot«), drängte.

Das Stück ist vorzüglich, epochemachend. Ob jemand dran herumtadelt, meinetwegen selbst mit Recht, ist gleichgültig. An Bismarck wird auch herumgetadelt (ich mit), er bleibt aber Bismarck, und das ist gerade genug. Sprechen Sie dem liebenswürdigen Dichter, der mal wirklich einer ist und ein Mensch dazu, meinen herzlichsten Dank aus. Auch Freund Schlenther hat sich wieder glänzend bewährt. Der heutige kleine Essay scheint mir ein Nummer-eins-Stück.

Mit dem Wunsche, daß, wie die deutsche Literatur ein Prachtstück, so das Deutsche Theater ein Zug- und Kassenstück gewonnen haben möge, unter schönsten Grüßen von meiner Frau (die ganz baff war) Ihr

Th. Fontane

Die Rezension: Die Weber (1894)

Es ist ein Drama der Volksauflehnung, das sich dann wieder, in seinem Ausgange, gegen diese Auflehnung auflehnt, etwa nach dem altberlinischen Satz: »Das kommt davon.« Was Gerhart Hauptmann für seinen Stoff begeisterte, das war zunächst wohl das Revolutionäre darin; aber nicht ein berechnender Politiker schrieb das Stück, sondern ein echter Dichter, den einzig das Elementare, das Bild von Druck und Gegendruck reizte.

Die »Weber« wurden als Revolutionsdrama gefühlt, gedacht, und es wäre schöner und wohl auch von unmittelbar noch mächtigerer Wirkung gewesen, wenn es sich ermöglicht hätte, das Stück in dieser seiner Einheitlichkeit durchzuführen. Es ermöglichte sich aber *nicht*, und Gerhart Hauptmann sah sich, und zwar durch sich selbst, in die Notwendigkeit versetzt, das, was ursprünglich ein Revolutionsstück sein sollte, schließlich als Antirevolutionsstück ausklingen zu lassen. Es ließ sich nicht anders tun, nicht bloß von Staats und Obrigkeit wegen. Todessühne, Zugrundegehen eines Schuldigen, das ist ein Tragödienschluß; Radau mit Spiegelzertrümmerung nicht. Das ist einerseits zu klein, andererseits die reine Negation. Wir wollen das Unrecht unterliegen, aber zugleich auch das Recht (das kein absolutistisches zu sein braucht) triumphieren, sich als *rocher de bronce* stabilisieren sehen. Was triumphiert, muß des Triumphes würdig sein. Hier aber, am Schluß des 4. Aktes, hätte der abschließende revolutionäre Sieg nichts bedeutet als – was eben zu wenig ist – den Sieg der Rache. Das Einsehen davon schuf den 5. Akt. Auch in ihm – wiewohl er nicht bloß ein Verstandes-, sondern ein Widerspruchsobjekt ist – bewährt sich noch Hauptmanns großes dichterisches Talent, aber doch mit der Einschränkung, die sich aus dem alten »Gebt ihr euch einmal als Poeten, so kommandiert die Poesie« wie von selbst ergibt.

Der 5. Akt ist ein Notbehelf, ein Zwang, aber doch, was uns trösten muß, ein Zwang, der nicht bloß in Klugheitserwägungen oder wohl gar in von außen kommenden Einflüssen, sondern viel, viel mehr in der eigenen Einsicht von der Unvermeidlichkeit solcher Zutat wurzelt.

Daß dadurch etwas entstand, was revolutionär und antirevolutionär zugleich ist, müssen wir hinnehmen und trotz des Gefühls einer darin liegenden Abschwächung doch schließlich auch gutheißen. Es ist am besten so. Denn dies Stück erhält durch dies Doppelgesicht auch eine doppelte Mahnung, eine, die sich nach oben, und eine andere, die sich nach unten wendet und beiden Parteien ins Gewissen spricht.

In einer gewissen Balancierkunst des 5. Aktes gegen die vier voraufgegangenen erinnert das Stück an Schillers »Tell«.

APOTHEKER IBSEN

(...) Ihnen gegenüber kann ich mich in der Ibsen-Frage ganz kurz fassen, seine Wirkung ist groß und berechtigt, er hat neue Typen und neue Aufgaben geschaffen, es fängt wirklich ein neues Leben mit ihm an, und das Alte wirkt abgestanden, langweilig. Aber indem ich dies kolossale Lob ehrlich ausspreche, muß ich doch zugleich hinzusetzen, alles, was da von Lebensanschauungen und Doktrinen mit drunterläuft, ist der reine Unsinn, so daß ein alter Kerl wie ich bloß drüber lachen kann. Neulich war Rittershaus bei mir, der das Pulver nicht erfunden hat. Aber eines war doch sehr gut. Er sagte: »Sehen Sie, dieser Ibsen, man kann nicht drei Seiten lesen, ohne zu merken, daß er Apotheker war.« Wie mir dabei zumute wurde, können Sie sich denken; im Hause des Gehenkten spricht man nicht vom Strick. Aber trotz dieses Angstgefühls, trotzdem ich mir die Frage vorlegen mußte, »wie steht es denn mit dir? merkt man es auch?«, trotz alledem fand ich es vorzüglich. Überall der kleine, kluge, verrückte Apotheker, der sich, weltabgeschieden, in eine furchtbare Frage einbohrt. Man muß unverheiratet sein, wie unsre jungen Freunde, um auf diesen Zopf von Ehe, freier Liebe, Selbstbestimmung, Verantwortlichkeit etc. etc. anzubeißen. Alles verrückt und manches auch noch *sehr* unangenehm, wie z. B. in »Rosmersholm«, was, glaub ich, der kleine Brahm ganz besonders schön findet. Ich, in meiner Eigenschaft als Zwischen-zwei-Stühlen-Sitzer, bin schlimm dran. Keinem kann ich's recht machen.

(An Friedrich Stephany, 1889)

FONTANE VERLÄSST DEN PLATZ 23

Fontane tritt in sein 70. Lebensjahr ein, nach 19 Jahren will er den Parkettplatz 23 aufgeben. An Friedrich Stephany schreibt er im Juni 1889:

(…) Darauf hat er (Lessing) mir heute sehr gütig und liebenswürdig geantwortet, daß er letzteres auch wünsche und, nach Beratung mit Ihnen, auch für durchführbar halte. Kommt es nun brieflich oder mündlich zu solcher Beratung, so bitte ich Sie freundlich, ein gutes Wort für mich haben zu wollen. Sehr leicht – wir haben schon darüber gesprochen – ist die Sache *nicht*, und sie wird nur leicht und namentlich auch am vorteilhaftesten für die Zeitung und für mich, wenn man über die ganze Sache lächelt und unter vier Augen ausspricht: »Es ist eigentlich ganz egal, ob er für das Geld was tut oder nicht.«

Greift diese leichte, noble, wohlwollende Anschauung Platz, so werde ich ganz gewiß was tun und in dem erquicklichen, die Brust nicht beengenden Gefühle, »es kommt gar nicht darauf an«, gelegentlich auch was *Gutes* tun. Ich habe nun mal zeitlebens keinen Druck ertragen können, geh aber bis diesen Tag noch immer mit Lust und Freude im Geschirr, wenn man bloß vom Bock her schnalzt und mit der Peitsche die Bremsen fortjagt. Wären nicht – ich habe einen ganz freien Sinn, bin aber freilich nicht »freisinnig« – die verdammten politischen Unterschiede, so wäre ich wundervoll als Leitartikelschreiber zu verwenden, was Sie vielleicht nicht glauben, was aber doch wahr ist. Denn eigentlich interessiert mich nur alles Historische und gibt mir die Kraft und Wärme der Darstellung. (…)

In einem Brief an Paul Schlenther, Anfang Dezember 1889, heißt es:

(…) Nummer 23 rechts war ein guter Platz, aber wenn Sie für links sind, so muß er für die Vossin eingehn und verfällt vielleicht dem blau annocierten Lokalanzeiger. Den Platz auch fernerhin für *mich persönlich* zu erbitten geht nicht, denn es ist nicht wahrscheinlich, daß ich mir noch oft die 3 Sorten Vorhänge ansehe, zu deren Verständnis der jedesmalige Theaterzettel den Kommentar liefert. Ich bin nicht ungern ins Theater gegangen, und wenn ich mal da war, habe ich mich immer amüsiert, auch wenn es scheußlich war, fällt aber der Zwang fort, so werde ich von nun an wohl lieber zu Hause bleiben und meine Kenntnis am andern Morgen aus P. S.s Bericht nehmen. (…)

Am 10. Dezember 1889 an Paul Heyse:

Den Band meiner »Gedichte«, den ich gleichzeitig zur Post gebe, nimm freundlich an. Er kommt etwas spät, was in der Annahme seinen Grund hat, Freund W. Hertz habe den Band, mit dem bekannten eingelegten Blättchen, schon vor Wochen in Deine Hände gelangen lassen. Aber wenn dem auch so sein sollte, nachträglich, und von Tage zu Tage mehr, beschleicht mich doch das Gefühl, daß ich mich selber hätte melden müssen. Und da bin ich denn nun. Ein paar von den neuen Sachen: die kleinen Gedichte auf Kaiser Friedrich, das auf Menzel zu seinem 70. Geburtstag und die Schlußballade »Herr von Ribbeck auf Ribbeck«, flößen Dir vielleicht ein kleines Interesse ein und zeigen mich Dir noch in meiner Gestalt vor dem Sündenfall.

Daß dieser da ist, erschwert die Auseinandersetzung über allerlei Fragen. Es gab Zeiten während des Krieges mit Österreich und bei Beginn des Kulturkampfs, wo ich mit meiner lieben katholischen Freundin Frau v. Wangenheim nicht mehr unbefangen reden konnte, und während der Antisemitenzeit wiederholte sich das im Verkehr mit befreundeten jüdischen Familien. Und so jetzt wieder (und fast gesteigert, was man bei literarischen Dingen kaum glauben sollte) in der neuen brennenden Frage. Es nützt einem nichts, daß man zu den versöhnlich Gestimmten gehört, »wer nicht für mich ist, ist wider mich«. Merkwürdiges kommt vor. So schrieb mir der mir im übrigen so wohlgesinnte W. Lübke gestern, »er könne mir nicht zugeben, daß es mit den Klassikern (er nennt eigens auch noch Shakespeare) vorbei sei«. Als ob ich solchen Unsinn jemals in die Welt hineingeschrieben hätte! Nur das ist wahr, wenn »Iphigenie« gegeben wird, will niemand so recht ins Theater. Das liegt aber nicht am Stück und nicht am Publikum, sondern einfach daran, daß jeder zu Haus, beim Lesen, einen unendlich größeren Genuß hat als bei der Aufführung, wo die Hälfte verklingt und das, was bleibt, nur den Unverstand der Schauspielerin beweist.

In drei Wochen ziehe ich mich nun aus dieser Theaterwelt zurück und bin froh, aus allem Streit heraus zu sein. Über die »Freie Bühne«, weil ich mal angefangen, muß ich vielleicht noch ein paarmal schreiben.

Am 4. Januar will man mir ein Fest geben; ich wollte, es läge hinter mir, denn ich passe dazu wie der Esel zum Lautenschlagen. (...)

Der 70. Geburtstag:
MAN LEBT SICH SELBST.
MAN STIRBT SICH SELBST.

Ich erwarte keine Liebe. Ich will einsam begraben sein. Ich will auch keine Kränze haben und verzichte auf den ganzen Klimbim. Ich will nur, solange ich atme, einfach sagen dürfen, wie ich die Dinge ansehe.

Th. F.

Theodor Fontane
30 Decbr.
1819.
Den 4. Januar 1890

»O TRÜBE DIESE TAGE NICHT«

O trübe diese Tage nicht,
Sie sind der letzte Sonnenschein,
Wie lange, und es lischt das Licht
Und unser Winter bricht herein.

Dies ist die Zeit, wo jeder Tag
Viel Tage gilt in seinem Wert,
Weil man's nicht mehr erhoffen mag,
Daß so die Stunde wiederkehrt.

Die Flut des Lebens ist dahin,
Es ebbt in seinem Stolz und Reiz,
Und sieh, es schleicht in unsern Sinn
Ein banger, nie gekannter Geiz;

Ein süßer Geiz, der Stunden zählt
Und jede prüft auf ihren Glanz,
O sorge, daß uns keine fehlt,
Und gönn uns jede Stunde *ganz*.

Der 70. Geburtstag Fontanes, am 30. Dezember 1889, rückte näher, und in zahlreichen Zeitschriften erschienen Würdigungen und Lebensberichte, zumeist der üblichen Art. Herausragend war der Essay des achtundzwanzigjährigen Maximilian Harden in der »Nation« vom 28. Dezember, der mit den Sätzen schloß: »Und wunderherrlich trifft sichs, daß man in friedsamster Weihnachtsstimmung über den Dichter schreiben durfte und daß man das Geschriebene liest um St. Sylvesters Punschtag. Wenn ihm die Nächsten am dreißigsten Dezember Glück wünschen, wir wollen uns gratulieren am einunddreißigsten. Und laut wollen wirs ihm zutrinken, unserem Meister Theodor Fontane: Prosit Neujahr! Und auf manches gute Jahr! Alt?! Ist ja alles Unsinn.«

Das Jahr 1890 begann am 4. Januar mit einer offiziellen Feier, zu der der Preßklub, die »Literarische Gesellschaft«, der »Rütli« und die »Vossische Zeitung« eingeladen hatten. Es war ein Festessen im Englischen Hause in der Mohrenstraße, an dem über 300 Gäste teilnahmen. Ein Höhepunkt war die Ansprache des Kulturministers Gustav von Goßler, die Fontane selbst als »epochemachend« ansah und der ausführte, daß es eine edle Aufgabe des Staates sei, der Literatur die Hand zu reichen, auch wenn er mit ihren Strebungen und Zielen nicht immer einverstanden sein könne. Für Fontane waren die Feiern und Ehrungen mehr eine Last als eine Freude: »So wäre denn dieser Kelch, der ärgste, der des 4. Januar, des Fontanefestes, an mir vorübergegangen …« – Die folgenden Wochen standen im Zeichen der Beantwortung der zahlreichen Gratulationen.

Als Fontane von der Absicht der »Vossischen Zeitung« erfahren hatte, ihm zu Ehren eine Feier zu veranstalten, schrieb er an Friedrich Stephany im November 1889 zwei Briefe, in denen er seine Abneigung gegen und gleichzeitige Furcht vor solcherlei Ehrungen schilderte.

Die Kritik ist fort, und ich kann mich nun dem Privaten zuwenden.

Also:

Erstens. So es Ihnen und den andern Herren paßt: Sonntag, den 5. Januar 1890, sechs Uhr.

Zweitens. Frau und Tochter wollen nicht. Das klingt sonderbar und eigentlich schon unartig, aber ich kann nichts dagegen sagen, weil ich ihnen in meinem Herzen zustimmen muß. Es ist zunächst eine Geldfrage. Sich auch nur leidlich dazu zurechtzumachen, kostet eine ganze hübsche Summe. Natürlich bringt man solche Summe auf, wenn man das Gefühl hat: es muß sein. Aber *muß* es sein? Dreimal nein. Sie, der Sie viel mehr von solchen Geschichten erlebt haben, wissen ja, wie's hergeht. Alles widerwillig oder spöttisch; im günstigsten Falle Stoff zu Witz und Ulk. (...) Und dazu das Gefühl totalen Fremdseins unter Menschen, die man nie sah und nie wieder sehen wird. Und nun gar die vom selben Geschlecht, die Weiber. Muß ich Ihnen die Weiber schildern? Von zehn sind neun von einer mustergültigen Grausamkeit, glatt wie Katzen und ebenso falsch. Ich bin in der heitersten Stimmung und von allen menschenfeindlichen Betrachtungen so weit ab wie möglich; aber es *ist* so. Dazu ängstigen sie sich um mich (d. h. *meine* Weiber, nicht die andern) und sind in einer Todesangst, daß ich mich blamieren könnte. Jede Frau wird *diese* Angst nie los; es muß wohl an uns liegen. Und so bitte ich Sie denn herzlich, daß von diesem »höchsten Schmuck des Festes« Abstand genommen wird.

Und nun drittens.

Ach, ich bin in einer grenzenlosen Verlegenheit; denn ich soll ja nun sagen, wer wohl aufzufordern ist. Ja, ich weiß keinen. Ich kenne keinen, von dem ich mich nicht überzeugt hielte, daß er bei ergehender Aufforderung zur Beteiligung in Verlegenheit oder in Ärger oder in Spott geriete. (...) In solcher Anfrage oder Aufforderung liegt aber ein stiller moralischer Zwang. Das ist das eine. Was aber noch schlimmer, wer sieht einen denn für voll an? Wer erklärt einen ehrlich, aufrichtig und gern für *fest*berechtigt? »Siebzig Jahre kann jeder werden, wenn er einen leidlichen Magen hat. Also, was soll der Unsinn? Der Kerl ist schon so eingebildet, und eigentlich ist es doch ein Jammer mit ihm; er hat nicht mal studiert.«

Und so bitte ich denn herzlich: lassen Sie aus Presse und Klub teilnehmen, wer will, und damit basta. Ich erscheine mit angenähten Orden (wenn das richtig ist, sonst lieber nicht), nehme meinen Ehrenplatz, werde angetoastet, stammle eine Antwort, und damit ist das Festliche erledigt. Dann trinken wir Wein und Kaffee, was das Angenehmste von der Sache ist. Also alles in allem: eine *Klubsitzung*, wie sie neulich war, wo Heyse gefeiert werden sollte, aber nicht kam. Nichts Besonderes, nichts Höheres. Jedenfalls kann ich weder weiblich noch männlich ein Kontingent stellen.

(…) Ich erwarte keine Liebe. Ich will einsam begraben sein. Ich will auch keine Kränze haben und verzichte auf den ganzen Klimbim. Ich will nur, solange ich atme, einfach sagen dürfen, wie ich die Dinge ansehe. Man lebt sich selbst, man stirbt sich selbst. Man ist den Menschen gar nichts (ihnen höchstens im Wege), und wenn sich drei Ausnahmen finden, so steht es auch mit diesen mau genug. Wir hatten ein altes Dienstmädchen, altes originelles Berliner Gewächs, das sechzehn Jahre in unserm Hause war und all die Kinder hat wachsen und – gehen sehn. *Die* wird trauern, wenn ich selber gehe. Das andere ist alles nichts. Und nun gar bei dem Vorspiel, das »Siebzigster Geburtstag« heißt. Haben Sie schon erlebt, wenn man nicht zufällig ein humaner rationalistischer Konsistorialrat ist, wo dann die alten Konfirmandinnen kommen, daß jemand dabei »mit Liebe« behandelt oder auch nur angekuckt worden ist? Ich nicht. Ich will es aber auch nicht ändern. Es amüsiert mich bloß, daß es so ist, wie es ist. Ich will nur nicht ein feierliches Gesicht schneiden, aus dem man den Schluß ziehen könnte, ich *glaubte* an all dergleichen. Ich glaube *nicht* daran. Und deshalb widersteht es mir, irgendwen bei dieser Gelegenheit zu inkommodieren. Die Freiwilligen bin ich artig genug zu respektieren, aber auch nur einen noch durch zufällige Namensnennung heranzukratzen, dazu kann ich mich nicht entschließen. (...)

An Heinrich Jacobi, Pfarrer in Kriele/Mark, schreibt er nach seiner Gebutstagsfeier:

(...) ich halte den Bredow-Stoff nach wie vor für einen ganz besonders glücklichen, glücklich namentlich für mich, da ich nirgends auf das *Große* aus bin (*das* findet doch seinen Darsteller), sondern auf das Mittlere, selbst auf das Kleine, das ich, idyllisch und humoristisch angeflogen, am liebsten behandle. Leider – ich sage ganz aufrichtig: leider – ist die ganze Geschichte in Schwanken und Unsicherheit geraten, da man mich, nach meinem Jubelfeste, selber zu einer kleinen Größe raufgepufft hat und nun auch von *mir* etwas wissen will. Mit andern Worten, ich soll durchaus eine Autobiographie schreiben, und mir sind daraufhin, pekuniär, sehr günstige Anerbietungen gemacht worden, namentlich von meiner Vossischen Zeitung, die sich ohnehin sehr generös gegen mich benommen und mich, wie einen alten Beamten regelrecht und auskömmlich pensioniert hat. Aber können Sie sich denken (ein Fall, der in der Literaturgeschichte vielleicht noch gar nicht dagewesen ist), daß ich lieber über die Bredows als über mich selber schreibe, trotzdem mein Leben, in seinem bunten Wechselgange, *auch* ein sehr guter Stoff ist. (...)

Von meinem »Jubelfeste« schreibe ich Ihnen nicht; die konservativen Blätter, die mich als einen »Abtrünnigen« (es ist aber nicht so schlimm damit), einigermaßen auf dem Strich haben, haben nur sehr wenig davon gebracht, aber gelegentlich kommt auch wohl ein anderes Blatt Ihnen zu Händen, und die haben es an weitschichtiger Schilderung, der ich kaum etwas hinzuzufügen hatte, nicht fehlen lassen. Man hat mich kolossal gefeiert und – auch wieder gar nicht. Das moderne Berlin hat einen Götzen aus mir gemacht, aber das alte *Preußen*, das ich, durch mehr als 40 Jahre hin, in Kriegsbüchern, Biographien, Land-und-Leute-Schilderungen und volkstümlichen Gedichten verherrlicht habe, dies »alte Preußen« hat sich kaum gerührt und alles (wie in so vielen Stücken) den Juden überlassen. Minister von Goßler, mein alter Gönner, riß die Sache zwar persönlich heraus, aber »ich sah doch viele, die nicht da waren«. Nun, »es muß auch *so* gehen«, sagte der alte Yorck bei Laon, als die Russen nicht anrücken wollten. (...)

Fontane war über den Verlauf des Festes tief verstimmt. Es war offensichtlich, daß viele von den etwa vierhundert Anwesenden lediglich gekommen waren, um – wie Eduard Engel in einem spöttisch-bitteren Bericht in der »Gegenwart« vom 18. Januar 1890 geschrieben hatte – »durch die Vertilgung teurer Speisen und noch viel teuerer Weine ihre verständnisvolle Begeisterung ... zu bekunden.« Das wurde besonders peinlich spürbar, als bei dem Vortragen von »Archibald Douglas« ein Teil des Auditoriums mitten im Gedicht zu applaudieren begann; man kannte nicht einmal diese berühmteste Ballade Fontanes und glaubte, sie sei zu Ende. Eduard Engel fährt fort: »Der Dichter konnte durchaus nicht wieder in seine vorige Stimmung zurück. Seine Blicke irrten trostlos über die noch immer beglückte Versammlung ... und senkten sich beschämt auf den Teller, inmitten dessen ein einsames blutrotes Radieschen lag. Gern hätte der Dichter dies Radieschen gegessen, denn ihm war der Mund trocken und bitter geworden ...«

In dem Entwurf eines Briefes vom 5. Januar 1890 an August von Heyden hatte Fontane geschrieben: »Das unpassende Benehmen eines Bruchteils an der Tafel hat mir freilich wie wohl auch vielen andern den Schluß des Festes verleidet und war, wie das Sprichwort sagt, der Hühnerdreck, der mir auf meinen Freudenteller fiel ... Und ich, als der, der das Fest verschuldet hat, komme mir vor wie ein Mitschuldiger. Warum wird man 70?« Diese bittere Frage entsprang nicht zuletzt der herben Enttäuschung Fontanes darüber, daß der märkische Adel ostentativ seinem Feste ferngeblieben war. Wirklich aufrichtig war Fontane nur von den zum größeren Teil aus Juden bestehenden fortschrittlichen literarischen Kreisen Berlins gefeiert worden; sie sahen in ihm den Wegbereiter einer neuen, ehrlicheren Kunstauffassung.

Im Dezember 1889 war Fontane auch das Ritterkreuz des Hohenzollerschen Hausordens verliehen worden. Georg Friedlaender hatte gratuliert, Fontane bedankte sich:

Sie gratulieren mir zu dem Orden. Ich weiß nicht, ob ich Ihnen nicht schon darauf geantwortet habe, verzeihen Sie also, wenn ich mich vielleicht wiederhole. Man kriegt die Orden für *andre*, nur in *dieser* Beleuchtung haben sie Wert, aber *dann* auch einen wirklichen Wert. Wäre ich ein gesellschaftlich angesehner Mann, ein Gegenstand von Huldigungen oder auch nur Achtung, die man allseitig meiner Stellung oder meinem Vermögen entgegenbrächte, so bedeutete mir solche Auszeichnung, mit der ich mich übrigens kaum je vor der Welt herumzieren werde, so gut wie nichts. Angesichts der Tatsache aber, daß man in Deutschland und speziell in Preußen nur dann etwas gilt, wenn man »staatlich approbiert« ist, hat solch Orden einen wirklichen *praktischen* Wert: man wird respektvoller angekuckt und besser behandelt. Und so sei denn Goßler gesegnet, der mich »eingereicht« hat.

DIE GESELLSCHAFTLICHE STELLUNG DES SCHRIFTSTELLERS

I

Wie ist die Stellung des Schriftstellers? – Ich glaube, es herrscht in dieser Frage bei denen, die sie zunächst angeht, eine seltene Einmütigkeit. Die Berühmten umd die Unberühmten, Freien und Unfreien, die Romane- und Stückeschreiber, die Journalisten und Essayisten – von den armen Lyrikern ganz zu schweigen –, alle sind meines Wissens einig darüber: die Stellung eines Schriftstellers ist miserabel. Welchem Lande nach dieser Elendsseite hin der Vortritt gebührt, mag schwer festzustellen sein, doch wird sich vielleicht sagen lassen, daß Preußen-Deutschland immer mit in erster Reihe figuriert hat und erfolgreich bemüht ist, sich auf dieser alten Höhe zu halten. Die, die mit Literatur und Tagespolitik handeln, werden reich, die, die sie machen, hungern entweder oder schlagen sich durch. Aus diesem Geld-Elend resultiert dann das Schlimmere: der Tintensklave wird geboren. Die für »Freiheit« arbeiten, stehen in Unfreiheit und sind oft trauriger dran als der mittelalterliche Hörige.

II

Der Schriftsteller ist schlecht dran, weil er arm ist und die natürlichen Konsequenzen der Armut tragen muß. »Ja«, so heißt es dann wohl, »warum ist er arm? Warum ist er ein Stümper? Warum drängt er sich hierzu? Wäre er talentvoll, so wäre er reich. Das ist auf jedem Gebiete dasselbe. Wer nichts kann, der bleibe davon; an dem gehen die goldenen Schüsseln vorüber. Wer etwas kann, dem fällt alles zu: mit dem Golde der Ruhm und mit beidem die *gesellschaftliche Stellung.«* Ja, das klingt ganz gut, aber ist es richtig? Ich glaube, nein. Gewiß ist Armut alles Übels Anfang. Aber sie ist hier nur ein Teil der Schuld. Es haftet dem Stande noch etwas anderes an, das ihn ungelitten macht, und wem darüber noch ein Zweifel sein sollte, der braucht sein Auge nur von dem äußern Elend des Schriftstellertums ab- und dem Glanz des Schriftstellertums zuzuwenden, und er wird sich, wenn er es tut, der Wahrnehmung nicht verschließen können, daß auch die gesellschaftliche Stellung der Schriftsteller-Aristokratie viel, sehr viel zu wünschen übrigläßt. Ja, wer sich gedrungen fühlt, sich eingängiger mit dieser unerquicklichen Frage zu beschäftigen, dem wird gerade, wenn er auf die Schriftsteller-Aristokratie blickt, das Miserable der Schriftstellerstellung am einleuchtendsten klarwerden. Denn wenn nicht viel dagegen zu sagen ist, daß Mangel an Erfolg überall in der Welt ein Eingereihtwerden in die 7. Reihe rechtfertigt, so müssen wir doch bei der Schriftstellerwelt die traurige Wahrnehmung machen, daß auch Glück und Erfolge die Sache nicht erheblich bessern. Natürlich wird der, der seine Miete bezahlt, besser behandelt als der, der sie nicht bezahlt, und der mit einem englischen Musterkoffer in Helgoland Eintreffende darf sich einer besseren Sommerfrische rühmen als der bloß nach Grünau hin ins Grüne Gestellte, – seine eigentlich gesellschaftliche Stellung bleibt aber auf ihrem sehr mäßigen Niveau, und selbst die, die sich um einen solchen Glücklichen anscheinend bewerben, sind meist mehr »erfreut, ihn kennenzulernen«, als innerlich beglückt und geehrt. Respekt ist etwas, das kaum vorkommt. Immer verdächtig, immer Blâme. Das ganze Metier hat einen Knacks weg. Am besten gestellt ist der Schriftsteller, wenn er gefürchtet ist. Da kann er den Kopf schon höher tragen.

III

Woran liegt es? Es liegt an einem gewissen Detektiv-Charakter des Metiers, an einer gewissen Furcht des Publikums vor Indiskretionen und am meisten daran, daß man die Schriftstellerei als Kunst nicht gelten läßt und davon ausgeht, all das am Ende ebensogut oder auch noch ein bißchen besser machen zu können. Schreiben kann jeder. Und außerdem ist das Schriftstellern so nutzlos, es ist das einzige Metier, das ganz überflüssig dasteht und mit einem ernsten Bedürfnis der Menschen nicht recht zusammenhängt. Die Journalistik, die Zeitung ist hier die einzige Ausnahme. Nun wird sich freilich von einem geistigen Bedürfnis überhaupt sprechen lassen, von einem *höheren* geistigen Bedürfnis, das nur auserwählte besondere Persönlichkeiten befriedigen können. Aber dies wird schließlich doch nur von wenigen zugegeben, und diese wenigen haben dann ihre »Klassiker« und stehen den Modernen oft nicht bloß gleichgültig, sondern feindselig gegenüber. Ich will dies nicht näher untersuchen. Ich will nur fragen, wenn ein guter oder selbst bester Lyriker einen Band Gedichte herausgibt, ob irgendwer von dem Glauben erfüllt ist, daß das Buch einem Bedürfnis entspricht? Und nicht viel anders steht es mit den Roman- und Novellenschriftstellern. Man wartet vielleicht zu Weihnachten darauf, aber von Bedürfnis keine Rede.

IV

Die Schriftstellerei wird nicht als Kunst betrachtet. Es heißt vielmehr: »Catilinarische Existenzen, von ungefähr dazu gekommen. Wenn einer nichts weiter kann, wird er Schriftsteller oder nennt sich so. Und dann, was ist es am Ende? *Jeder* kann es, jeder kann einen Artikel schreiben, einen Aufsatz, eine Kritik, ein Gedicht, eine Geschichte.

Was sollen wir da groß bewundern?« Gut, es soll das alles im wesentlichen richtig sein. Aber das Schreckliche ist, daß das Urteil des Publikums gar keine Ausnahme gelten läßt oder fast keine. Denn es gibt Schriftsteller, die weder catilinarische Existenzen sind noch in ihren Werken so dastehen, daß jeder Rat oder Assessor oder Kommis erklären dürfte: »Das kann ich auch.« Ja, es gibt viele solcher Schriftsteller, aber auch sie bedeuten nichts. Männer wie Schack, wie Rudolf Lindau etc. gehören nicht hierher, denn sie haben Stellungen im Staat, und danach richtet sich ihre gesellschaftliche Stellung. Mit den andern aber, die *nicht* exzeptionell situiert sind, vergleiche man nun die *Maler* und *Bildhauer.* Und da drängt sich denn die Frage auf, stehen unsre Besten wirklich tiefer als die Besten im Bereich unserer Schwesterkünste? Die Verständigen unter ihnen werden es selbst nicht behaupten wollen. Trotzdem sind wir das mißachtete Stiefkind.

V

Unser Aschenbrödeltum ist unzweifelhaft, ist eine Tatsache. Und Änderung? Es gibt nur ein Mittel: Verstaatlichung, Eichung, aufgeklebter Zettel. Vielleicht ist das Mittel schlimmer als der gegenwärtige Zustand. Aber dann müssen wir uns trösten und es lassen, wie es ist. Wollen wir Änderung schaffen, so gibt es keinen anderen Hilfsweg. Die Macht des amtlichen Ansehens, immer groß bei uns, ist in einem beständigen Steigen geblieben, ohne daß die Behörden des Staats diese Ansehenssteigerung für sich gefordert hätten; es ist ihnen umgekehrt dies gesteigerte Ansehen freiwillig entgegengebracht worden. Die Anschauung, daß nur Examen, Zeugnis, Approbation, Amt, Titel, Orden, kurzum alles das, wohinter der Staat steht, Wert und Bedeutung geben, beherrscht die Gemüter mehr denn je, und die freien Genies, die »Wilden«, immer suspekt gewesen, sind es jetzt mehr denn je. Früher hielt man sie (wenn man sie sich auch nicht in die Familie hinein wünschte) doch wenigstens für was Besondres. Auch das ist hin. Sie sind nicht bloß verachtet, man hält sie auch für unbrauchbarer, unfähiger und stümperhafter als die andern. Ihr Manko konnte früher balanciert werden, niemand denkt mehr daran; was sie haben, ist nichts, was sie nicht haben, ist alles.

Der Staat allein kann hier Wandel schaffen, wenn er das Ungeheure tut, gegen diese ihm huldigende Richtung selbst Front zu machen, und eines schönen Tages ausspricht: »Diese meine ungeratenen Söhne sind nicht so ungeraten, als wofür ihr sie anseht; sie stehen meinem Herzen *auch* nahe, sie bedeuten etwas, sie *sind* etwas.« Und um dies zu zeigen, uns es zu bestätigen – ich erröte fast, es auszusprechen –, gibt es kein andres Mittel, keine andre Form als jene kleinen und großen Auszeichnungen, die einem jeden bei uns zu Lande (und woanders auch) eine gute gesellschaftliche Stellung garantieren. Es dürfen nicht immer bloß Bankiers aus der Tiergartenstraße sich unserer annehmen, auch andere Plätze müssen sich uns öffnen. Daß dies möglich ist, wird wundervoll durch Beispiele illustriert, wo man ausnahmsweise und ohne sich die Frage nach dem jedesmaligen Vollwert vorzulegen, Schriftsteller so behandelte. Man denke an Brachvogel, an Hesekiel. An Uhland, der den Orden pour le mérite ablehnte, oder an Herweghs verunglückte Audienz vor König Friedrich Wilhelm IV. braucht nicht immer erinnert zu werden. Überhaupt vom *Politischen* muß man dabei absehen können. Mit der veränderten gesellschaftlichen Stellung würde sich vieles ändern, aber wenn dies auch ausbleiben und das Schriftstellertum, was Formen und Erscheinung angeht, nur auf dem Stande verbleiben sollte, den es gegenwärtig einnimmt (die Zeit der Dachstubenpoeten ist ja Gott sei Dank vorüber und kehrt nie wieder), so würde es auch auf seinem gegenwärtigen Niveau sich bei Fürsten und Ministern nicht schlechter ausnehmen als seine Kollegenschaft aus der Sphäre der bildenden oder der »ton«angebenden Künste.

Approbation ist das große Mittel, um dem Schriftstellerstand aufzuhelfen. Versagt es, so müssen wir nach einem noch besseren Umschau halten. Auch ein solches ist da. Es heißt: größere Achtung vor uns selber.

(1891)

»IM WINTER HABE ICH einen politischen Roman geschrieben.« So Theodor Fontane im Juni 1896, von Karlsbad aus, an den Herausgeber der »Vossischen Zeitung«, Carl Robert Lessing. »Gegenüberstellung von Adel, wie er bei uns sein sollte, und wie er ist. Dieser Roman heißt ›Der Stechlin‹«.

Ein politischer Roman. Das klingt nach Tendenz, nach Eindeutigkeit, nach Festlegung in der Position. Aber da sind wir noch einmal bei dieser Faszination eines Werkes, das sich unanfechtbarer Wahrheit entzieht, dabei jedoch nicht verschwommen, sondern klar wird.

Wer dieses Werk Fontanes, auch seine Briefe und Aufzeichnungen, nämlich nach eindeutigen Belegen für die politischen Anschauungen oder eine Tendenz des Autors absucht, so schreibt der Schriftsteller Dieter Meichsner, der vor Jahren als NDR-Fernsehspielchef eine Verfilmung des »Stechlin« verantwortete, der sollte stets darauf gefaßt sein, auch dem Kontrapunkt zu begegnen: Das geht so seit 1849, als die »Dresdner Zeitung« Fontane einen Artikel ablehnte, in dem der junge revolutionäre Journalist den preußischen Militärstaat gegen den Vorwurf in Schutz nahm, dieser Militärstaat sei eine negative Steigerung des Polizeistaates. Fontanes feine Unterscheidung des »militärisch organisierten Rechtsstaates« von »polizeilicher Willkür« erschien den Redakteuren des Blattes, und man wird ihnen nachfühlen, sicher nicht eindeutig und nicht entschieden genug.

In einem Brief über Für und Wider den jungen Kaiser Wilhelm II. gibt es einen Satz, in dem er dem Kaiser dessen Traum von einer »Demütigung Englands« hoch anrechnet. Will man den als eindeutigen Beweis für eine Wendung des notorischen und lebenslangen Englandschwärmers Fontane zum Antibriten ausgeben?

Dieselbe »1813er Epoche«, über deren »Ruppigkeit, Poplichkeit … spießbürgerliche Sechsdreierwirtschaft« er sich da so verächtlich ausläßt, rühmt er bei anderen Gelegenheiten wegen ihrer Tugenden und vor allem wegen ihres »Idealismus«, den er, als er sich in der Gegenwart seiner späten Jahre umblickt, so stark vermißt. Und wenn er die »Verrohung« beklagt, und daß sich die ganze Welt »durch gesteigerten Besitz und gesteigerte Lebensansprüche bis zu einer gewissen Bourgeoishöhe, vielfach von greulichem Protzentum begleitet, entwickelt«, da rechnet er ausdrücklich »die Sozialdemokratie mit ein«. Ein anderes Mal bringt er sie jedoch in mildere, freilich noch wunderlichere Nachbarschaft: »Alles, was jetzt bei uns obenauf ist, entweder heute schon oder es doch von morgen erwartet, ist mir grenzenlos zuwider: dieser beschränkte, selbstsüchtige, rappschige Adel, diese verlogene oder bornierte Kirchlichkeit, dieser ewige Reserveoffizier, dieser greuliche Byzantinismus. Ein bestimmtes Maß von Genugtuung verschafft einem nur Bismarck und die Sozialdemokratie, die beide auch nichts taugen, aber wenigstens nicht kriechen. Und das allein ist schon ein Verdienst.«

Will man das, fragt Meichsner, als eindeutigen Ausdruck von Fortschrittszuversicht durchgehen lassen?

»Hier hält sich jeder für einen Freiheitsapostel. Aber bei Lichte besehen ist derselbe Kerl nur ein elender Spießer, ein serviler Philister …« Fontane, der Mann, der sich also auflehnen muß: »Preußen war eine Lüge, das Licht der Wahrheit bricht an und gibt der Lüge den Tod!« Das ist jedoch derselbe, der sich tröstet: »… solange in den obersten Behörden noch der altpreußische Geist lebt, solange ist keine Gefahr.«

Woran sich halten, gerade nun, da ein »politischer Roman« avisiert ist?

Sein Leben lang, zwar in immer neuen Wendungen, aber wenigstens darin konsequent bis zu seinem Tode, hat sich Fontane etwas zugute gehalten auf seinen »kolossalen Sinn für Tatsächlichkeiten«, auf sein »Scharfhinblicken«; man weiß, wie präzis, ja fast spiegelbildlich getreu er Anekdoten und Figuren, die ihm in der Realität begegneten oder über die ihm Mitteilung gemacht wurde, in die Wirklichkeit seiner Romanwelt übertrug. Und weiter:

Sein Leben lang und darin ebenfalls konsequent mokierte er sich über »Prinzipienreiter«, die außerstande seien, die Welt zu sehen, wie sie ist, die sich vielmehr immer nur vorstellten, »wie sie ihrer Meinung nach sein sollte«. Und am Ende seines Lebens also entschließt er sich, justament dem Adel, »wie er ist« (von dem er sich nach langer »unglücklicher Liebe« aufs äußerste zurückgezogen hat, um es gelinde auszudrücken), einen Adel gegenüberzustellen, »wie er sein sollte«. Und zwar in einigen Exemplaren von solcher Liebenswürdigkeit, die seinen eigenen Zeugnissen von der Degeneriertheit, Borniertheit und Selbstsüchtelei dieser Klasse arg widersprechen. Aber Fontane besteht darauf: »Meine Adligen gibt es auch!« Es ist poetischer, Vorbilder aufzurichten (»So seid!«), als Warntafeln (»So seid nicht!«). Dogma ist nichts, sagt Fontane, denn alle Menschen, so weiß er, sind Wetterfahnen. »Und wir machen es auch so. Schwapp sind wir auf der anderen Seite.«

Das sagt ein Mann, der sein Leben lang hin- und hergerissen ist von Temperament, Mitleid, Ohnmacht und immer erneuter Erkenntnis der Realität: »Ja, so ist es.« Er kehrt zurück zur Mitte - als dem Ort, wo der Zweifel haust und mit dem Zweifel das Geltenlassen, die Distanz zu aller fanatischen Einseitigkeit, und vor allem: die Nachsicht.

Das Erscheinen der Buchausgabe seines letzten Romans »Der Stechlin« hat Theodor Fontane nicht mehr erlebt.

Ein Jahrhundert im Blick:
DER STECHLIN

Zum Schluß stirbt ein Alter, und zwei Junge heiraten sich; – das ist so ziemlich alles, was auf 500 Seiten geschieht. Von Verwicklungen und Lösungen, von Herzenskonflikten oder Konflikten überhaupt, von Spannungen und Überraschungen findet sich nichts.

Th. F.

79. Band. Vierzigster Jahrgang. Oktober 1897–1898.
Erscheint jeden Sonntag.
Preis vierteljährlich 3.50 M. Mit Postaufschlag 3.75 M.
Redakteur: Ernst Schubert in Stuttgart.

Stechlin.

Roman von

Theodor Fontane.

I.

Im Norden der Grafschaft Ruppin, hart an der mecklenburgischen Grenze, zieht sich von dem Städtchen Gransee bis nach Rheinsberg hin (und noch darüber hinaus) eine mehrere Meilen lange Seenkette durch eine menschenarme, nur hie und da mit ein paar alten Dörfern, sonst aber ausschließlich mit Förstereien, Glas- und Teeröfen besetzte Waldgegend. Einer der Seen, die diese Seenkette bilden, heißt „der Stechlin“. Zwischen flachen, nur an einer einzigen Stelle steil und quaiartig ansteigenden Ufern liegt er da, rundum von alten Buchen eingefaßt, deren Zweige, von ihrer eignen Schwere nach unten gezogen, den See mit ihrer Spitze berühren. Hie und da wächst ein weniges von Schilf und Binsen auf, aber kein Kahn zieht seine Furchen, kein Vogel singt, und nur selten, daß ein Habicht drüber hinfliegt und seinen Schatten auf die Spiegelfläche wirft. Alles still hier. Und doch, von Zeit zu Zeit wird es an eben dieser Stelle lebendig. Das ist, wenn es weit draußen in der Welt, sei's auf Island, sei's auf Java, zu rollen und zu grollen beginnt oder gar der Aschenregen der hawaiischen Vulkane bis weit auf die Südsee hinausgetrieben wird. Dann regt

Theodor Fontane in seinem Arbeitszimmer.

18. Mai 1897: Fontane bot der Deutschen Verlagsanstalt für deren Zeitschrift »Über Land und Meer«, eine Stuttgarter illustrierte Halbmonatsschrift, seinen Roman »Der Stechlin« an:

An Adolf Hoffmann, Berlin, Mai 1897:

(...) Die Honorarfrage kann kaum zu Meinungsverschiedenheiten zwischen uns führen, und der Stoff, soweit von einem solchen die Rede sein kann – denn es ist eigentlich bloß eine Idee, die sich einkleidet –, dieser Stoff wird sehr wahrscheinlich mit einer Art Sicherheit Ihre Zustimmung erfahren. Aber die Geschichte, das was erzählt wird. Die Mache! Zum Schluß stirbt ein Alter, und zwei Junge heiraten sich; – das ist so ziemlich alles, was auf 500 Seiten geschieht. Von Verwicklungen und Lösungen, von Herzenskonflikten oder Konflikten überhaupt, von Spannungen und Überraschungen findet sich nichts.

Einerseits auf einem altmodischen märkischen Gut, andrerseits in einem neumodischen gräflichen Hause (Berlin) treffen sich verschiedene Personen und sprechen da Gott und die Welt durch. Alles Plauderei, Dialog, in dem sich die Charaktere geben, und mit ihnen die Geschichte. Natürlich halte ich dies nicht nur für die richtige, sondern sogar für die gebotene Art, einen Zeitroman zu schreiben, bin mir aber gleichzeitig nur zu sehr bewußt, daß das große Publikum sehr anders darüber denkt und Redaktionen – durch das Publikum gezwungen – auch.

Und so sehe ich denn Ihrer Entscheidung nicht so hoffnungsvoll entgegen, wie ich wohl möchte. Vielleicht, daß der beigelegte Briefbogen mit Inhaltsangabe meine Chancen wieder um einiges steigert. (...)

In vorzüglicher Ergebenheit

Th. Fontane

Titel: »Der Stechlin«. Inhalt: In einem Waldwinkel der Grafschaft Ruppin liegt ein See, »Der Stechlin«. Dieser See, klein und unbedeutend, hat die Besonderheit, mit der zweiten Welt draußen in einer halb rätselhaften Verbindung zu stehen, und wenn in der Welt draußen »was los ist«, (...) so macht der »Stechlin«, klein und unbedeutend, wie er ist, die große Weltbewegung mit (...). Um dies – so ungefähr fängt der Roman an – und um *das* Thema dreht sich die ganze Geschichte (...)

Die Redaktion der Zeitschrift »Über Land und Meer« war von dem Manuskript des »Stechlin« begeistert und telegrafierte an Fontane: »Hochverehrter Herr Doktor, intensiv mit allen Ihren Menschen mitlebend, vor allem mit dem alten Freiherrn, am Schlusse im Innersten erschüttert, danken wir Ihnen dafür, daß ›Über Land und Meer‹ ein solches Werk veröffentlichen darf.« Fontane dankte umgehend mit einer Depesche:

Ihr Telegramm hat mich sehr beglückt. »Verweile doch, du bist so schön« – ich darf es sagen, denn ich sehe in den Sonnenuntergang. Herzlichen Dank.

DER STECHLIN

Erstes Kapitel

Im Norden der Grafschaft Ruppin, hart an der mecklenburgischen Grenze, zieht sich von dem Städtchen Gransee bis nach Rheinsberg hin (und noch darüber hinaus) eine mehrere Meilen lange Seenkette durch eine menchenarme, nur hie und da mit ein paar alten Dörfern, sonst abe rausschließlich mit Förstereien, Glas- und Teeöfen besetzte Waldung. Einer der Seen, die diese Seenkette bilden, heißt »der Stechlin«. Zwischen flachen, nun an einer einzigen Stelle steil und quaiartig ansteigenden Ufern liegt er da, rundrum von alten Buchen eingefaßt, deren Zweige, von ihrer eignen Schwere nach unten gezogen, den See mit ihrer Spitze berühren. Hie und da wächst ein weniges von Schilf und Bindsen auf, aber kein Kahn zieht seine Furchen, kein Vogel singt, und nur selten, daß ein Habicht drüber hinfliegt und seinen Schatten auf die Spiegelfläche wirft. Alles still hier. Und doch, von Zeit zu Zeit wird es an eben dieser Stelle lebendig. Das ist, wenn es weit draußen in der Welt, sei's auf Island, sei's auf Java, zu rollen und zu grollen beginnt oder gar der Aschenregen der hawaiischen Vulkane bis weit auf die Südsee hinausgetrieben wird. Dann regt sich's auch *hier*, und ein Wasserstrahl springt auf und sinkt wieder in die Tiefe. Das wissen alle, die den Stechlin umwohnen, und wenn sie davon sprechen, so setzen sie wohl auch hinzu: »Das mit dem Wasserstrahl, das ist nur das Kleine, das beinah Alltägliche; wenn's aber draußen was Großes gibt, wie vor hundert Jahren in Lissabon, dann brodelt's hier nicht bloß und sprudelt und strudelt, dann steigt statt des Wasserstrahls ein roter Hahn auf und kräht laut in die Lande hinein.«

Das ist der Stechlin, der *See* Stechlin.

Aber nicht nur der See führt diesen Namen, auch der Wald, der ihn umschließt. Und Stechlin heißt ebenso das langgestreckte Dorf, das sich, den Windungen des Sees folgend, um seine Südspitze herum zieht. Etwa hundert Häuser und Hütten bilden hier eine lange schmale Gasse, die nur da, wo eine von Kloster Wutz heranführende Kastanienallee die Gasse durchschneidet, sich platzartig erweitert. An eben dieser Stelle findet sich denn auch die ganze Herrlichkeit von Dorf Stechlin zusammen; das Pfarrhaus, die Schule, das Schulzenamt, der Kramladen, der Kirchhof. Neben diesem Kirchhof samt Kirche setzt sich dann die von Kloster Wutz heranführende Kastanienallee fort, bis sie über einen sumpfigen Graben von zwei riesigen Findlingsblöcken flankierten Bohlenbrücke Halt macht. Diese Brücke ist sehr primitiv. Jenseits derselben aber steigt das Herrenhaus auf, ein gelbgetünchter Bau mit hohem Dach und zwei Blitzableitern.

Auch dieses Herrenhaus heißt Stechlin, *Schloß* Stechlin.

Etliche Jahrhunderte zurück stand hier ein wirkliches Schloß, ein Backsteinbau mit dicken Rundtürmen, aus welcher Zeit her auch noch der Graben stammt, der die von ihm durchschnittene, sich in den See hinein erstreckende Landzunge zu einer kleinen Insel machte. Das ging so bis in die Tage der Reformation. Während der Schwedenzeit aber wurde das alte Schloß niedergelegt, und man schien es seinem gänzlichen Verfall überlassen, auch nichts an seine Stelle setzen zu wollen, bis kurz nach dem Regierungsantritt Friedrich Wilhelm I. die ganze Trümmermasse beiseite geschafft und ein Neubau beliebt wurde. Dieser Neubau war das Haus, das jetzt noch stand. Es hatte denselben nüchternen Charakter wie fast alles, was unter dem Soldatenkönig entstand, und war nichts weiter als ein einfaches Corps de logis (Mittelhaus), dessen zwei vorspringende, bis dicht an den Graben reichende Seitenflügel ein Hufeisen und innerhalb desselben einen kahlen Vorhof bildeten (…).

Und wie denn alles hierherum den Namen Stechlin führte, so natürlich auch der Schloßherr selbst. Auch er war ein Stechlin.

Dubslav von Stechlin, Major a. D. und schon ein gut Stück über sechzig hinaus, war der Typus eines Märkischen von Adel, aber von der milderen Observanz, eines jener erquicklichen Originale, bei denen sich selbst die Schwächen in Vorzüge verwandeln. Er hatte noch ganz das eigentümlich sympathisch berührende Selbstgefühl all derer, die »schon vor den Hohenzollern da waren«, aber er hegte dieses Selbstgefühl nur ganz im stillen, und wenn es dennoch zum Ausdruck kam, so kleidete sich's in Humor, auch wohl in Selbstironie, weil er seinem ganzen Wesen nach überhaupt hinter alles ein Fragezeichen machte. Sein schönster Zug war eine tiefe, so recht aus dem Herzen kommende Humanität, und Dünkel und Überheblichkeit (…) waren so ziemlich die einzigen Dinge, die ihn empörten. Er hörte gern eine freie Meinung, je drastischer und extremer, desto besser. Daß sich diese Meinung mit der seinigen deckte, lag ihm fern zu wünschen. Beinah das Gegenteil. Paradoxen waren seine Passion. »Ich bin nicht klug genug, selber welche zu machen, aber ich freue mich, wenn's andere tun; es ist doch immer was drin. Unanfechtbare Wahrheiten gibt es überhaupt nicht, und wenn es welche gibt, so sind sie langweilig.« Er ließ sich gern was vorplaudern und plauderte selber gern.

Des alten Schloßherrn Lebensgang war märkisch-herkömmlich gewesen. Von jung an lieber im Sattel als bei den Büchern, war er erst nach zweimaliger Scheiterung siegreich durch das Fähnrichexamen gesteuert und gleich danach bei den brandenburgischen Kürassieren eingetreten, bei denen selbstverständlich auch schon sein Vater gestanden hatte. (...) Wenig mehr als ein Jahr von Ausbruch des vierundsechziger (dänischen) Krieges war ihm ein Sohn geboren worden, und kaum wieder in seine Garnison Brandenburg eingerückt, nahm er den Abschied, um sich auf sein seit dem Tode seines Vaters halb verödetes Schloß Stechlin zurückzuziehen. Hier warteten seiner glückliche Tage, seine glücklichsten, aber sie waren von kurzer Dauer – schon das Jahr darauf starb ihm die Frau. Sich eine neue zu nehmen, widerstand ihm, halb aus Ordnungssinn und halb aus ästhetischer Rücksicht. »Wir glauben doch alle mehr oder weniger an eine Auferstehung« (das heißt, er persönlich glaubte eigentlich nicht daran), »und wenn ich dann oben ankomme mit einer rechts und einer links, so is das doch immer eine genierliche Sache.« Diese Worte – wie denn der Eltern Tun nur allzu häufig der Mißbilligung der Kinder begegnet – richteten sich in Wirklichkeit gegen seinen dreimal verheiratet gewesenen Vater, an dem er überhaupt allerlei Großes und Kleines auszusetzen hatte, so beispielsweise auch, daß man ihm, dem Sohne, den pommerschen Namen »Dubslav« beigelegt hatte. »Gewiß, meine Mutter war eine Pommersche, noch dazu von der Insel Usedom, und ihr Bruder, nun ja, der hieß Dubslav. (...) Aber trotzdem bleib ich dabei, solche Namensmanscherei verwirrt bloß. Was ein Märkischer ist, der muß Joachim heißen oder Woldemar. Bleib im Lande und taufe dich redlich. Wer aus Friesack is, darf nicht Raoul heißen.«

Dubslav von Stechlin blieb also Witwer. (...)

Ja, auf seinen See war Dubslav stolz, aber desto weniger stolz war er auf sein Schloß, weshalb es ihn auch verdroß, wenn es überhaupt so genannt wurde. Von den armen Leuten ließ er sich's gefallen: »Für die ist es ein ›Schloß‹, aber sonst ist es ein alter Kasten und weiter nichts.« Und so sprach er denn lieber von seinem »Haus«, und wenn er einen Brief schrieb, so stand darüber »Haus Stechlin«. Er war sich auch bewußt, daß es kein Schloßleben war, das er führte. (... Heute) waren die Stechliner Leute von schwachen Mitteln, die sie nur eben noch hielten und beständig bemüht waren, durch eine »gute Partie« sich wieder leidlich in die Höhe zu bringen. Auch Dubslavs Vater war auf diese Weise zu seinen drei Frauen gekommen, unter denen freilich nur die erste das in sie gesetzte Vertrauen gerechtfertigt hatte. Für den jetzigen Schloßherrn, der von der zweiten Frau stammte, hatte sich daraus leider kein unmittelbarer Vorteil ergeben, und Dubslav von Stechlin wäre kleiner und großer Sorgen und Verlegenheiten nie los und ledig geworden, wenn er nicht in dem benachbarten Gransee seinen alten Freund Baruch Hirschfeld gehabt hätte. (...)

(Und dann war da noch) des alten Dubslav um zehn Jahre ältere Schwester mit ihrem von der Mutter her ererbten Vermögen (...): Schwester Adelheid, Domina zu Kloster Wutz. Die half und sagte gut, wenn es schlecht stand oder gar zum Äußersten zu kommen schien. Aber sie half nicht aus Liebe zu dem Bruder – gegen den sie, ganz im Gegenteil, viel einzuwenden hatte –, sondern leidglich aus einem allgemeinen Stechlinschen Familiengefühl. Preußen war was und die Mark Brandenburg auch; aber das Wichtigste waren doch die Stechlins, und der Gedanke, das alte Schloß in anderen Besitz und nun gar in einen solchen übergehen zu sehen, war ihr unerträglich. Und über all dies hinaus war ja noch ihr Patenkind da, ihr Neffe Woldemar, für den sie all die Liebe hegte, die sie dem Bruder versagte.

Ja, die Domina half, aber solcher Hilfen unerachtet wuchs das Gefühl der Entfremdung zwischen den Geschwistern, und so kam es denn, daß der alte Dubslav, der die Schwester in Kloster Wutz weder gern besuchte noch auch ihren Besuch gern empfing, nichts von Umgang besaß als seinen Pastor Lorenzen (den früheren Erzieher Woldemars) und seinen Küster und Dorfschullehrer Krippenstapel, zu denen sich allenfalls noch

Oberförster Katzler gesellte, Katzler, der Feldjäger gewesen war und ein gutes Stück Welt gesehen hatte. Doch auch diese drei kamen nur, wenn sie gerufen wurden, und so war eigentlich nur einer da, der in jedem Augenblick Red und Antwort stand. Das war Engelke, sein alter Diener, der seit beinahe fünfzig Jahren alles mit seinem Herrn durchlebt hatte, seine glücklichen Leutnantstage, seine kurze Ehe und seine lange Einsamkeit. Engelke, noch um ein Jahr älter als sein Herr, (...) war einer von den guten Menschen, die nichts aus Berechnung oder Klugheit, sondern von Natur hingebend und demütig sind und in einem treuen Dienen ihr Genüge finden. (...)

(...) Heute aber war dritter Oktober und ein wundervoller Herbsttag dazu. Dubslav, sonst empfindlich gegen Zug, hatte die Türen aufmachen lassen, und von dem großen Portal her zog ein erquicklicher Luftstrom bis auf die mit weiß und schwarzen Fliesen gedeckte Veranda hinaus. Eine große, etwas schadhafte Markise war hier herabgelassen und gab Schutz gegen die Sonne, deren Lichter durch die schadhaften Stellen hindurchschienen und auf den Fliesen ein Schattenspiel aufführten. Gartenstühle standen umher, vor einer Bank aber, die sich an die Hauswand lehnte, waren doppelte Strohmatten gelegt. Auf eben dieser Bank, ein Bild des Behagens, saß der alte Stechlin in Joppe und breitkrempigem Filzhut und sah, während er aus seinem Meerschaum allerlei Ringe blies, auf ein Rundell, in dessen Mitte, von Blumen eingefaßt, eine kleine Fontäne plätscherte. Rechts daneben lief ein sogenannter Poetensteig, an dessen Ausgang ein ziemlich hoher, aus allerlei Gebälk zusammengezimmerter Aussichtsturm aufragte. Ganz oben eine Plattform mit Fahnenstange, daran die preußische Flagge wehte, schwarz und weiß, alles schon ziemlich verschlissen.

Engelke hatte vor kurzem einen roten Streifen annähen wollen, war aber mit seinem Vorschlag nicht durchgedrungen. »Laß. Ich bin nicht dafür. Das alte Schwarz und Weiß hält gerade noch; aber wenn du was Rotes drannähst, dann reißt es gewiß.« (…)

Neunundzwanzigstes Kapitel

Der Heimweg war gemeinschaftlich angetreten worden, aber doch nur bis an die Dorfstraße. Hier teilte man sich in drei Gruppen, eine jede mit verschiedenem Ziel: Dubslav, Tante Adelheid und Armgard gingen auf das Herrenhaus, Uncke und Rolf Krake auf das Schulzenamt, Woldemar und Melusine dagegen auf die Pfarre zu. Woldemar freilich nur bis an den Vorgarten, wo er sich von Melusine verabschiedete.

Lorenzen, solang er Woldemar und Melusine sich seiner Pfarre nähern sah, hatte verlegen am Fenster gestanden, kam aber, als das Paar sich draußen trennte, so ziemlich wieder zu sich. Er war nun schon so lange jeder Damenunterhaltung entwöhnt, daß ihm ein Besuch wie der der Gräfin zunächst nur Verlegenheit schaffen konnte, wenn's denn aber durchaus sein mußte, so war ihm ein Tête-à-tête mit ihr immer noch lieber als eine Plauderei zu dritt. Er ging ihr denn auch bis in den Flur entgegen, war ihr beim Ablegen behilflich und sprach ihr – weil er jede Scheu rasch von sich abfallen fühlte – ganz aufrichtig seine Freude aus, sie in seiner Pfarre begrüßen zu dürfen.

»Und nun bitt ich Sie, Frau Gräfin, sich's unter meinen Büchern hier nach Möglichkeit bequem machen zu wollen. Ich bin zwar auch Inhaber einer Putzstube, mit einem dezenten Teppich und einem kalten Ofen; aber ich könnte das gesundheitlich nicht verantworten. Hier haben wir wenigstens eine gute Temperatur.«

»Die immer die Hauptsache bleibt. Ach, eine gute Temperatur! Gesellschaftlich ist sie beinah alles und dabei leider doch so selten. Ich kenne Häuser, wo, wenn Sie den Widersinn verzeihen wollen, der kalte Ofen gar nicht ausgeht. Aber erlassen Sie mir gütigst den Sofaplatz hier; ich fühle mich dazu noch nicht ›alte Dame‹ genug und möcht auch gern en vue der beiden Bilder bleiben, trotzdem ich das eine davon schon so gut wie kenne.«

»Die Kreuzabnahme?«

»Nein! Das andre.«

»Die Lind also?«

»Ja.«

»So haben Sie das schöne Bild in der Nationalgalerie gesehn?«

»Auch das. Aber doch freilich erst seit ganz kurzem, während ich von Ihrer Aquarellkopie schon seit ein paar Monaten weiß. Das war auf einer Dampfschiffahrt, die wir nach dem sogenannten Eierhäuschchen machten, und der Ausplauderer über das Bild da vor mir war niemand anders als Ihr Zögling Woldemar, auf den Sie stolz sein können. Er freilich würde den Satz umkehren, oder sage ich lieber, er tat es. Denn er sprach mit solcher Liebe von Ihnen, daß ich Sie von jenem Tag an auch herzlich liebe, was Sie sich schon gefallen lassen müssen. Ein Glück nur, daß er sich draußen verabschiedet hat und nicht hören kann, was ich hier sage ...«

Lorenzen lächelte.

»Sonst hätten sich diese Bekenntnisse verboten. Aber da sie nun mal gemacht sind und man nie weiß, wann und wie man wieder zusammenkommt, so lassen Sie mich darin fortfahren. Woldemar erzählte mir – Pardon für meine Indiskretion – von Ihrer Schwärmerei für die Lind. Und da horchten wir denn auf und beneideten Sie fast. Nichts beneidenswerter als eine Seele, die schwärmen kann. Schwärmen ist fliegen, eine himmlische Bewegung nach oben.«

Lorenzen stutzte. Das war doch mehr, als eine bloß liebenswürdige Dame aus der Gesellschaft.

»Und um es kurz zu machen«, fuhr Melusine fort, »Woldemar sprach bei dieser Gelegenheit wie von Ihrer ersten Liebe« (und dabei wies sie lächelnd auf das Bildchen der Lind) »so auch von Ihrer letzten – nein, nein, nicht von Ihrer letzten; *Sie* werden immer eine neue finden –, sprach also von Ihrer Begeisterung für den herrlichen Mann da weit unten am Tajo, von Ihrer Begeisterung für den Joao de Deus. Und als er ausgesprochen hatte, da haben wir uns alle, die wir zugegen waren, um den ›Un Santo‹ geschart und einen geheimen Bund geschlossen. Erst um den ›Un Santo‹ und zum zweiten um Sie selbst. Und nun frag ich Sie, wollen Sie mittun in diesem unserm Bunde, der ohne Sie gar nicht existierte? Mir ist manches verquer gegangen. Aber ich bin, denk ich, dem Tage nahe, der mich ahnen läßt, daß unsre Prüfungen auch unsre Segnungen sind und daß mir alles Leid nur kam, um den Stab, der trägt und stützt, fester zu umklammern. Ich darf leider nicht hinzusetzen, daß dieser Stab (möglich, daß er sich einst dazu auswächst) das Kreuz sei. Meiner ganzen Natur nach bin ich ungläubig. Aber ich hoffe, sagen zu dürfen: ich bin wenigstens demütig.

»Wenigstens demütig«, wiederholte Lorenzen langsam, zugleich halb verlegen vor sich hin blickend, und Melusine, die Zweifel, die sich in der Wiederholung dieser Worte ziemlich deutlich aussprachen, mit scharfem Ohre heraushörend, fuhr in plötzlich verändertem und beinah heiterem Tone fort: »Wie grausam Sie sind. Aber Sie haben recht. Demütig. Und daß ich mich dessen auch noch berühme. Wer ist demütig? Wir alle sind im letzten doch eigentlich das Gegenteil davon. Aber das darf ich sagen, ich habe den Willen dazu.«

»Und schon *der* gilt, Frau Gräfin. Nur freilich ist Demut nicht genug; sie schafft nicht, sie fördert nicht nach außen, sie belebt kaum.«

»Und ist doch mindestens der Anfang zum Bessern, weil sie mit dem Egoismus aufräumt. Wer die Staffel hinauf will, muß eben von unten an dienen. Und soviel bleibt, es birgt sich in ihr die Lösung jeder Frage, die jetzt die Welt bewegt. Demütig sein heißt christlich sein, christlich in meinem, vielleicht darf ich sagen in *unserm* Sinne. Demut erschrickt vor dem zweierlei Maß. Wer demütig ist, der ist duldsam, weil er weiß, wie sehr er selbst der Duldsamkeit bedarf; wer demütig ist, der sieht die Scheidewände fallen und erblickt den Menschen im Menschen.«

»Ich kann Ihnen zustimmen«, lächelte Lorenzen. »Aber wenn ich, Frau Gräfin, in Ihren Mienen richtig lese, so sind die Bekenntnisse doch nur Einleitung zu was andrem. Sie halten noch das Eigentliche zurück und verbinden mit Ihrer Aussprache, so sonderbar es klingen mag, etwas Spezielles und beinah Praktisches.«

»Und ich freue mich, daß Sie das herausgefühlt haben. Es ist so. Wir kommen da eben von Ihrem Stechlin her, von Ihrem See, dem Besten, was Sie hier haben. Ich habe mich dagegen gewehrt, als das Eis aufgeschlagen werden sollte, denn alles Eingreifen oder auch nur Einblicken in das, was sich verbirgt, erschreckt mich. Ich respektiere das Gegebene. Daneben aber freilich auch das Werdende, denn eben dies Werdende wird über kurz oder lang abermals ein Gegebenes sein. Alles Alte, soweit es Anspruch darauf hat, sollen wir lieben, aber für das Neue sollen wir recht eigentlich leben. Und vor allem sollen wir, wie der Stechlin uns lehrt, den großen Zusammenhang der Dinge nie vergessen. Sich abschließen, heißt sich einmauern, und sich einmauern ist Tod. Es kommt darauf an, daß wir gerade *das* beständig gegenwärtig haben. Mein Vertrauen zu meinem Schwager ist unbegrenzt. Er hat einen edlen Charakter, aber ich weiß nicht, ob er auch einen festen Charakter hat. Er ist feinen Sinnes, und wer fein ist, ist oft bestimmbar. Er ist auch nicht geistig bedeutend genug, um sich gegen abweichende Meinungen, gegen Irrtümer und Standesvorurteile wehren zu können. Er bedarf der Stütze. Diese Stütze sind Sie meinem Schwager Woldemar von Jugend auf gewesen. Und um was ich jetzt bitte, das heißt: ›Seien Sie's ferner.‹«

»Daß ich Ihnen sagen könnte, wie freudig ich in Ihren Dienst trete, gnädigste Gräfin. Und ich kann es um so leichter, als Ihre Ideale, wie Sie wissen, auch die meinigen sind. Ich lebe darin und empfind es als eine Gnade, da, wo das Alte versagt, ganz in einem Neuen aufzugehn. Um ein solches ›Neues‹ handelt es sich. Ob ein solches ›Neues‹ sein soll (weil es sein muß) oder ob es nicht sein soll, um diese Frage dreht sich alles. Es gibt hier um uns her eine große Zahl vorzüglicher Leute, die ganz ernsthaft glauben, das uns Überlieferte – das Kirchliche voran (leider nicht das Christliche) – müsse verteidigt werden wie der Salomonische Tempel. In unserer Obersphäre herrscht außerdem eine naive Neigung, alles ›Preußische‹ für eine höhere Kulturform zu halten.«

»Genau wie Sie sagen. Aber ich möchte doch, um der Gerechtigkeit willen, die Frage stellen dürfen, ob dieser naive Glaube nicht eine gewisse Berechtignung hat?«

»Er hatte sie mal. Aber das liegt zurück. Und kann nicht anders sein. Der Hauptgegensatz alles Modernen gegen das Alte besteht darin, daß die Menschen nicht mehr durch ihre Geburt auf den von ihnen einzunehmenden Platz gestellt werden. Sie haben jetzt die Freiheit, ihre Fähigkeiten nach allen Seiten hin und auf jedem Gebiete zu betätigen. Früher war man dreihundert Jahre lang ein Schloßherr oder ein Leinenweber; jetzt kann jeder Leinenweber eines Tages ein Schloßherr sein.«

»Und beinah auch umgekehrt«, lachte Melusine. »Doch lassen wir dies heikle Thema. Viel, viel lieber hör ich ein Wort von Ihnen über den Wert unsrer Lebens- und Gesellschaftsformen, über unsre Gesamtanschauungsweise, deren besondere Zulässigkeit Sie, wie mir scheint, so nachdrücklich anzweifeln.«

»Nicht absolut. Wenn ich zweifle, so gelten diese

Zweifel nicht so sehr den Dingen selbst, als dem Hochmaß des Glaubens daran. Daß man all diese Mittelmaßdinge für etwas Besonderes und Überlegenes und deshalb, wenn's sein kann, für etwas ewig zu Konservierendes ansieht, das ist das Schlimme. Was mal galt, soll weiter gelten, was mal gut war, soll weiter ein Gutes oder wohl gar ein Bestes sein. Das ist aber unmöglich, auch wenn alles, was keineswegs der Fall ist, einer gewissen Herrlichkeitsvorstellung entspäche ... Wir haben, wenn wir rückblicken, drei große Epochen gehabt. Dessen sollen wir eingedenk sein. Die vielleicht größte, zugleich die erste, war die unter dem Soldatenkönig. Das war ein nicht genug zu preisender Mann, seiner Zeit wunderbar angepaßt und ihr zugleich voraus. Er hat nicht bloß das Königtum stabiliert, er hat auch, was viel wichtiger, die Funadamente für eine neue Zeit geschaffen und an die Stelle von Zerfahrenheit, selbstischer Vielherrschaft und Willkür Ordnung und Gechtigkeit gesetzt. Gerechtigkeit, das war sein bester ›rocher de bronce‹.«

»Und dann?«

»Und dann kam Epoche zwei. Die ließ, nach jener ersten, nicht lange auf sich warten, und das seiner Natur und seiner Geschichte nach gleich ungeniale Land sah sich mit einem Male von Genie durchblitzt.«

»Muß das ein Staunen gewesen sein.«

»Ja. Aber doch mehr draußen in der Welt als daheim. Anstaunen ist auch eine Kunst. Es gehört etwas dazu, Großes als groß zu begreifen ... Und dann kam die dritte Zeit. Nicht groß und doch auch wieder ganz groß. Da war das arme, elende, halb dem Untergange verfallene Land nicht von Genie, wohl aber von Begeisterung durchleuchtet, von dem Glauben an die höhere Macht des Geistigen, des Wissens und der Freiheit.«

»Gut, Lorenzen. Aber weiter.«

»Und all das, was ich da so hergezählt, umfaßte zeitlich ein Jahrhundert. Da waren wir den andern voraus, mitunter geistig und moralisch gewiß. Aber der ›Nonsoli-cedo-Adler‹ mit seinem Blitzbündel in den Fängen, er blitzt nicht mehr, und die Begeisterung ist tot. Eine rückläufige Bewegung ist da, längst Abgestorbenes, ich muß es wiederholen, soll neu erblühn. Es tut es nicht. In gewissem Sinne freilich kehrt alles einmal wieder, aber bei dieser Wiederkehr werden Jahrtausende übersprungen; wir können die römischen Kaiserzeiten, Gutes und Schlechtes, wiederhaben, aber nicht das spanische Rohr aus dem Tabakskollegium und nicht einmal den Krückstock von Sanssouci. Damit ist es vorbei. Und gut, daß es so ist. Was einmal Fortschritt war, ist längst Rückschritt geworden. Aus der modernen Geschichte, der eigentlichen, der lesenswerten, verschwinden die Bataillen und die Bataillone (trotzdem sie sich beständig vermehren), und wenn sie nicht selbst verschwinden, so schwindet doch das Interesse daran. Und mit dem Interesse das Prestige. An ihre Stelle treten Erfinder und Entdecker, und James Watt und Siemens bedeuten uns mehr als du Guesclin und Bayard. Das Heldische hat nicht direkt abgewirtschaftet und wird noch lange nicht abgewirtschaftet haben, aber sein Kurs hat nun mal seine besondere Höhe verloren, und anstatt sich in diese Tatsache zu finden, versucht es unser Regime, dem Niedersteigenden eine künstliche Hausse zu geben.«

»Es ist, wie Sie sagen. Aber gegen wen richtet sich's? Sie sprachen von ›Regime‹. Wer ist dies Regime? Mensch oder Ding? Ist es die von alter Zeit her übernommene Maschine, deren Räderwerk tot weiterklappert, oder ist es der, der an der Maschine steht? Oder, endlich, ist es eine bestimmte abgegrenzte Vielheit, die die Hand des Mannes an der Maschine zu bestimmen, zu richten trachtet? In allem, was Sie sagen, klingt eine sich auflehnende Stimme. Sind Sie gegen den Adel? Stehen Sie gegen die ›alten Familien‹?«

»Zunächst: nein. Ich liebe, hab auch Ursach dazu, die alten Familien und möchte beinah glauben, jeder liebt sie. Die alten Familien sind immer noch populär, auch heute noch. Aber sie vertun und verschütten diese Sympathien, die doch jeder braucht, jeder Mensch und jeder Stand. Unsre alten Familien kranken durchgängig an der Vorstellung, ›daß es ohne sie nicht gehe‹, was aber weit gefehlt ist, denn es geht sicher auch ohne sie; – sie sind nicht mehr die Säule, die das Ganze trägt, sie sind das alte Stein- und Moosdach, das wohl noch lastet und drückt, aber gegen Unwetter nicht mehr schützen kann. Wohl möglich, daß aristokratische Tage mal wiederkehren, vorläufig, wohin wir sehen, stehen wir im Zeichen einer demokratischen Weltanschauung. Eine neue Zeit bricht an. Ich glaube, eine bessere und glücklichere. Aber wenn auch nicht eine glücklichere, so doch mindestens eine Zeit mit mehr Sauerstoff in der Luft, eine Zeit, in der wir besser atmen können. Und je freier man atmet, je mehr lebt man. Was aber Woldemar angeht, meiner sind Sie sicher, Frau Gräfin. Bleibt freilich, als Hauptfaktor, noch die Comtesse. Für die müssen Sie die Bürgschaft übernehmen. Die Frauen bestimmen schließlich doch alles.«

»So heißt es immer. Und wir sind eitel genug, es zu glauben. Aber das führt uns auf ganz neue Gebiete. Vorläufig Ihre Hand zur Besiegelung. Und nun erlauben Sie mir, nach diesem unserm revolutionären Diskurse, zu den Hütten friedlicher Menschen zurückzukehren. Ich habe mich bei dem alten Herrn nur auf eine halbe Stunde beurlaubt und rechne darauf, daß Sie mich, wenn nicht bis ins ›Museum‹ selbst (das dem Programm nach besucht werden sollte), so doch wenigstens auf die Schloßrampe begleiten.«

Thomas Mann

DER ALTE FONTANE

»Unendliche Liebe, unendliche Sympathie und Dankbarkeit, ein Gefühl tiefer Verwandtschaft (vielleicht beruhend auf ähnlicher Rassenmischung), ein unmittelbares und instinktmäßiges Entzücken, eine unmittelbare Erheiterung, Erwärmung, Befriedigung bei jedem Vers, jeder Briefzeile, jedem Dialogfetzen von ihm – das ist, da Sie fragen, mein Verhältnis zu Theodor Fontane. Wo in deutscher Prosa gibt es zum zweitenmal eine solche Gehobenheit bei soviel scheinbarer Anspruchslosigkeit? Er war ein Sänger, auch wenn er zu klönen schien. Und er ist unser Vater – die wir, einer überholten, doch zählebigen Ranglehre zum Trotz, dem deutschen Roman als Kunstform die ästhetische Ebenbürtigkeit neben Drama und Lyrik zu erwirken gesonnen sind.«

(Antwort auf eine Umfrage anläßlich der Einweihung des Fontane-Denkmals im Berliner Tiergarten, »BZ am Mittag«, Berlin, 7. Mai 1910)

*

Ein neuer Band von Briefen Theodor Fontanes ist erschienen – etwas ganz Entzückendes. Wir haben nun die beiden Bände der Familienbriefe und zwei mit Briefen an seine Freunde. Sind noch mehr da? Man soll sie herausgeben! Und zwar meine ich namentlich solche Äußerungen, die aus späten Tagen stammen, Briefe des alten Fontane; denn die des mittleren und jungen sind im Vergleich damit unbeträchtlich. Scheint es nicht, daß er alt, sehr alt werden mußte, um ganz er selbst zu werden? Wie es geborene Jünglinge gibt, die sich früh erfüllen und nicht reifen, geschweige denn altern, ohne sich selbst zu überleben, so gibt es offenbar Naturen, denen das Greisenalter das einzig gemäße ist, klassische Greise sozusagen, berufen, die idealen Vorzüge dieser Lebensstufe, als Milde, Güte, Gerechtigkeit, Humor und verschlagene Weisheit, kurz, jene höhere Wiederkehr kindlicher Ungebundenheit und Unschuld, der Menschheit aufs vollkommenste vor Augen zu führen. Zu diesen gehörte er; und es sieht aus, als habe er das gewußt und es eilig gehabt, alt zu werden, um recht lange alt zu sein. (...)

Man betrachte seine Bildnisse; das jugendliche im ersten Bande der Briefe an seine Freunde etwa neben der späten Profilaufnahme, die den Nachlaßband schmückt. Man vergleiche das blasse, kränklich-schwärmerische und ein bißchen fade Antlitz von dazumal mit dem prachtvollen, fest, gütig und fröhlich dreinschauenden Greisenhaupt, um dessen zahnlosen, weiß überbuschten Mund ein Lächeln rationalistischer Heiterkeit liegt, wie man es auf gewissen Altherrenporträts des achtzehnten Jahrhunderts findet – und man wird nicht zweifeln, wann dieser Mann und Geist auf seiner Höhe war, wann er in seiner persönlichen Vollkommenheit stand.

Dies Bild zeigt den Fontane der Werke und Briefe, den alten Briest, den alten Stechlin, es zeigt den unsterblichen Fontane. Der sterbliche, nach allem, was man hört, war mangelhafter und hat die Leute wohl oft enttäuscht. (...) seine Briefe geben Kunde von seiner raschen Erschöpfbarkeit, seiner inneren Gehetztheit; und offenbar hat er nicht geglaubt, es zu hohen Jahren zu bringen. Wenn er mit siebenunddreißig sich altern fühlt, so sieht er sich mit siebenundfünfzig am Ziel. Er hat »nun alles Irdische erreicht: geliebt, geheiratet, Nachkommenschaft erzielt, zwei Orden gekriegt und in den Brockhaus gekommen. Es fehlt nur noch zweierlei: Geheimer Rat und Tod. (»...) Nervös war ich immer (...) Und dann sag ich mir wieder: Was will man denn noch? Das Leben liegt hinter einem, und die meisten Achtundfünfziger sind noch ganz anders ramponiert.« Er ist ramponiert, das Leben liegt hinter ihm; und was er noch zu geben haben wird, sind lediglich achtzehn Bände, von denen bis zu »Effi Briest« hinauf einer immer besser ist als der andere.

In einem Brief aus den siebenziger Jahren sucht er während einer ehelichen Verstimmung seine nervöse Gereiztheit und Verdrießlichkeit seiner Frau gegenüber zu entschuldigen. »Wenn ich bei einer Arbeit nicht von der Stelle kann«, schreibt er, »oder das Gefühl des Mißlungenen habe, so bedrückt das mein Gemüt, und aus bedrücktem Gemüt heraus kann ich nicht nett, quick, elastisch und liebenswürdig sein. (...) Ich habe da in der Laube gesessen, und anderthalb Stunden lang fiel mir nichts ein. Und als es gerade anfing, ein bißchen zu drippeln, da kamen ja die Kinder und machten Lärm; und da war es denn für heute vorbei.« (...)

Das Wort »drippeln« findet sich schon in einem Brief aus den fünfziger Jahren: »Ich bin gewiß eine dichterische Natur, mehr als tausend andere, die sich selber anbeten, aber ich bin keine große und keine reiche Dichternatur. Es drippelt nur so.« Und wie hier, so ist überall seine Art, von sich selbst zu sprechen, ohne unsympathische Demut, aber still (...)

»Es ist immer dasselbe Lied: wer durchaus Schriftsteller werden muß, der werd es; er wird schließlich in dem Gefühl, an der ihm einzig passenden Stelle zu stehen, auch seinen Trost, ja, sein Glück finden. Aber wer nicht ganz dafür geboren ist, der bleibe davon. (...) Solche Existenzen machen immer einen tragischen Eindruck auf mich, aber die Empfindung ist nicht rein. Es mischt sich so viel anderes mit hinein: ›Warum blieb der Schöps nicht hinter seinem Ladentisch?‹ und so weiter. Es klingt hart, besonders aus dem Munde eines, der selber hinter dem Ladentisch gestanden. Und doch hab ich recht.« Der so nüchtern Gesinnte muß, trotz dem »Drippeln«, seines Berufes im Innern sehr sicher gewesen sein, da er den Ladentisch der Roseschen Apotheke verließ. (...)

»Und eigentlich ist es doch ein Jammer mit ihm; er hat nicht mal studiert« – oder wenn er sich weigert, zur Ein-

weihung des Goethe- und Schillerarchivs nach Weimar zu kommen, weil er dort allzusehr Gefahr laufe, mit einem lateinischen »oder selbst griechischen« Zitat wie mit du auf du angeredet zu werden, wobei er immer das Gefühl habe: »Erde, tu dich auf!« Aber es kommt aus seiner Tiefe, wenn er, mit neunundsiebenzig Jahren, an einen Kritiker schreibt: »Ganz besonders dankbar bin ich Ihnen für den Hinweis darauf, daß ich anderen zu Leibe rücke, mir selbst aber auch. Und hätte ich meiner Neigung folgen können, so wäre ich noch ganz anders gegen mich losgegangen. Denn inmitten aller Eitelkeiten, die man nicht los wird, kommt man doch schließlich dazu, sich als etwas sehr Zweifelhaftes anzusehen. (...)« Es hing mit seinem Bürgersinn für Zucht und Ordnung zusammen, mehr aber noch mit jenem redlichen Rationalismus, von dem die Feierlichen, die Priester und Schwindler unter den Künstlern nichts wissen wollen, wenn er die Fragwürdigkeiten des Typus Künstler, dieser Kreuzung aus Luzifer und Clown, wie außer ihm vielleicht nur noch einer *empfand. Man beachte die ungeduldige Vehemenz des Ausdrucks in folgender Kritik der Romanfiguren Spielhagens: »Immer die Vorstellung, daß ein Dichter, ein Maler oder überhaupt ein Künstler etwas Besonderes sei, während die ganze Gesellschaft (und so war es immer) auf der niedrigsten Stufe steht, so niedrig, daß die meisten übergelegt werden müßten. Von dieser Regel gibt es nur sehr wenig Ausnahmen, Scott zum Beispiel; aber Byron ist schon wieder entsetzlich. Man muß den Künstlern gegenüber, wenn es wirkliche Künstler sind, Verzeihung üben und Fünfe gerade sein lassen, aber ihre Mischung von Blödsinn, Sittenfrechheit und Arroganz auch noch zu feiern ist mir widerwärtig. Schon die bloße Redensart ›meine Kunst ist mir heilig‹ (namentlich bei Schauspielerinnen), bringt mich um.« (...) »Ach«, schreibt er, »wie bevorzugt sind doch Leutnants, sechs Fuß hohe Rittergutsbesitzer und alle die anderen aus der Familie Don Juan, und wie nehm ich alles zurück, was ich, als ich selber noch tanzte, zugunsten lyrischer Dichtung und zuungunsten hübscher, lachender und gewaschener Herzenssieger gesagt habe. Der Bücher- und Literaturwurm, und wenn er noch so gut und noch so gescheit ist, ist doch immer nur eine Freude für sich selbst, für sich und eine Handvoll Menschen. Die Welt geht drüber weg.« (...)*

Künstlerskepsis gegen Kunst und Künstlertum wird ehrenhaft erst, wenn sie mit jener künstlerischen Frömmigkeit, jenem Kunstfleiß verbunden ist, den Fontane, ein echter Nordmensch hierin, beinahe mit dem Genie identifizierte. »Gaben«, lautet ein Distichon an Adolf Menzel:

Gaben, wer hätte sie nicht – Talente, Spielzeug für Kinder!
Nur der Ernst macht den Mann, nur der Fleiß das Genie.

Und dem entspricht die Briefstelle: »Es gibt heutzutage keine bloßen ›Talente‹ mehr. Zum wenigsten bedeuten sie nichts, gar nichts. Wer heutzutage eine Kunst wirklich betreibt und in ihr was leisten will, muß natürlich vor allem auch Talent, gleich hinterher aber Bildung, Einsicht, Geschmack und eisernen Fleiß haben. Zum künstlerischen Fleiß aber gehört etwas anderes als Massenproduktion. Storm, der zu einem kleinen lyrischen Gedicht mehr Zeit brauchte als Brachvogel zu einem dreibändigen Roman, ist zwar mehr spazierengegangen, als der letztere, hat aber als Künstler doch einen hundertfach überlegenen Fleiß gezeigt. Der gewöhnliche Mensch schreibt massenhaft hin, was ihm gerade in den Sinn kommt. Der Künstler, der echte Dichter, sucht oft vierzehn Tage lang nach einem Wort.«

Bildung, Einsicht, Geschmack und Fleiß: man sieht, dieser Nördliche, der vom Märker doch wohl noch mehr hatte als vom Gascogner, war nicht auf den Rausch, sondern auf Erkenntnis gestellt, auf jenes Wissen ums Ideal, das übrigens den großen Epochen der Dichtkunst eigentümlich ist. Er zitiert Goethe: »Die Produktion eines anständigen

Dichters und Schriftstellers entspricht allemal dem Maß seiner Erkenntnis.« Und er fügt hinzu: »Furchtbar richtig. Man kann auch ohne Kritik mal was Gutes schreiben, ja, vielleicht etwas so Gutes, wie man später mit Kritik nie wieder zustande bringt. Das alles soll nicht bestritten werden. Aber das sind dann die ›Geschenke der Götter‹, die, weil es Göttergeschenke sind, sehr selten kommen. Einmal im Jahr; und das Jahr hat 365 Tage. Für die verbleibenden 364 entscheidet die Kritik, das Maß der Erkenntnis.« (...)

»Wir bedürfen eines kleinen Kreises, um groß zu sein.« »Wer sich überschätzt, ist klein.« »Mir würde der Weitsprung nicht gelingen.« (...) Damals ist er siebenzig, und er wird immer jünger. Die »Revolution der Literatur« findet ihn auf der Höhe, und er dichtet den heiteren Spruch von den Alten, deren larmoyanten Unentbehrlichkeitsdünkel er nicht versteht, und von den Jungen, die den Tag und die Stunde haben, die die Szene beherrschen und die nun »dran« sind. (...) der Fünfundsiebenzigjährige (begrüßt) Hauptmanns »Weber« als »vorzüglich«, »epochemachend«, »ein Prachtstück der deutschen Literatur.« (...)

An seinen englischen Freund James Morris schreibt der Mann der märkischen Geschichte wörtlich: »Alles Interesse ruht beim vierten Stand. Der Bourgeois ist furchtbar, und Adel und Klerus sind altbacken, immer dasselbe. Die neue, bessere Welt fängt erst beim vierten Stande an. Man würde das sagen, auch wenn es sich bloß erst um Bestrebungen, um Anläufe handelte. So liegt es aber nicht. Das, was die Arbeiter denken, sprechen, schreiben, hat das Denken, Sprechen und Schreiben der altregierenden Klassen tatsächlich überholt. Alles ist viel echter, wahrer, lebensvoller. Sie, die Arbeiter, packen alles neu an, haben nicht bloß neue Ziele, sondern auch neue Wege.« Das stammt aus dem Jahr sechsundneunzig. (...)

Ein unsicherer Kantonist. Hat er nicht als Theaterkritiker einmal gestanden, eigentlich könne er immer geradesogut das Gegenteil sagen? Er liebt den Adel »mensch-

lich und novellistisch«, aber politisch ist er ihm »doch zu sehr gegen den Strich«; und er hat sich gewöhnen müssen, seine »schließlich als Untergrund immer noch vorhandene Adelsvorliebe mit Soupçon behandelt zu sehen«, weil er das Lied allzusehr »nach seiner Fason und nicht nach einem ihm vorgelegten Notenblatt blase«. Er liebt die Juden, »zieht sie dem Wendo-Germanischen eigentlich vor« und hat »auch unserm von mir aufrichtig geliebten Adel gegenüber einsehen müssen, daß uns alle Freiheit und feinere Kultur, wenigstens hier in Berlin, vorwiegend durch die reiche Judenschaft vermittelt wird«. Aber von den Juden regiert sein will er nicht, ist überhaupt nicht liberal und äußert sich aus dem patriarchalischen Idyll Neubrandenburgs höchst wegwerfend über »Freiheitsparagraphen«. Man hält den »Wanderer« wohl für einen Verherrlicher der Mark? Er bedankt sich. »Ich habe sagen wollen und wirklich gesagt: ›Kinder, so schlimm, wie ihr es macht, ist es nicht‹; und dazu war ich berechtigt; aber es ist Torheit, aus diesen Büchern herauslesen zu wollen, ich hätte eine Schwärmerei für Mark und Märker. So dumm war ich nicht.« (...) Aber zuletzt ist auch dies nur die Reserve eines Augenblicks, eine Distanzierung der zarten Persönlichkeit von dem unholden Stoff. Was die »Wanderungen« eigentlich besagen wollen, ist an einer anderen Briefstelle in starken Worten ausgedrückt: Kritisch, heißt es dort, müsse hervorgehoben werden, »wie man nicht bloß Mark und Märker daraus kennen, sondern auch, aller Ruppigkeit und Unausstehlichkeit unbeschadet, unter der Vorführung dieser Pflichttrampel und Dienstknüppel einsehen lernt, daß diese letzte Nummer Deutschlands berufen war, seine erste zu werden.« (...)

Er war geboren, um der »alte Fontane« zu werden, der leben wird; die ersten sechs Jahrzehnte seines Lebens waren, beinahe bewußt, nur eine Vorbereitung. (...) sein Leben scheint zu lehren, daß erst Todesreife wahre Lebensreife ist. (...)

(1910)

Alter. Bismarck. Tod:
UM NEUN IST ALLES AUS!
ODER
WAS SOLL DER UNSINN?

Immer enger, leise, leise
Ziehen sich die Lebenskreise,
Schwindet hin, was prahlt und prunkt,
Schwindet Hoffen, Hassen, Lieben,
Und ist nichts in Sicht geblieben
Als der letzte dunkle Punkt.

Th. F.

DIE ALTEN UND DIE JUNGEN

»Unverständlich sind uns die Jungen«,
Wird von den Alten beständig gesungen;
Meinerseits möcht ich's damit halten:
»Unverständlich sind mir die Alten.«
Dieses Am-Ruder-bleiben-Wollen
In allen Stücken und allen Rollen,
Dieses Sich-unentbehrlich-Vermeinen
Samt ihrer »Augen stillem Weinen«,
Als wäre der Welt ein Weh getan –
Ach, ich kann es nicht verstahn.
Ob unsre Jungen, in ihrem Erdreisten,
Wirklich was Besseres schaffen und leisten,
Ob dem Parnasse sie näher gekommen
Oder bloß einen Maulwurfshügel erklommen,
Ob sie, mit andern Neusittenverfechtern,
Die Menschheit bessern oder verschlechtern,
Ob sie Frieden sä'n oder Sturm entfachen,
Ob sie Himmel oder Hölle machen –
Eins läßt sie stehn auf siegreichem Grunde:
Sie haben den Tag, sie haben die Stunde;
Der Mohr kann gehn, neu Spiel hebt an,
Sie beherrschen die Szene, *sie* sind dran.

ETWAS WEISHEIT

Ich bin mit Maria Stuart zu Bett gegangen und mit Archibald Douglas aufgestanden, das Romantisch-Phantastische hat mich von Jugend auf entzückt und bildet meine eigenste südfranzösische Natur. Und nun kommt ein Jungkritiker – Hart – und sagt mir: Ich sei ein guter, leidlich anständiger Kerl, aber Stockphilister mit einem preußischen Ladestock im Rücken.

Oh, du himmlischer Vater!

*

Vor etwa einem halben Jahre erschien ein sehr wohlwollender Artikel über mich in einem Berliner Blatte. Darin hieß es: »Man sieht ihn täglich in der Potsdamer Straße. Die Leute kucken ihm nach, und alles in allem wirkt er etwas vorgestrig.«

*

Ich bin bereits so weit, daß ich am liebsten meine zwei Daumen drehe und zusehe, wenn meine Frau Strümpfe stopft. Alles Strampeln abgetan. Wenn Sie 70 werden, werden Sie sich dieser salomonischen Weisheit vielleicht lächelnd erinnern.

*

Die Alten sterben weg, und für die junge Welt ist man eine Ruine, zu der – bei gutem Wetter – eine Partie gemacht wird. Ich bin ganz einverstanden damit. Andere sind dran, um über kurz oder lang wieder anderen Platz zu machen.

*

Mein Haß gegen alles, was die neue Zeit aufhält, ist in einem beständigen Wachsen, und die Möglichkeit, ja die Wahrscheinlichkeit, daß dem Sieg des neuen eine furchtbare Schlacht vorausgehen muß, kann mich nicht abhalten, diesen Sieg des Neuen zu wünschen. Unsinn und Lüge drücken zu schwer, viel schwerer als die leibliche Not.

*

Es ist immer das alte Lied. Bis drei Arbeit. Dann zu Tisch. Und *nach* Tisch matt und müde in den ledernen und doch mir so lieben, weil so nötigen Tiergarten hinaus (...). Müde komm ich nach Haus und strecke mich, um mir für Abend und Abendzeitung die nötige Kraft zu erschlafen. So vergehen die Tage. Das Gerede von dem »jung bleiben« ist Unsinn; viel richtiger ist das Wort der guten alten Mutter Pietsch: »Jott, Sie sollten ihn man zu Hause sehn.«

*

Das Leben, Gott sei Dank, ist kein Tummelplatz großer Gefühle, sondern eine Alltagswohnstube, drin das sogenannte Glück davon abhängt, ob man friert oder warm sitzt, ob der Ofen raucht oder guten Zug hat. Liebe ist gut, aber sie läßt sich nicht nach Minuten berechnen, alles andre hat lange Stunden.

*

Alles läßt sich nicht zwingen, und die Kunst des Lebens läuft darauf hinaus, von zwei Übeln das kleinere zu wählen.

*

Man wird nicht besser mit den Jahren,
Wie sollt es auch, man wird bequem
Und bringt, um sich die Reu zu sparen,
Die Fehler all in ein System.

Das gibt dann eine glatte Fläche,
Man gleitet unbehindert fort,
Und »allgemeine Menschenschwäche«
Wird unser Trost- und Losungswort.

Die Fragen alle sind erledigt,
Das eine geht, das andre nicht,
Nur manchmal eine stumme Predigt
Hält uns der Kinder Angesicht.

Am 20. März 1890 war es zum Bruch zwischen Wilhelm II. und Bismarck gekommen; Bismarck schied aus allen seinen Ämtern aus. Die kritischen Bemerkungen, mit denen der Bismarck-Verehrer Fontane diese Ereignisse glossierte, belegen abermals die sich vollziehende Wandlung seiner politischen Auffassungen. »Bismarck hat keinen größerern Anschwärmer gehabt als mich«, so schrieb Fontane am 1. Mai 1890 an Friedlaender, »meine Frau hat mir nie eine seiner Reden oder Briefe oder Äußerungen vorgelesen, ohne daß ich in ein helles Entzücken geraten wäre, die Welt hat selten ein größeres Genie gesehn, selten einen mutigeren und charaktervolleren Mann und selten einen größeren Humoristen. Aber eines war ihm versagt geblieben: Edelmut; das Gegenteil davon, das zuletzt die häßliche Form kleinlichster Gehässigkeit annahm, zieht sich durch sein Leben ... Es ist ein Glück, daß wir ihn los sind ...«

Das Bismarck-Urteil steigerte sich von Jahr zu Jahr in der sittlichen Verurteilung des Politikers. »Ich bin kein Bismarckianer«, so schreibt Fontane am 6. April 1897 an Friedlaender, »das Letzte und Beste in mir wendet sich von ihm ab, er ist keine edle Natur.« Übertroffen wird diese Ablehnung jedoch von der Verachtung für das Verhalten der Hohenzollern. Die Stellung des Kaisers zu Bismarck sei »das Tollste, was man sich denken kann«. Das Hohenzollerntum verdanke die ganze neue Glorie des Hause »dem genialen Kraftmeier im Sachsenwald« – der »sprichwörtliche Undank der Hohenzollern« starre einen hier an. »Glücklicherweise schreibt die Weltgeschichte mit festem Griffel weiter.«

An August von Heyden schreibt Fontane am 5. August 1893:

(...) Du fragst wegen Bismarck. Meine Damen, die mir die Zeitung vorlesen, müssen schlecht aufgepaßt haben.

Ich weiß nichts von einer Rede in Hannover. Aber sie wird gewesen sein wie die andern. Das ewige Sich-auf-den-Waisenknaben-und-Biedermeier-hin-Ausspielen ist gräßlich, und man muß sich immer wieder all das Riesengroße zurückrufen, was er genialisch zusammengemogelt hat, um durch diese von den krassesten Widersprüchen getragenen Mogeleien nicht abgestoßen zu werden. Er ist die denkbar interessanteste Figur. Ich kenne keine interessantere; aber dieser beständige Hang, die Menschen zu betrügen, dies vollendete Schlaubergertum ist mir eigentlich widerwärtig, und wenn ich mich aufrichten, erheben will, so muß ich doch auf andere Helden blicken. Dem Zweckdienlichen alles unterordnen, ist überhaupt ein furchbarer Standpunkt, und bei ihm ist nun alles noch mit so viel Persönlichem und geradezu Häßlichem untermischt, mit Beifallsbedürftigkeit, unbedingtem Glauben an das Recht jeder Laune, jedes Einfalls und kolossaler Happichkeit. Seine aus jedem Satz sprechende Genialität entzückt mich immer wieder, schmeißt immer wieder meine Bedenken über den Haufen; aber bei ruhigem Blute sind die Bedenken doch auch immer wieder da. Nirgends ist ihm ganz zu trauen. Andrerseits (Kritik ist billig) trifft er in dieser seiner Kritik meistens den Nagel auf den Kopf und hat sicherlich darin recht, daß wir an unsichern Zuständen laborieren, und daß ein tiefes Mißtrauen durch das Land schleicht. (...)

An Martha Fontane am 1. April 1895:

Bismarck-Tag, mit wahrem Hohenzollernwetter, woraus sich schließen läßt, daß der Himmel die Versöhnung der beiden Dynastien von Preußen und Lauenburg angenommen hat. Es ist gerade Mittagsstunde, und die viertausend, hoffentlich mit Butterstullen bewaffneten Studenten werden nun wohl gerade antreten und ihrer

Begeisterung Ausdruck geben. Und Bismarck wird gewiß entzückend antworten und in diesem Falle auch ehrlich. Es ist ein Festtag für Studenten, ja, die Studenten müssen begeistert sein; das ist ihre verfluchte Pflicht und Schuldigkeit. Für alte Knöppe liegt es anders oder wenigstens komplizierter. Es ist schade, daß dieser Tag – wenigstens in meinen Augen – doch nicht das ist, was er sein könnte. Und das liegt – noch einmal nach meinem Gefühl – an Bismarck. Diese Mischung von Übermensch und Schlauberger, von Staatengründer und Pferdestall-Steuerverweigerer (er glaubte, die Stadt Berlin wollte ihn zugleich ärgern und bemogeln), von Heros und Heulhuber, der nie ein Wässerchen getrübt hat, erfüllt mich mit gemischten Gefühlen und läßt eine reine, helle Bewunderung in mir nicht aufkommen. Etwas fehlt ihm und gerade das, was recht eigentlich die Größe leiht. Bankier Neumann uns gegenüber hat auch nicht geflaggt, und Arm in Arm mit Neumann fordere ich mein Jahrhundert in die Schranken. (...)

Der fast 50jährige Max Liebermann zeichnete Fontane für die Zeitschrift »Pan« (das bekannte Porträt erschien im Juni-Heft 1896), und Fontane schreibt an Martha Fontane am 19. März 1896:

(...) Ich gehe, wie Dir Mama wohl schon geschrieben hat, unruhigen Tagen entgegen, Sitzungstage, Maltage. Ich freue mich aber drauf, einmal weil es nun doch endlich mal ein richtiger Maler ist, dem ich in die Hände falle, dann weil Liebermann ein ebenso liebenswürdiger wie kluger Mann ist. (...)

Liebermann erzählte mir, Bismarck verbringe seine Tage nur noch mit Schimpfen. Er freue sich über jeden Besuch, weil er dann gleich wieder loslegen und auf seiner Invectiven-Orgel ein neues Register ziehen könne. Immer gegen den Kaiser. Sein alter Diener soll neulich zu ihm gesagt haben: »Durchlaucht, ick will lieber en bisken raus gehn, daß ich es nich alles höre.« – »Ja, geh nur; ich hab mich noch lange nicht ausgekollert.« Bei jedem andern würd ich drüber die Achseln zucken, aber zu Bismarck gehört es; es kleidet ihn. (...)

Bismarck starb am 30. Juli 1898. Am 1. August schreibt Fontane an Ernst Heilborn, der ihn um ein Gedicht über Bismarck gebeten hatte:

Ergebensten Dank für Ihre freundlichen Zeilen.

Leider impossibile!

Ich bin jetzt alt und klapprig. Aber wenn ich auch noch in meiner Sünden Maienblüte stünde, es ginge doch nicht. Wo Tausende Blech sprechen, auch meinerseits noch auf einer Kindertrompete zu blasen, *das* hat mir immer widerstanden. Ich könnte eher ein Gedicht auf den Scharfrichter Krauts – von dem ich gestern zufällig in der Vossin gelesen – machen als auf Bismarck. Krauts, das wäre doch wenigstens verrückt, Bismarck ist bloß langweilig, also das denkbar Schlimmste. Da muß viel Wasser die Spree runter, eh Bismarck wieder ein Stoff geworden ist. Dann freilich ein gehöriger.

Schönsten Dank (noch nachträglich) für die Dreihundert.

Pardon, daß ich Ihnen nichts Netteres schreiben kann, aber jeder ist im Bann seiner Natur.

In vorzüglicher Ergebenheit

Th. Fontane

Am 3. August 1898 erschien trotzdem folgendes Gedicht in der »Vossischen Zeitung«. Aber schon am 4. August entschuldigte sich Fontane dafür.

WO BISMARCK LIEGEN SOLL

Nicht in Dom oder Fürstengruft,
Er ruh in Gottes freier Luft
Draußen auf Berg und Halde,
Noch besser tief, tief im Walde;
Widukind lädt ihn zu sich ein:
»Ein Sachse war er, drum ist er *mein*,
Im *Sachsenwald* soll er begraben sein.«

Der Leib zerfällt, der *Stein* zerfällt,
Aber der Sachsenwald, der hält,
Und kommen nach dreitausend Jahren
Fremde hier des Weges gefahren
Und sehen, geborgen vorm Licht der Sonnen,
Den Waldgrund in Epheu tief eingesponnen
Und staunen der Schönheit und jauchzen froh,
So gebietet einer: »Lärmt nicht so; –
Hier unten liegt Bismarck irgendwo.«

FRAGEBOGEN

Welche Eigenschaft schätzen Sie an dem Manne? – Gehorsam.

Welche an der Frau? – Caprice.

Was ist Ihre hervorstechendste Eigenschaft? – Indifferenz.

Wie verstehen Sie das Glück? – Gar nicht.

Wie das Unglück? – Auch nicht recht.

Wo möchten Sie leben? – In meiner Stube.

Was wünschen Sie sich am sehnlichsten? – Luft, Licht.

Wer ist in Ihren Augen der erste Dichter, Schauspieler, Musiker, Maler? – Wechselt alle fünf Jahre.

Welches historische Ereignis mißfällt Ihnen am meisten? – Die Schlacht bei Bronnzell.

Welche Fehler finden Sie am verzeihlichsten? – Die meinigen.

Lieben Sie das Ideale oder das Reale? – Die Diagonale.

Was ist am schwersten zu erreichen? – Papst oder Großes Los.

Welchen Rat würden Sie der Frau geben, die Sie lieben? – Mich wiederzulieben.

Welches ist Ihre Lieblingsbeschäftigung? – Schlafen.

Welche politische Richtung ist Ihnen am sympathischsten? – Mecklenburg.

Wie denken Sie über die Ehe? – Je nachdem.

Welches Vergnügen ist Ihnen das liebste? – Siehe oben unter Lieblingsbeschäftigung.

Welche Blume, welches Getränk und welche Farbe ziehen Sie vor? – Mir alles ganz gleich.

Wie definieren Sie die Liebe? – Mir zu schwer.

Wie definieren Sie die Frau? – Noch schwerer.

BRIEFE DES ALTERS

An Martha Fontane, Berlin, 13. August 1889:

Meine liebe Mete.

Lange habe ich nichts von mir hören lassen, und ich schwiege auch heute wohl noch, wenn nicht Tante Witte über Dein Befinden geschrieben und uns mitgeteilt hätte, daß Deine seelische Verfassung immer noch ziemlich mau sei.

Das klingt nicht gut, und Mama hat sich bis zu Tränen verstiegen, was ich nur halb in der Ordnung finde. Schließlich ist *alles* zum Weinen, das Heitre (warum sind sie nur so heiter?) erst recht, und der christliche Liederdichter, der anfing »Ich bin ein rechtes Sündenaas«, woran sich dann ähnliche Betrachtungen anreihten, hatte mit seinem Anfang und seinen Fortsetzungen vollkommen recht. Aber in der Regel sieht man die Dinge weniger schwarz an oder legt sich das Schlimme zum Besseren zurecht und weint nur, wenn es ganz »doll« kommt oder einem allerschmerzlichst und zum Aufschrein auf die Nägel brennt. Und *so*, find ich, liegt es *nicht* mit Dir, daß von einem »ganz doll« die Rede sein könnte. Du bist eine nervenkranke Dame, etwas nicht sehr Erfreuliches, womit man sich aber einleben kann und muß. Ich bin zeitlebens ein nervenkranker Mann gewesen, und es hat auch gehen müssen und *ist* gegangen. Man muß die Kunst lernen und ausbilden, mit halber und viertel Dampfkraft zu arbeiten, und muß sich daran gewöhnen, immer nur stunden- oder tageweis Disposition über sich zu haben. Ist man erst darauf eingefuchst, so lernt man diese guten Stunden ausnutzen und schafft durch weise Ökonomie schließlich dasselbe zusammen wie die Kraftmeier und Schlagedodros. Ich denke, so wird es auch mit *Dir* sein. Aller Abattuschaft zum Trotz hast Du schon ein gut Stück in Deinem Leben geleistet und wirst es ferner; es braucht ja nicht jeder um drei Uhr früh aufzustehn und 15 Stunden Steine zu klopfen, man kann sich auch anderweitig im Leben nützlich machen, mancher bloß dadurch, daß er *da* ist, durch Freundschaft, Treue, Liebenswürdigkeit – alles ohne Anstrengung, ja am schönsten dann, wenn man das alles *ohne* Anstrengung leistet. Und indem ich dies alles als eine lange Standrede gegen Mama und ihre Tränen halte, spreche ich Dir selber vielleicht einen kleinen Trost ins Herz. Solange man lebt, hofft man und *darf* auch hoffen; es kommt immer anders, und wenn sich unsre sehnsuchtsvollen Wünsche nicht immer erfüllen (oder eigentlich nie), so erweisen sich auch unsre Befürchtungen als ungerechtfertigt. Es wird schon alles wieder werden, nicht zum Heldisch-Gesundheitlichen, aber doch zum momentanen Glücklichen hin. Und viel mehr darf keiner verlangen. (...)

An Georg Friedlaender, am 27. Mai 1891:

(...) »die Welt war nie so arm an Idealen«. Diese Anschauung beherrscht mich seit Jahr und Tag, und jeder Tag bringt neue Belege und steigert mein Unbehagen bis zur Angst. Dabei muß ich bemerken, daß ich nie zu den Lobrednern des Vergangenen gehört habe, auch jetzt noch nicht gehöre. Die Zeit, in die meine Jugend fiel, Ende der dreißiger Jahre, war auch schrecklich, in vielen Stücken, so in allem, was Erscheinung angeht, schrecklicher als jetzt. Die »Ruppigkeit« von damals ist überwunden (leider noch immer nicht genug) – aber sosehr ich diesen Fortschritt anerkenne, sosehr er mich geradezu beglückt, so gewiß ist er auf halbem Wege steckengeblieben, auf der Station »Äußerlichkeit«. Alles dient dem Äußerlichen. Auf den ersten Ruck ist dadurch was gewonnen, die Sinne werden befriedigter; aber sowie man ein bißchen schärfer zusieht, nimmt man eine Äußerlichkeitsherrschaft wahr, die mit einer gewissen

Verrohung Hand in Hand geht. Die ganze Welt, man könnte beinah sagen, die Sozialdemokratie mit eingerechnet, hat sich durch gesteigerten Besitz und durch gesteigerte Lebensansprüche bis zu einer gewissen *Bourgeois*höhe, vielfach von greulichstem Protzentum begleitet, entwickelt, aber von der Bewältigung der zweiten Hälfte des Weges, von der Entwicklung bis zur Aristokratie, der echten natürlich, wo das Geld wieder anfängt, ganz andren Zwecken zu dienen als dem Bier- und Beefsteakskonsum – von dieser Entwicklung unsrer Zustände sind wir weiter ab denn je, weiter als in jenen Armutszeiten (...).

An Karl Eggers, am 3. Januar 1896:

(...) Als ich eines Tages las, »daß es nur noch drei große Männer in Deutschland gebe: Bismarck, Menzel und Fontane« – da wurde mir doch unheimlich. Es muß notwendig ein Rückschlag kommen, und wie mir Pietsch an meinem Geburtstag erzählte (als Geburtstagsgeschenk freilich etwas sonderbar), daß das »Daheim« einen Artikel vorbereitete, drin ich mehr oder weniger als alter Esel dargestellt würde, erkannte ich so was von göttlicher Gerechtigkeit (...).

An Ernst Heilborn, Redakteur der Halbmonatsschrift »Das literarische Echo«, am 17. November 1898:

(...) Wenn man so Umschau hält, kann einen der Menschheit ganzer Jammer anfassen. Ich spreche natürlich nur von Deutschland. Seit Keller und Storm tot sind, welche Dürftigkeit! Und so wenig Aussicht auf Besserwerden. Liegt es daran (Menzel hat es oft behauptet), daß der Deutsche von Natur kunstfremd ist, oder beherrscht der Borussismus alle Gemüter derartig, daß auch die Klugen und Talentvollen wie von selbst in den Strom der Staatlichkeit einmünden? Kunst ist nichts, Geheimrat ist alles. Eine Mißachtung liegt hierlandes über dem ganzen Metier, und man läßt es nur dann notdürftig gelten, wenn es sich zur Parteischuhputzerei herabwürdigt. Dazu – als Schuld auf unsrer eignen Seite – das à-tout-prix-Geld-verdienen-Wollen, möglichst rasch und möglichst viel.

An Emilie Fontane, am *18. September 1898:*

Meine liebe Frau.

Mete hat Dir schon geschrieben, aber ich will Dir doch auch noch danken für Deinen liebenswürdigen Brief, der in besonders guter Stimmung geboren schien. Ich soll mich statt um das »ewige Friesack« lieber um Otto Lessing und Koner kümmern, und ich habe auch den besten Willen dazu, aber Du vergißt meine 34 Pulsschläge. Wenn ich beim Tee sitze, geht es, und wenn ich meine gute Frau Sternheim sehe, geht es noch besser; aber sowie ich aus der Ruhe heraus und in irgendwelche Aktion hinein soll, ist es mit der ganzen Herrlichkeit vorbei. Ich erschrecke vor allem, und selbst wo sogenannte Vergnüglichkeiten in Sicht stehn, ist mein Trost: »Um 9 ist alles aus.«[1] Nicht im Sinn einer Todessehnsucht, sondern nur in dem tiefen Verlangen nach Ruhe. Freilich spukt das andere darin vor, was auch wohl recht gut ist.

---

[1] Fontane über den Schauspieler Schneider: »Schneider glich einem Abreiß-Kalender, auf dem von Tag zu Tag immer was Gutes steht, was Gutes, das dann den Nagel auf den Kopf trifft. Wofür ich ihm aber am meisten verpflichtet bin, das ist das folgende. ›Sie müssen sich nicht ärgern und nicht ängstigen. Sehen Sie, wir hatten da, als ich noch auf der Bühne herummimte, einen Trostsatz der lautete: ‚Um neun ist alles aus.' Und mit diesem Satze haben wir manchen über schwere Stunden weggeholfen. Ich kann Ihnen diesen Satz nicht genug empfehlen.‹
Und das hat mir der gute Schneider nicht umsonst gesagt.«

Ein so glückliches und so bevorzugtes Leben und doch: »Was soll der Unsinn?«[2] Dies kann man beinah wörtlich nehmen; in der Politik gewiß, und in Religion und Moral ist alles Phrase. Früher statuierte ich Ausnahmen; jetzt kaum noch. (...)

---

[2] Hans Hertz, Sohn von Fontanes Verleger, stellte einen Berliner Grünkram-Händler zur Rede, der einen Jungen verprügelte. Der Händler rechtfertigte sich: »Jeden Tag steht der Bengel, wenn er von der Schule kommt oder hingeht, hier beim Keller still, und paßt uff. Wenn denn grade von uns keener hinsieht, stellt er sich da an det Faß Sauerkohl und pißt rin. Nu schadt det ja det Sauerkohl nischt – aber wat soll der Unsinn?«

FONTANES LETZTER BRIEF

An Emilie Fontane, Berlin, 20. September 1898:

Meine liebe Frau.

Dies sind nun also die letzten Zeilen, übermorgen Mittag dürfen wir Dich erwarten. Es freut mich, daß Du dies Zusammensein mit Deiner alten Freundin noch haben konntest. Unsre gestrige zweite Gesellschaft verlief ebenfalls zufriedenstellend, weil alle voll guten Willens waren. Daß dieser so oft fehlt, daran scheitern so viele Gesellschaften. Zu den Haupttugenden, die Z.s und wir in alter Zeit vertraten, gehörte diese absolute gesellschaftliche Zuverlässigkeit. Die meisten machen sich ein Vergnügen draus, wenigstens den einen oder andern zu ärgern.

Mit Metes und meinem Befinden ist es »so, so«: man arbeitet am Trapez immer weiter und leistet dasselbe wie andre, aber es fehlt – einzelne Momente abgerechnet, wo einen ein Witz oder eine Skandalgeschichte erheitert – die rechte Freudigkeit, weil die Kräfte nicht ausreichen. Das prädominierende Gefühl bleibt doch immer: »lägst du nur erst wieder im Bett«. Bei mir ist dies Gefühl so stark, daß selbst meine berühmte Artigkeit zusammenbricht und ich mir sage: »Wird dir das und das übelgenommen, nun, so auch gut!« Es ist vielleicht eine kleine Tugend, von dem Urteil der Menschen abhängig zu sein, aber bequemer haben es die Rüpel, denen all so was ganz gleichgültig ist.

Gestern mittag ging ich eine Stunde spazieren und traf P.; er erzählte mir vom Tode seiner Frau und welchen »goldnen Humor« sie gehabt habe; er sei ganz gebrochen, alles habe jedes Interesse für ihn verloren, auch sein Geschäft, und dabei weinte er beständig. Er sei, um sich rauszureißen, in England gewesen und habe mit zwei englischen Nichten seiner Frau eine Reise nach Schottland gemacht. Die jüngere sei heiter und ausgelassen und habe den »goldenen Humor« seiner Frau; die ältere, die jetzt bei ihm sei, sei aber ernster. Ich glaube, er war ganz aufrichtig in seiner Trauer, und doch habe ich nie so stark den Eindruck gehabt: »dieser Trauernde wartet das Trauerjahr nicht ab«; eine der beiden Nichten muß es werden. Wohl die mit dem »goldenen Humor« seiner Frau. So geht es. Und die Witwen sind noch flinker als die Witwer! –

Empfiehl mich allerseits aufs herzlichste, besonders Tante Johanna. Wie immer

Dein Alter

Am Abend dieses Tages ging er nach dem Essen in das Nebenzimmer, dort fand ihn Martha wenige Minuten später tot über das Bett gelehnt.

Auf seinem Schreibtisch lag eine Liste der Namen, denen die Buchausgabe des »Stechlin«, die in diesen Wochen ausgedruckt wurde, zugesandt werden sollte.

Am Samstag, dem 24. September 1898, dem Todestag seines Sohnes George wurde er zu Grabe getragen. Der Trauerzug mußte die Invalidenstraße – dort, wo Stine und die Witwe Pittelkow gelebt und gewohnt hatten – überqueren, die Chausseestraße bis fast zur Müllerstraße heraufziehen und dann in die Liesenstraße einbiegen, an der zahlreiche Friedhöfe gelegen waren, so auch der der Französischen Reformierten Gemeinde.

Und es schien, wenn man den »Stechlin« las und auf die Szene stieß, in welcher der alte Dubslav begraben wurde, als sei die Grabrede von Pastor Lorenzen Fontanes Abgesang auf sich selbst ...

(...) Der Zug ordnete sich; Militärmusik aus der nächsten Garnison schritt vorauf; dann traten die Stechliner Bauern heran, die darum gebeten hatten, den Sarg tragen zu dürfen. Diener und Mädchen aus dem Hause nahmen die Kränze. Dann kam Adelheid mit Pastor

Lorenzen, an die sich die Trauerversammlung (...) unmittelbar anschloß.

(...) Vor dem Altar stellten sie den Sarg auf einen mit einer Versenkungsvorrichtung versehenen Stein, unter dem sich die Gruft der Stechline befand. Schiff und Emporen waren überfüllt; bis auf den Kirchof hinaus stand alles Kopf an Kopf. Und nun trat Lorenzen an den Sarg heran, um (...) ein paar Worte zu sagen.

»›Wer seinen Weg richtig wandelt, kommt zu seiner Ruhe in der Kammer.‹ Diesen Weg zu wandeln, war das Bestreben dessen, an dessen Sarge wir hier stehn. Ich gebe kein Bild seines Lebens, denn wie dies Leben war, es wissen's alle, die hier erschienen sind. Sein Leben lag aufgeschlagen da, nichts verbarg sich, weil sich nichts verbergen brauchte. Sah man ihn, so schien er ein Alter, auch in dem, wie er Zeit und Leben ansah; aber für die, die sein wahres Wesen kannten, war er kein Alter, freilich auch kein Neuer. Er hatte vielmehr das, was über alles Zeitliche hinaus liegt, was immer gilt und immer gelten wird: ein Herz. Er war kein Programmedelmann, kein Edelmann nach der Schablone, wohl aber ein Edelmann nach jenem alles Bestes umschließenden Etwas, das Gesinnung heißt. Er war recht eigentlich frei. Wußt es auch, wenn er's auch oft bestritt. Das Goldene Kalb anbeten war nicht seine Sache. Daher kam es auch, daß er von dem, was das Leben so vieler andrer verdirbt und unglücklich macht, bewahrt blieb, vor Neid und bösem Leumund. Er hatte keine Feinde, weil er selber keines Menschen Feind war. Er war die Güte selbst, die Verkörperung des alten Weisheitssatzes: ›Wenn du nicht willst, daß man dir tu.‹

Und das leitet mich denn auch hinüber auf die Frage nach seinem Bekenntnis. Er hatte davon weniger das Wort als das Tun. Er hielt es mit guten Werken und war recht eigentlich das, was wir überhaupt einen Christen nennen sollten. Denn er hatte die Liebe. Nichts Menschliches war ihm fremd, weil er sich selbst als Mensch empfand und sich eigner menschlicher Schwächen jederzeit bewußt war. Alles, was einst unser Herr und Heiland gepredigt und gerühmt (...) – all das war sein: Friedfertigkeit, Barmherzigkeit und die Lauterkeit des Herzens. Er war das Beste, was wir sein können, ein Mann und ein Kind. Er ist nun eingegangen in seines Vaters Wohnungen und wird da die Himmelsruhe haben, die der Segen aller Segen ist.«

(... Als) die Orgel intonierte, senkte sich der auf dem Versenkungsstein stehende Sarg langsam in die Gruft. (...)

HERR VON RIBBECK AUF RIBBECK IM HAVELLAND

Herr von Ribbeck auf Ribbeck im Havelland,
Ein Birnbaum in seinem Garten stand,
Und kam die goldene Herbsteszeit
Und die Birnen leuchteten weit und breit,
Da stopfte, wenn's Mittag vom Turme scholl,
Der von Ribbeck sich beide Taschen voll,
Und kam in Pantinen ein Junge daher,
So rief er: »Junge, wiste 'ne Beer?«
Und kam ein Mädel, so rief er: »Lütt Dirn,
Kumm ma röwer, ick hebb 'ne Birn.«

So ging es viele Jahre, bis lobesam
Der von Ribbeck auf Ribbeck zu sterben kam.
Er fühlte sein Ende. 's war Herbsteszeit;
Wieder lachten die Birnen weit und breit;
Da sagte von Ribbeck: »Ich scheide nun ab.
Legt mir eine Birne mit ins Grab.«
Und drei Tage drauf, aus dem Doppeldachhaus,
Trugen von Ribbeck sie hinaus,
Alle Bauern und Büdner, mit Feiergesicht,
Sangen »Jesus meine Zuversicht«,
Und die Kinder klagten, das Herze schwer:
»He is dod nu. Wer giwt uns nu 'ne Beer?«

So klagten die Kinder. Das war nicht recht –
Ach, sie kannten den alten Ribbeck schlecht;
Der *neue* freilich, der knausert und spart,
Hält Park und Brinbaum strenge verwahrt.
Aber der *alte*, vorahnend schon
Und voll Mißtraun gegen den eigenen Sohn,
Der wußte genau, was damals er tat,
Als um eine Birn ins Grab er bat,
Und im dritten Jahr, aus dem stillen Haus,
Ein Birnbamsprößling sproßt heraus.

Und die Jahre gehen wohl auf und ab,
Längst wölbt sich ein Birnbaum über dem Grab,
Und in der goldenen Herbsteszeit
Leuchtet's wieder weit und breit.
Und kommt ein Jung übern Kirchhof her,
So flüstert's im Baume: »Wiste 'ne Beer?«
Und kommt ein Mädel, so flüstert's: »Lütt Dirn,
Kumm man röwer, ick gew di 'ne Birn.«

So spendet Segen noch immer die Hand
Des von Ribbeck auf Ribbeck im Havelland.

LEBEN

Leben; wohl dem, dem es spendet
Freude, Kinder, täglich Brot,
Doch das Beste, was es sendet,
Ist das Wissen, daß es sendet,
Ist der Ausgang, ist der Tod.

BÖWES ABSCHIED

Von Hans-Dieter Schütt

EINE ZEITUNG VERÖFFENTLICHT eines der schönsten späten Fotos vom Schauspieler. Es ist Herbst, der Mantelkragen hochgeschlagen. Auf selbstgezimmerter Bank sitzt Kurt Böwe im Garten des kleinen Anwesens in der Prignitz. Das Laub um die Bank herum scheint wie das Laub aller verfügbaren Jahre. Da sitzt ein Mensch, als sei er gerade heimgekehrt aus jenen lebenslangen Geschäften, in denen die Spanne Zeit leidenschaftlich, Stück für Stück, vergeudet wird. Das Foto zeigt den Schauspieler kräftig gelassen, das Gesicht sucht ein wenig Wind (nicht zuviel); es ist, als sei der Mann ein Teil vom Gewicht der Welt. Wie sein Herr Paul, den er im gleichnamigen Stück von Tankred Dorst noch immer in den Kammerspielen des Deutschen Theaters gibt. Herr Paul, der von seinem Sofa vertrieben werden soll - aber nicht vertrieben werden kann. Klein und behend wie eine Katze, der Leib aber schwer wie ein Sack. Ganz bei sich. Altdeutsche Trägheit siegt über neudeutschen Aktivismus. Wenn der Schauspieler in diesem Stück über die Bühne schlurft, wird nicht schlechthin Stab aufgewirbelt; nein, Staub schwingt sich auf - und zwar zu dem, was er letztlich immer bleibt: Herr über alle Dinge. Herr Paul kann auf Zehenspitzen ganz laut gehen. Herr Paul ist das Messer, das auf seinen Rost stolz ist. Herr Paul ist eine Expedition in die Urwälder des Alleinseins.

Das Foto des Schauspielers steht zur bereits erwähnten Nachricht: Nach zwei Dutzend Jahren nimmt Kurt Böwe, wir schreiben den Januar 1997, Abschied aus dem festem Engagement am Deutschen Theater Berlin. Er tut dies mit »Weit weg von Hagedingen«, einem kleinen französischen Zweipersonen-Stück über Älterwerden und Altsein. Eine Textur, die sich Böwe, gemeinsam Regisseur Michael Gruner, selbst gesucht hat. Weil dieser Text, in glücklicher dar-

stellerischer Verbindung mit Christine Schorn auf die Bühne gebracht, ihn, Böwe, betrifft, und weil er sich damit treu bleiben kann: Stets war er als Darsteller ein bewußter Reproduzent seiner selbst, nie so sehr Verwandler. Das Spiel mit dem schönen Schein geriet ihm in besten Momenten zur Existenzprobe, die viel mit bewahrter Nähe zu Wurzeln und Irrtümern des untergegangenen Landes DDR zu tun hatte. Wir wissen: Je mehr der Untergang in die Ferne rückt, um so stärker scheint den Schauspieler die Nähe zu bedrängen.

Wer dem Publikum nur Selbstbestätigung gibt, zerstört das Theater. Wer sie ihm nur verweigert, zerstört es auch. Irgendwo dazwischen liegen Quellen, aus denen Volksschauspieler wie Kurt Böwe entstehen. Arbeit, die in der Zeit wurzelt und ihr zugleich entkommt - so wird aus Handwerk Kunst. Aber aus Kraft auch Ratlosigkeit. Denn alles hat seine Zeit. Die Kraft hatte ihre Zeit; nun, bekennt Böwe, hat die Ratlosigkeit ihre Zeit. Die Ahnung, daß das Leben nur aus Fristen besteht, daß das Ende schon hereinläutet, während wir uns noch auf dem Jahrmarkt der Möglichkeiten wähnen, ist ihm auch am Ort Theater unvermeidlich geworden. Wenig Hoffnung bietet dieses Jetzt, in dem der Schauspieler als Schauspieler rückblickend sagen kann: Alle agitiert, Trullesand; alles erlebt, Faust; alle gütigst belogen, Luka; alles tragisch ertrotzt, Michael Kohlhaas; alles erlitten, Tschepurnoi, alles plötzlich erahnt, blauer Boll; alles inszeniert, Bruscon; alles schon gehabt, Kommissar Groth (meine letzte Kundgebung, wirft der Schauspieler ein); also: alles durchrast, Kurt Böwe. Der in der Wiederholung verzweifelnde Sisyphos gibt nun die Losungen des Geschehens aus. Nur eine Sammlung allerletzter Ansichten ist noch möglich. Das Gelände, übersät mit verlorengegangenen Einzelteilen, gibt Zeugnis von der Verwundbarkeit des Allmachtsdenkens, von der Gebrechlichkeit der großen Planung und des größenwahnsinnigen Anspruchs auf Endgültigkeit und Neuheit, Innovation und Produktivität.

Auf der Bank in der Prignitz wirkt der Schauspieler wie eine retrospektive Kindsköpfigkeit, und die Ratlosigkeit, so ahnen wir, könnte zur Quelle gesteigerter Dankbarkeit geraten: Wo nichts mehr gewonnen werden muß, ist überhaupt nichts verloren. Sollen andere sich in dreister Nichtigkeit vergeuden, indem sie, wie Fontane schrieb, »den Gedanken, es käme nun eine ganz neue Zeit, vor der alles Zurückliegende völlig nichtig dastehe, bis zur fixen Idee ausbilden. Mich darüber zu ärgern oder auch nur groß zu wundern, fällt mir nicht mehr ein, ich schweige bloß: ... so komme denn in diesem Sinn hinfort aus meinem Munde nichts,/ Denn jeder glaubt ein All zu sein und jeder ist im Grunde nichts.«

Ich schweige bloß. Gut gesagt. Indes, wir haben es noch immer mit einem Schauspieler zu tun. So einfach liegen die Dinge nicht, wenn es ans Schweigen geht. Gar ans publikumslose Schweigen.

Der Spruch, aller Anfang sei schwer, stammt von Leuten, die das Ende nicht kennen. Aufhören ist schwer. Die Geschichte der Theater ist voll von den tragischen Tragöden, die keinen Abgang fanden. Der Beruf ist ein einziger Sog. Groß ist der Preis, den die Schauspieler dafür zu zahlen haben. Die Leibwerdung des Wortes vollbringend, das Vergangene beschwörend, den toten Text also, sind sie von der Vergänglichkeit gezeichnet. Dieses Gespenst schaut sie an aus den Schlagzeilen der Presse vergangener Tage, von der makulaturbeklebten, lattendurchfurchten Rückwand der Kulissen. Es lauert in den Tapeten und Falten des Zuschauerraumes. Es sitzt im Gemäuer der Bühne. Es starrt aus den zerbröselnden, vergilbten Pressenotizen und Fotos: Ach, als ich damals ... Furchtbar ist die Konfrontation mit diesem Gespenst, das die Geschöpfe der Bühne nicht ruhen läßt, bis sie in einer nicht zu nennenden Stunde dieser Schwester des Todes ins Gesicht schauen. Nein, sie müssen auf die Bühne, immer wieder, sich lebensrettend der Gegenwart in die Arme werfen. »Ich lebe, ich lebe ...«

Schauspieler sind die verwundbarsten Kinder der

Kunst. Der Törichte nennt sie oberflächlich, der Ahnungslose leichtsinnig. Besteigen sie am Abend die Bretter, geschieht doch aber Ungeheuerliches: Das gedachte und geschriebene Wort von einst und jetzt belebend, schenken sie uns für Stunden den Triumph des Lebens über das Leblose. Ja, über den Tod. Theater macht Hoffnung, der abgeschickte Pfeil könne aufzuhalten sein.

Freilich, sagt der Schauspieler, mit der Zeit kann man ein wenig müde werden und sagen: Ich fühle mich jetzt nicht mehr stark genug, alles Theater immer wieder auf mich zu nehmen. Der Mensch, denken Sie an Fontane, wird im Alter aber auch wieder ein Staunender. Er kommt, indem er sich von vielen Dingen entfernt, im wahrsten Sinne des Wortes zu sich. Das Staunen wächst mit der Erfahrung, daß es kein Gegensatz sein muß zu Nüchternheit und Gelassenheit.

Was einer wie Böwe, nun erlöst aus mancher Repertoirepflicht, fortan höchstens versuchen kann: müheloser zu leben, sich weniger Zwang auszusetzen. Ein Zwang aber bleibt wohl: das Publikum zu mögen und auch jenes Reich der Träume, das zwar nur Attrappe, aber lebensnotwendig ist. Der Schauspieler geht aus dem festen Engagement. Eine Entscheidung fiel. Der Vorhang noch lange nicht.

Am Ende unseres Jahrhunderts, sagt der Schauspieler, der wieder seinen Beutel nehmen und auf eine Bühne ziehen wird, um den Ruppiner zu lesen, am Ende unseres Jahrhunderts gehen wir, einen der letzten Briefe Fontanes lesend, hundert Jahre zurück und bleiben in dem, was wir da vernehmen, doch beängstigend akut.

NEUESTE VÄTERWEISHEIT

Zieh nun also in die Welt,
Tue beharrlich, was dir gefällt,
Werde keiner Gefühle Beute,
Meide sorglich arme Leute,
Werde kein gelehrter Klauber,
Wissenschaft ist fauler Zauber,
Sei für Rotschild statt für Ranke,
Nimm den Main und laß die Panke,

Nimm den Butt und laß die Flunder,
Geld ist Glück und Kunst ist Plunder,
Vorwärts auf der schlechtsten Kragge,
Wenn nur unter großer Flagge.
Pred'ge Tugend, pred'ge Sitte,
Millionär ist dann das dritte,
Quäl dich nicht mit »wohlerzogen«,
Vorwärts mit den Ellenbogen
Und zeig jedem jeden Falles:
»*Du* bist nichts, und *ich* bin alles.«

FUSEL UND ANTIFUSEL

Seit Jahrzehnten, schon aus frühen Tagen des Rütli, war Fontane mit dem nur fünf Jahre jüngeren Moritz Lazarus bekannt, der zunächst in Berlin, später als Professor in Bern und wieder in Berlin als Historiker und Völkerpsychologe lebte und lehrte. 1894 publizierte er eine kleine Schrift »Der Prophet Jeremias«. Fontane schrieb am 2. November 1894 an ihn:

Teuerster Leibnitz.

Zwei Tage nach jener denkwürdigen Rütlisitzung, erhielt ich endlich, von Breslau her, einen »Jeremias« und machte mich mit Eifer, aber doch mit gezügeltem (»blinder Eifer schadet nur«, sang, glaub ich, schon Lichtwer) darüber her. – Das war eine glückliche Stunde, wo dies kleine Buch entstand. (...) Es hat das, was das Gescheite und Gescheiteste fast nie zu haben pflegt, es hat Leidenschaft, es ist nicht bloß einem scharfen Kopfe entsprungen, sondern einem stark fühlenden Herzen, einer Liebe, einer Begeisterung, und deshalb äußert das Buch eine Wirkung, wie ich sie bei der Lektüre von ähnlichem noch nicht an mir erlebt habe. Von der Macht Ihres Helden, ist durch die Liebe, mit der Sie ihn betrachtet, etwas auf Sie übergegangen. Und Sie werden das vor ihm voraushaben, daß man Ihnen zustimmt, ganz besonders Königtum, Adel, Priesterschaft, ohne daß diese sehr anders geworden wären, als damals. Der Götze der Agrarier weiß auch auch nichts von Gott, Gerechtigkeit und Güte, immer dieselbe Coleur in grün. Es wird auch wohl so bleiben. Wenn dritthalb tausend Jahre nichts geändert haben, wo soll da die Änderung herkommen: Ich glaube, das ist so von Anfang an entschieden: Das Glücks- und Leidensmaß bleibt dasselbe, das Sündenmaß bleibt dasselbe und das Maß von Anstrengung, das Sündenmaß zu verkleinern, bleibt auch dasselbe. Nichts hilft. Ich bin davon so durchdrungen, und ich fühle mich dabei *auch* wie ein Prophet; Sie werden freilich sagen, von der falschen Sorte, daß mir das Weltregierenwollen im Jeremiasstil, das Politikmachenwollen nach Sittlichkeitsgesetzen, also auf dem Fundament göttlicher Gerechtigkeit, als etwas nicht bloß Unfruchtbares, sondern, in Erwägung der Umstände, als etwas geradezu zu Bekämpfendes erscheint. Der Mensch ist eine Bestie und seiner Niedertracht muß mit Mitteln aus demselben Arsenal begegnet werden. Vielleicht, ich sage vielleicht – denn sicher bin ich der Sache auch nicht – vielleicht daß mit lauterster, reinster Liebe der Teufel zu bezwingen wäre; aber diese lauterste, reinste Liebe gibt es nicht, es liegt in der Natur des Menschen, daß sich dies Lauterste und Reinste beständig verzerrt, in dieser Verzerrung unecht wird (mitunter unbewußt) und in dieser Unechtheit mehr Elend stiftet, tiefer durch Blut watet, als die naive von allen Hoheitsbestrebungen unangekränkelte Sündhaftigkeit! Die Geschichte weist viele Epochen auf, wo man Gott, Gerechtigkeit und Liebe, besonders den »Gott der Liebe«, ganz ernsthaft hat durchsetzen wollen. Die Haare sträuben sich einem aber, wenn man davon liest. Wie wurde vor jetzt gerade 1000 Jahren das Christentum bei uns insceniert! Im wesentlichen ehrlich, aber doch furchtbar. Am reinsten erkennt man das Mißliche der Sache, bei Betrachtung des Puritanertums, das sich ganz auf hohen und höchsten Anschauungen des alten Testaments aufbaute. Daß man dem König den Kopf runterschlug, war eine Kleinigkeit; aber schon nach 20 Jahren hatte dies Regieren zu »Ehren Gottes« und »nach dem Worte Gottes« derart abgewirtschaftet, daß man froh war, die alte Stuartsche Sündenwirtschaft mit Pauken und Trompeten wieder einziehen zu sehn. Das lag an zweierlei: daran, daß die Menschheit, ihrer Natur nach, ihren Fusel weiter trinken will, und zweitens daran, daß die, die den Antifusel predigen, über kurz oder lang selber in irgendeinem Fusel drin stecken. Ein

Anderswerden ist nicht unmöglich, aber nach dem, wie's scheint, sich immer gleichbleibenden seelichen Mischungsverhältnissen, höchst unwahrscheinlich. Die Jeremiasse haben die Fahne hochzuhalten; aber die Alltagsarbeit haben die Bismarcke zu tun, kluge Leute, die vor nichts erschrecken. Wie immer Ihr aufrichtig ergebenster

Th. Fontane

THEODOR FONTANE
DIE BIOGRAPHIE

1819 24. März: Heirat des Apothekers Louis Henri Fontane mit Emilie Labry. 30. Dezember: Geburt Henri Théodore (Theodor) Fontanes in Neuruppin.
1821 Geburt des Bruders Rolf (gest. 1845).
1823 Geburt der Schwester Jenny (gest. 1904).
1826 Verkauf der Löwen-Apotheke in Neuruppin. Geburt des Bruders Max (gest. 1860).
1827 Übersiedlung der Familie nach Swinemünde, wo der Vater die Adler-Apotheke gekauft hat.
1832 Aufnahme in die Quarta des Neuruppiner Friedrich-Wilhelm-Gymnasiums.
1833 Aufnahme in die Gewerbeschule von Karl Friedrich Klöden in Berlin.
1834 Wohnt bei August Fontane, dem Halbbruder des Vaters, und dessen Frau Philippine (Tante »Pinchen«) in der Burgstraße, dann in der Großen Hamburger Straße.
1835 Erste Begegnung mit Emilie Rouanet-Kummer (1824 bis 1902), Fontanes späterer Frau.
1836 Beginn der Lehrzeit bei Wilhelm Rose in der Apotheke »Zum Weißen Schwan«, Spandauer Straße.
1837 Fontanes Vater erwirbt die Adler-Apotheke in Mühlberg (Elbe).
1838 Geburt der Schwester Elise (gest. 1923) in Mühlberg. Übersiedlung der Familie nach Letschin, einem Oderbruchdorf, wo der Vater seine vierte und letzte Apotheke gekauft hat.
1839 Erste Veröffentlichung: die Novelle »Geschwisterliebe« im »Berliner Figaro«.
1840 Abschluß der Lehrzeit als Apothekergehilfe. Oktober bis Dezember Gehilfe in der Apotheke von Dr. Kannenberg in Burg bei Magdeburg. Veröffentlichung von Gedichten im »Berliner Figaro«. Das satirische Epos »Burg« entsteht.
1841 Im Januar schwere Typhuserkrankung, von der sich Fontane bei den Eltern in Letschin erholt. 1. April: Gehilfe in der Apotheke »Zum Weißen Adler« in Leipzig, Hainstraße. Mitglied im »Herwegh-Klub«, Freundschaft mit Wilhelm Wolfsohn, einem vielseitigen Literaten, Übersetzer und Kenner der zeitgenössischen Weltliteratur.
1842 1. Juli: Stellung in der Salomonis-Apotheke in Dresden. Veröffentlichung von Gedichten und Korrespondenzen in der

progressiven Leipziger Zeitung »Die Eisenbahn. Ein Unterhaltungsblatt für die gebildete Welt«.

1843 Für ein Jahr Defaktar in der väterlichen Apotheke in Letschin. Der Schriftsteller und Offizier Bernhard von Lepel, der wichtigste unter Fontanes Jugendfreunden, führt ihn in den Literarischen Sonntagsverein »Tunnel über der Spree« ein, dem er nominell von 1844 bis 1865 als Mitglied angehört. »Hamlet«-Übersetzung.

1844 Beginn des Militärdienstes als Einjährig-Freiwilliger. 24. Mai bis 10. Juni: erste London-Reise in Begleitung seines Neuruppiner Schulfreundes Hermann Scherz.

1845 Nach Abschluß des Militärdienstes Rückkehr nach Letschin in die väterliche Apotheke als Rezeptar. Danach zweiter Rezeptar in der Polnischen Apotheke in Berlin, Ecke Friedrich- und Mittelstraße. Hier Bekanntschaft mit Friedrich Witte, dem späteren Reichstagsabgeordneten und Inhaber einer pharmazeutischen Fabrik in Rostock, mit dem er zeitlebens freundschaftlich verbunden bleibt. 8. Dezember: Verlobung mit Emilie Rouanet-Kummer.

1846 Vorbereitung auf das Apothekerexamen.

1847 Approbation als »Apotheker erster Klasse«. Tätigkeit in der Apotheke »Zum Schwarzen Adler«, Ecke Neue Königsstraße/Georgenkirchplatz in Berlin.

1848 18. März: Beteiligung an den Barrikadenkämpfen in Berlin. 31. August: Publizistisches Debüt in der »Berliner Zeitungshalle« mit dem Artikel »Preußens Zukunft«. Anstellung im Krankenhaus Bethanien zur pharmazeutischen Ausbildung zweier Diakonissen.

1849 Nach dem Verlust dieser Stelle gibt Fontane den Apothekerberuf auf und wird freier Schriftsteller. Veröffentlichung einer Serie politischer Korrespondenzen in der radikal-demokratischen »Dresdner Zeitung«. Seine ersten Bücher erscheinen: »Männer und Helden. Acht Preußenlieder« und der Romanzyklus »Von der schönen Rosamunde«.

1850 Trennung der Eltern ohne Scheidung. Die Mutter kehrt mit ihrer jüngsten Tochter Elise nach Neuruppin zurück. Mitarbeiter am »Literarischen Kabinett«, das unter Leitung Wilhelm von Merckels die regierungsamtliche Presse organisiert und kontrolliert. 16. Oktober: Heirat mit Emilie Rouanet-Kummer, erste gemeinsame Wohnung Puttkammerstraße 6. Fontanes Vater übersiedelt nach Verkauf der Letschiner Apotheke nach Neustadt-Eberswalde, 1855 nach Schiffmühle bei Bad Freienwalde. Auflösung des »Literarischen Kabinetts«. Fontane ist ohne Anstellung.

1851 Erstauflage der »Gedichte«. 14. August: Geburt des ersten Sohnes George Emile. Umzug in die Luisenstraße 35. Anstellung an der neugegründeten »Zentralstelle für Preßangelegenheiten«.

1852 23. April–25. September: zweite England-Reise, diesmal im Auftrag der »Zentralstelle«. 2. September: Geburt des zweiten Sohnes Rudolf (gest. 15. September). Gründung von »Rütli« und »Ellora«, Abzweigungen des »Tunnels«.

1853 Oktober: Geburt des dritten Sohnes Peter Paul (gest. April 1854).

1854 »Ein Sommer in London« erscheint. Mit Franz Kugler Herausgabe des belletristischen Jahrbuchs »Argo. Album für Kunst und Dichtung«.

1855 29. Mai: Geburt des vierten Sohnes Ulrich, der nach wenigen Tagen stirbt. 10. September: Beginn eines mehrjährigen London-Aufenthalts auf Order der preußischen Regierung, die ihn mit dem Aufbau und der Leitung einer »Deutsch-englischen Korrespondenz« beauftragt.

1856 Emilie Fontane mit Sohn George und Schwägerin Elise zu Besuch in London. Die »Deutsch-englische Korrespondenz« wird eingestellt. Fontane ist als Presse-Agent des preußischen Gesandten tätig. 3. November: Geburt des fünften Sohnes Theodor (gest. 1933).

1857 Übersiedlung Emilie Fontanes mit den Söhnen George und Theodor nach London.

1858 9.–24.August: Schottland-Reise mit Bernhard von Lepel.

1859 17. Januar: Rückkehr nach Berlin. Mit Freund Lepel erste »Märkische Wanderungen« in die Neuruppiner Gegend.

1860 21. März: Geburt der Tochter Martha (Mete). 1. Juni: Anstellung an der »Neuen Preußischen (Kreuz-)Zeitung« als »unechter Korrespondent« des englischen Artikels. »Jenseits des Tweed«, »Aus England« und eine Balladen-Sammlung (mit der Jahreszahl 1861) erscheinen.

1861 Der erste Teil der »Wanderungen durch die Mark Brandenburg« erscheint. 27. Dezember: Wilhelm von Merckel, Fontanes väterlicher Freund, stirbt.

1862 Vorarbeiten zu »Vor dem Sturm«, Fontanes erstem Roman, der 1878 bei Wilhelm Hertz erscheint.

1864 Der zweite Teil der »Wanderungen« erscheint. 5. Februar: Geburt des sechsten Sohnes Friedrich (gest. 1941). Reisen nach Schleswig-Holstein und Dänemark.

1865 »Der Schleswig-Holsteinsche Krieg im Jahre 1864« erscheint.

1866 Reise zu den Kriegsschauplätzen in Böhmen.

1867 5. Oktober: Tod des Vaters in Schiffmühle.
1868 Reisen nach Thale und Erdmannsdorf (Schlesien).
1869 Der erste Halbband vom »Deutschen Krieg. 1866« erscheint; der zweite Halbband folgt 1870. 13. Dezember: Tod der Mutter in Neuruppin.
1870 Fontane kündigt seine Stelle an der »Kreuz-Zeitung«. 17. August: Debüt als Theaterkritiker für die »Vossische Zeitung« mit Schillers »Wilhelm Tell«. Reise zum französischen Kriegsschauplatz. In Domremy, dem Geburtsort von Jeanne d'Arc, als vermeintlicher preußischer Spion verhaftet und auf die Atlantikinsel Oléron gebracht. Auf Bismarcks Intervention hin freigelassen.
1871 »Kriegsgefangen. Erlebtes 1870« und »Aus den Tagen der Okkupation. Eine Osterreise durch Nordfrankreich und Elsaß-Lothringen 1871« erscheinen.
1872 »Der Krieg gegen Frankreich 1870–71«, 1. Teilband, und der 3. Teil der »Wanderungen« erscheinen. 3. Oktober: Umzug in die Potsdamer Straße 134c, Fontanes letzte Berliner Adresse.
1873 »Der Krieg gegen Frankreich 1870–71«, 2. Teilband, erscheint.
1874 »Der Krieg gegen Frankreich 1870–71«, 3. Teilband, erscheint. Vierwöchige Italienreise mit seiner Frau.
1875 Reise in die Schweiz, nach Italien und Österreich.
1876 »Der Krieg gegen Frankreich 1870–71«, 4. Teilband, erscheint. 6. März: Einführung in das Amt des Ersten Sekretärs der Akademie der Künste in Berlin. 2. August: Erhält auf sein Ersuchen die Entlassungsurkunde.
1877 Arbeit an »Vor dem Sturm« und dem vierten Teil der »Wanderungen«.
1878 »Vor dem Sturm« erscheint. Lokalstudien in Tangermünde zu »Grete Minde«.
1879 Arbeit an »Schach von Wuthenow« und »Ellernklipp«.
1880 »Grete Minde« erscheint. Vorarbeiten zu »Graf Petöfy«.
1881 Der vierte Teil der »Wanderungen« und »Ellernklipp« erscheinen. Arbeit an »Stine«.
1882 »L'Adultera« und »Schach von Wuthenow« erscheinen. Vorarbeiten zu »Irrungen, Wirrungen«.
1883 Arbeit an »Graf Petöfy«.
1884 »Graf Petöfy« erscheint. Arbeit an »Irrungen, Wirrungen«, »Cécile« und »Unterm Birnbaum«. Bekanntschaft mit Georg Friedlaender.
1885 »Unterm Birnbaum« erscheint. Vorarbeiten zu »Quitt«. Arbeit an »Cécile«.

1886 Arbeit an »Cécile«, »Irrungen, Wirrungen« und »Quitt«. 12. Juni: Heirat des ältesten Sohnes George. 5. Oktober: Heirat des Sohnes Theodor.

1887 »Cécile« erscheint. Arbeit an »Stine«, »Irrungen, Wirrungen« und »Unwiederbringlich«. 24. September: Der sechsunddreißigjährige George stirbt an Blinddarmentzündung.

1888 »Irrungen, Wirrungen« und »Fünf Schlösser« erscheinen. Arbeit an »Frau Jenny Treibel« und »Quitt«. Der jüngste Sohn Friedrich gründet einen eigenen Verlag.

1889 Abschluß des »Quitt«-Manuskripts, Arbeit an »Unwiederbringlich«, Vorarbeiten zu »Effi Briest«. Nach über 19 Jahren gibt Fontane seine Tätigkeit als Theaterkritiker auf. Tod von Mathilde von Rohr und Henriette von Merckel, den beiden langjährigen Freundinnen und Briefpartnerinnen.

1890 4. Januar: Offizielle Feier zum 70. Geburtstag. »Stine« (als erste Veröffentlichung bei Friedrich Fontane & Co.) und »Quitt« erscheinen. Erste Version von »Effi Briest«. Arbeit an »Unwiederbringlich«.

1891 »Unwiederbringlich« erscheint. Arbeit an den »Poggenpuhls«, an »Mathilde Möhring« und »Frau Jenny Treibel«.

1892 »Frau Jenny Treibel« erscheint. Arbeit an »Effi Briest«. Schwere Erkrankung (Gehirnanämie) mit bedrohlichen Depressionen. Fontane schreibt sich an der Autobiographie »Meine Kinderjahre« gesund.

1893 »Meine Kinderjahre« erscheinen, Überarbeitung des »Effi Briest«-Entwurfs.

1894 Abschluß von »Effi Briest«, Arbeit an den »Poggenpuhls«. 8. November: Ehrendoktorwürde der Philosophischen Fakultät der Berliner Universität.

1895 »Effi Briest« erscheint im Verlag des Sohnes. Arbeit an der Autobiographie »Von Zwanzig bis Dreißig«. Vorarbeiten zum »Stechlin«. Korrektur von »Mathilde Möhring«.

1896 »Die Poggenpuhls« erscheinen. Arbeit am »Stechlin« und an »Von Zwanzig bis Dreißig«.

1897 Abschluß des »Stechlin«-Manuskripts. Arbeit an »Von Zwanzig bis Dreißig«.

1898 »Von Zwanzig bis Dreißig« erscheint. 16. August: Verlobung der Tochter Mete mit dem Architekten Karl Emil Otto Fritsch. 20. September: Fontane stirbt in seiner Berliner Wohnung. Oktober: »Der Stechlin« erscheint bei Friedrich Fontane & Co.

BIOGRAPHIE KURT BÖWE

Kurt Böwe wurde am 28. April 1929 in Reetz, einem brandenburgischen Dorf in der Westprignitz, geboren, in einer Bauernfamilie mit sieben Kindern. Ein Schauspielstudium nach Bestehen der Prüfung im Studio am Deutschen Theater Berlin nahm der von früher Kindheit an asthmatische Böwe aber nicht auf, »denn die sahen in mir nur einen Arbeiter- und Bauernkader, der ihnen die Wurst vom Lande mitbringen sollte«. Er studierte statt dessen von 1950 bis 1954 Germanistik und Theaterwissenschaften an der Humboldt-Universität. Von 1954 bis 1960 war er dort wissenschaftlicher Assistent am Institut für Theaterwissenschaft und von 1958 bis 1960 Leiter der Studentenbühne.

Der Regisseur Horst Schönemann holte ihn ans Maxim Gorki Theater (»mein älterer Bruder drohte dem Schönemann Prügel an, weil der mich anständigen Jungen verführte hatte, ›zu die Poppenspäler‹ zu gehen«). 1967 wechselte Böwe ans Landestheater Halle. Wichtige Rollen in dieser Zeit: Spiegelberg in »Die Räuber« von Schiller, Puntila in »Herr Puntila und sein Knecht Matti« von Brecht, Titelrolle in Goethes »Faust I«, Luka in »Nachtasysl« von Gorki, Trullesand in »Die Aula« von Kant, Gubanow in »Zeitgenossen« von Stolper nach Gawrilowitsch.

Von 1973 bis 1997 war Böwe Mitglied im Ensemble des Deutschen Theaters Berlin, nunmehr wirkt er als Gast am DT. Er spielte den Stockmann in Ibsens »Ein Volksfeind«, die Titelrollen in »Michael Kramer« von Hauptmann und einer Dramatisierung von Kleists »Michael Kohlhaas«, den Tschepurnoi in »Kinder der Sonne« von Gorki, Kambyses in »Prexaspes« von Hacks, Engstrand in »Gespenster« von Ibsen, den Krüger in Hauptmanns »Biberpelz«, Falstaff in »Heinrich IV.« von Shakespeare. Mehrfach arbeitete er mit dem Regisseur Alexander Lang zusammen (»Iphigenie auf Tauris«, »Dantons Tod«, »Die traurige Geschichte von Friedrich dem Großen«, »Der Cid«). In Barlachs »Blauem Boll« spielte er ebenso die Titelrolle wie in Bernhards »Theatermacher« oder Dorsts Stück »Herr Paul«.

Kurt Böwe spielte auch Hauptrollen in zahlreichen DEFA- und Fernsehfilmen, u. a. »Der nackte Mann auf dem Sportplatz«, »Jadup und Boel«, »Zünd an, es kommt die Feuerwehr«, »Märkische Forschungen«, »Broddi«, »Einzug ins Paradies«. »Späte Ankunft«, »Levins Mühle«, »Pause für Wanzka«.

Seit 1991 ist er Kommissar Groth in der Reihe »Polizeiruf 110« (NDR).

QUELLEN

Theodor Fontane, Romane und Erzählungen, Hrsg. Peter Goldammer, Gotthard Erler, Anita Golz, Jürgen Jahn, acht Bände, Berlin und Weimar 1969

Theodor Fontane, Autobiographische Schriften, Hrsg. Gotthard Erler, Peter Goldammer, Joachim Krueger, I–III, 2, Berlin und Weimar 1982

Theodor Fontane, Gedichte, Hrsg. Joachim Krueger, Anita Golz, drei Bände, Berlin und Weimar 1989

Theodor Fontane, Wanderungen durch die Mark Brandenburg, Hrsg. Gotthard Erler, Mitarbeit Therese Erler, I – Dörfer und Flecken im Lande Ruppin, II – Ländchen Friesack und die Bredows, Berlin und Weimar 1991

Theodor Fontane, Briefe, ausgewählt und erläutert Gotthard Erler, zwei Bände, Berlin und Weimar 1968

Theodor Fontane, Von Dreißig bis Achtzig. Leben in Briefen, Hrsg. Hans-Heinrich Reuter, Leipzig 1959

Theodor Fontane, Briefe an Georg Friedlaender, Hrsg. Walter Hettche, Insel TB 1565, Frankfurt am Main 1994

Theodor Fontane, Ein Leben in Briefen, Hrsg. Otto Drude, Insel TB 540, Frankfurt am Main 1981

Theodor Fontane, Schriften zur Literatur, Hrsg. Hans-Heinrich Reuter, Berlin und Weimar 1960

Theodor Fontane und die preußische Akademie der Künste. Ein Dossier aus Briefen und Dokumenten des Jahres 1876, Hrsg. Walter Huder, Berliner Handpresse, 30. Druck, 1971

Theodor Fontane und die Familie Wangenheim. Aus dem Nachlaß, Hrsg. Conrad von Höfer, Privatdruck 224, Eisenach 1939

Heinz Heinrich Holter. Fontane, Biographie, zwei Bände, Berlin 1968

Edda Ziegler, Mitarbeit Gotthard Erler, Theodor Fontane. Lebensraum und Phantasiewelt. Biographie, Berlin 1996

Thomas Mann, Der alte Fontane, in: Aufsätze. Reden. Essays, I. Band, 1893–1913, Berlin und Weimar 1992
© S. Fischer Verlag, Frankfurt am Main

Sebastian Haffner, Wolfgang Venohr, Preußische Profile, 3. Auflage, Berlin 1992
© Ullstein Verlagsgruppe, Berlin

Alfred Kerr, Wo liegt Berlin? Briefe aus der Reichshauptstadt, Hrsg. Günther Rühle, Berlin 1997
© Aufbau-Verlag, Berlin

Danksagung

Ein ausdrücklich herzlicher Dank Kurt Böwes gilt Gotthard Erler, der auch die freundliche Genehmigung zum Abdruck der von ihm zusammengestellten Biographie Theodor Fontanes gab, dem Leiter der Berliner Handpresse, Wolfgang Jörg, dem Wissenschaftler und Archivar Walter Huber sowie Friedel Freiherr von Wangenheim, aus dessen Privatbesitz das im Buch auszugsweise abgedruckte »Wangenheim-Kapitel« stammt.

INHALT